CZECH/ENGLISH
ENGLISH/CZECH
CONCISE DICTIONARY

Other books by Nina Trnka . . .

CZECH HANDY EXTRA DICTIONARY
63 ISBN 0-7818-0138-9 $8.95pb

CZECH PHRASEBOOK
599 ISBN 0-87052-967-6 $9.95pb

Also of Czech Interest:

THORTON COX BUDGET GUIDE TO THE CZECH REPUBLIC
128 ISBN 0-7818-0228-8 $16.95pb

THE BEST OF CZECH COOKING
Peter Trnka
551 ISBN 0-7818-0453-1 $22.50hc

CZECH/ENGLISH ENGLISH/CZECH CONCISE DICTIONARY

by

Nina Trnka

Revised Edition, 1991

HIPPOCRENE BOOKS
New York

6th printing, 1996.
Revised Hippocrene edition, 1991.

For information, address:
HIPPOCRENE BOOKS, INC.
171 Madison Avenue
New York, NY 10016

Library of Congress Cataloging-in-Publication Data
Trnka, Nina
Czech/English, English/Czech concise dictionary.
1.Czech language-Dictionaries-English. 2. English language-Dictionaries-Czech. I. Title.
PG4640.T76 1984 491.8'6321 84-0123

ISBN 0-87052-981-1 (revised paperback)

Printed in the United States of America.

CONTENTS

Czech–English	1
English–Czech	274
Pronunciation	575
Abbreviations	578
Glossary of Menu Terms	579
Names	591

Part I

Czech-English

a /a/ conj. and, as well as, plus
absence /ab-sen-tse/ f. absence
absolutní /ab-so-lut-nyee/ adj. absolute
absolvovat /ab-sol-vo-vat/ v. graduate
aby /a-bi/ conj. to, so that, in order to
ačkoli /ach-ko-li/ conj. though, although
adresa /ad-re-sa/ f. address
adresovat /ad-re-so-vat/ v. address
advokát /ad-vo-kát/ m. lawyer
aerolinie /é-ro-li-ni-ye/ pl. airlines
aféra /a-fé-ra/ f. incident, scandal
agent /a-gent/ m. agent
agentura /a-gen-tu-ra/ f. agency
agrese/a-gre-se/ f. aggression
agresivní /a-gre-siv-nyee/ adj. aggressive
agronom /a-gro-nom/ m. agricultural expert
ahoj /a-hoy/ int. hallo, hello
akce /ak-tse/ f. action
akcie /ak-tsi-ye/ f. share, stock
akt /akt/ m. act
aktiv /ak-tif/ m. meeting, gathering
aktivita /ak-ti-vi-ta/ f. activity
aktivní /ak-tiv- nyee/ adj. active
aktovka /ak-tof-ka/ f. attaché case, brief-case

aktualita /ak-tu-a-li-ta/f. topical news
aktuální /ak-tu-ál-nyee/ ad. topical
akvarel /ak-va-rel/ m. water-color
ale /a-le/ conj. but, though
alej /a-ley/ f. avenue
alespoň /a-les-pon^y/ conj. at least
alkohol /al-ko-hol/ m. alcohol
ambulance /am-bu-lan-tse/ f. ambulance, out-patients' department
americký /a-me-rits-kee/ adj. American
Američan, -ka /A-me-ri-chan, -ka/ m.,f., American
Amerika /A-me-ri-ka/ f. America
amplión /am-pli-yón/ m. loudspeaker
ananas /a-na-nas/ m. pine-apple
anděl /an-dyel/ m. angel
anekdota /a-nek-do-ta/ f. joke, anecdote
anglický /an-glits-kee/ adj. English
Angličan, -ka /An-gli chan, -ka/ m. Englishman, f. Englishwoman
angličtina /an-glich-ti-na/ f. English
Anglie /An-gli-ye/ f. England
angrešt /an-gresht/ m. gooseberry
ani /a-nyi/ conj. not even, neither - nor
ano /a-no/ adv. yes, quite
antický /an-tits-kee/ adj. antique
antikvární / an-tik-vár-nee/ adj. secondhand

aparát /a-pa-rát/ m. camera, apparatus, device
aperitiv /a-pe-ri-tif/ m. appetizer
argument /ar-gu-ment/ m. argument, reason
arch /arkh/ m. sheet
archeologie /ar-khe-o-lo-gi-ye/ f. archaeology
architektura /ar-khi-tek-tu-ra/ f. architecture
armáda /ar-má-da/ f. army
asi /a-si/ adv. about, some, perhaps
asistent /a-sis-tent/ m. assistant
asistovat /a-sis-to-vat/ v. assist
aspirin /as-pi-rin/ m. aspirin
aspoň /as-pon^y/ conj. at least
astronautika /as-tro-nau-ti-ka/ f. astronautics
astronomie /as-tro-no-mi-ye/ f. astronomy
ať /at^y/ conj. let, however , no matter
atd. /a-t-d/ etc. , and so on
ateliér /a-te-li-yér/ m. studio
atentát /a-ten-tát/ m. attemt
atletika /at-le-ti-ka/ f. athletics
atmosféra /at-mos-fé-ra/ f. atmosphere
atom /a-tom/ m. atom
atomový /a-to-mo-vee/ adj. atomic
auto /aw-to/ n. car

autobus /aw-to-bus/ m. bus
autokar /aw-to-kar/ m. coach
automat /aw-to-mat/ m. automatic machine, -snack-bar, slot machine, sub-machine-gun
automatický /aw-to-ma-tits-kee/ adj. automatic
automobil /aw-to-mo-bil/ m. motor-car, automobile
autoopravna /aw-to-op-rav-na/ f. car service, repair shop
autor /aw-tor/ m. author, writer
autorita /aw-to-ri-ta/ f. authority
autostop /aw-to-stop/ m. hitch-hiking
avšak /af-shak/ conj. but, however
azalka /a-zal-ka/ f. azalea
azyl /a-zil/ m. asylum
až /azh/ adv. as far as, till, to, as much as

- . -

bába /bá-ba/ f. old woman, hag
babička /ba-bich-ka/ f. grandmother, nice old woman
bábovka /bá-bof-ka/ f. sponge-cake
bačkora /bach-ko-ra/ f. slipper
bádat /bá-dat/ v. do research work

bahnitý /bah-nyi-tee/ adj. muddy, swampy
bahno /bah-no/ n. bog, swamp, mud, slime
báječný /bá-yech-nee/ adj. wonderful, magnificent, gorgeous
bajka /bay-ka/ f. fable
balení /ba-le-nyee/ n. packing, wrapping, packaging
balet /ba-let/ m. ballet
baletka /ba-let-ka/ f. ballet-dancer
balík /ba-leek/ m. parcel, package
balit /ba-lit/ v. wrap, pack, package
balkón /bal-kón/ m. balkony
balón /ba-lón/ m. balloon
banán /ba-nán/ m. banana
banda /ban-da/ f. gang
banka /ban-ka/ f. bank
bankovka /ban-kof-ka/ f. bank-bill, banknote
bar /bar/ m. night-club
barevný /ba-rev-nee/ adj. colored, tinted, stained
barva /bar-va/ f. color, paint, dye
barvit /bar-vit/ v. color, paint, dye
báseň /bá-sen^{y}/ f. poem
básník /bás-nyeek/ m. poet
bát se /bát se/ v. fear, be afraid
baterie /ba-te-ri-ye/ f. battery

baterka /ba-ter-ka/ f. torch, flash-light
batoh /ba-tokh/ m. knapsack, back-pack
bavit /ba-vit/ v. amuse, entertain
bavit se /ba-vit se/ v. enjoy, have a good time, have a talk
bavlna /ba-vl-na/ f. cotton
bazén /ba-zén/ m. reservoir, swimming pool
bažant /ba-zhant/ m. pheasant
bažina /ba-zhi-na/ f. swamp, bog, marsh
bdělost /bdye-lost / f. vigilance
bdělý /bdye-lee/ adj. alert, vigilant
bdít /bdyeet/ v. be awake, watch, keep an eye on
bedna /bed-na/ f. case, box, chest
běhat /bye-hat/ v. run
během /bye-hem/ prep. during, within
bělmo /byel-mo/ n. the white of the eye
běloch /bye-lokh/ m. white man
běloška /bye-losh-ka/ f. white woman
benzín /ben-zeen/ m. gas, petrol
benzínová pumpa /ben-zee-no-vá pum-pa/ f. gas station
beran /be-ran/ m. ram
berla /ber-la/ f. crutch
beton /be-ton/ m. concrete
bez /bez/ prep. without, less, minus

bezbarvý /bez-bar-vee/ adj. colorless, dull

bezbolestný /bez-bo-lest-nee/ adj. painless

bezbranný /bez-bra-nee/ adj. defenceless

bezcenný /bez-tse-nee/ adj. worthless, of no value

bezcitný /bez-tsit-nee/ adj. callous

bezmocný /bez-mots-nee/ adj. helpless, powerless

bezmyšlenkovitý /bez-mish-len-ko-vi-tee/ adj. absent minded, careless

beznadějný /bez-na-dyey-nee/ adj. hopeless

bezohledný /be-zo-hled-nee/ adj. ruthless, inconsiderate

bezpečí /bez-pe-chee/ n. safety

bezpečnost /bez-pech-nost/ f. safety, security

bezpečný /bez-pech-nee/ adj. safe, secure

bezplatný /bez-plat-nee/ adj. free of charge

bezpráví /bez-prá-vee/ n. injustice

bezradný /bez-rad-nee/ adj. helpless

beztrestný /bez-trest-nee/ adj. unpunished

bezúročný /bez-oo-roch-nee/ adj. bearing no interest

bezvadný /bez-vad-nee/ adj. faultless, flawless
bezvědomí /bez-vye-do-mee/ n. unconsciousness, faint
bezvýznamný /bez-veez-nam-nee/ adj. insignificant, unimportant
běžet /bye-zhet/ v. run, hurry
běžný /byezh-nee/ adj. usual, common
béžový /bé-zho-vee/ adj. beige
bible /bib-le/ f. the Bible
bič /bich/ m. whip
bída /bee-da/ f. poverty, misery
bídný /beed-nee/ adj. poor, miserable
biftek/bif-tek/ m. beefsteak
bílek /bee-lek/ m. white of egg
bílý /bee-lee/ adj. white
biograf /bi-yo-graf/ m. the cinema
biologie /bi-yo-lo-gi-ye/ f. biology
bít /beet/ v. beat, strike, thrash
bití /bi-tyee/ n. thrashing
bitva /bit-va/ f. battle
bižutérie /bi-zhu-té-ri-ye/ f. jewellery
blaho /bla-ho/ n. bliss
blahobyt /bla-ho-bit/ m. wealth, prosperity
blahopřání /bla-ho-przhá-nyee/ n. good wishes, congratulation

blahopřát /bla-ho-przhát/ v. wish, congratulate
bláhový /blá-ho-vee/ adj. silly, foolish
blána /blá-na/ f. membrane
blanket /blan-ket /m. blank, form
blátivý /blá-tyi-vee/ adj. muddy
bláto /blá-to/ n. mud
blázen /blá-zen/ m. madman, fool
bláznivý /bláz-nyi-vee/ adj. mad, insane, crazy
blbost /bl-bost/ f. idiocy, nonsence, rubbish
blbý /bl-bee/ adj. idiotic, stupid, silly
blednout /bled-nowt/ v. turn pale, fade
bledý /ble-dee/ adj. pale
blecha /ble-kha/ f. flea
blesk /blesk/ m. lightning
blízko /blees-ko/ adv., prep. near, close by
blížit se /blee-zhit se/ v. approach, get near
blond /blond/ adj. blonde, fair
blondýn, -ka /blon-deen, -ka/ m. fair-haired man, f. blonde /girl/
bloudit /blow-dyit/ v. wander, lose one´s way, go astray
blůza /bloo-za/ f. blouse

blýskat se /blees-kat se/ v. glitter, glisten
bobr /bo-br/ m. beaver
bobule /bo-bu-le/ f. berry
bod /bot/ m. point, dot
bodat /bo-dat/ v. stab, prick
bodlák /bod-lák/ m. thistle
bohatství /bo-hat-stvee/ n. wealth, fortune
bohatý /bo-ha-tee/ adj. rich, wealthy
bohudík /bo-hu-dyeek/ int. thank God, thank goodness
bohužel /bo-hu-zhel/ int. unfortunately, I am sorry
bohyně /bo-hi-nye/ f. goddess
bochník /bokh-nyeek/ m. loaf
boj /boy/ m. struggle, fight, battle
bojiště /bo-yish-tye/ n. battlefield
bojler /boy-ler/ m. water heater
bojovat /bo-yo-vat/ v. fight, struggle
bok /bok/ m. hip, side
bolavý /bo-la-vee/ adj. sore, aching
bolest /bo-lest/ f. pain, ache, pang
bolestivý /bo-les-tyi-vee/ adj. painful
bolet /bo-let/ v. hurt, ache
bomba /bom-ba/ f. bomb

bombardovat /bom-bar-do-vat/ v. bomb, shell
bonbón /bon-bón/ m. sweet
bonboniéra /bon-bo-ni-yé-ra/ f. box of sweets or chocolate
borovice /bo-ro-vi-tse/ f. pine-tree
borůvka /bo-roof-ka/ f. blue-berry,bilberry
bořit /bo-rzhit/ v. pull down, destroy, ruin
bořit se /bo-rzhit se/ v. crumble down, sink
bos /bos/ adj. barefoot
bota /bo-ta/ f. boot, shoe
bouda /bow-da/ f. hut, booth, stall
bouchat /bow-khat/ v. bang, slam
boule /bow-le/ f. bump, lump, bulge
bourat /bow-rat/v. pull down, demolish
bouřit se /bow-rzhit se/ v. rebel
bouřka /bow-rzhka/ f. storm, thunder storm
box /box/ m. boxing
brada /bra-da/ f. chin
brak /brak/ m. junk, trash
brambor /bram-bor/ m. potato
brána /brá-na/ f. gate
bránit /brá-nyit/ v. defend, protect
brankář /bran-kárzh/ m. goalkeeper

brašna /brash-na/ f. bag, school bag
brát /brát/ v. take
bratr /bra-tr/ m. brother
bratranec /bra-tra-nets/ m. cousin
brečet /bre-chet/ v. cry, whine
brigáda /bri-gá-da/ f. brigade, voluntery work
bronz /bronz/ m. bronze
broskev /bros-kef/ f. peach
brouk /browk/ m. beatle
brousit /brow-sit/ v. sharpen, whet
broušené sklo /brow-she-né sklo/ n. cut glass
brož /brozh/ f. brooch
brožura /bro-zhoo-ra/f. brochure, booklet
bručet /bru-chet/ v. growl, grumble
brunet,-ka /bru-net,-ka/ m. dark-haired man, f. brunette
brusinka /bru-sin-ka/ f. cranberry
bruslař,-ka /brus-larzh,-ka/ m.,f. skater
brusle /brus-le/f.,pl. skate, a pair of skates
bruslit /brus-lit/ v. skate
brýle /bree-le/ pl. glasses, spectacles
brzda /brz-da/ f. brake
brzdit /brz-dyit/ v. brake
brzo, brzy /br-zo, br-zi/ adv. soon, early, shortly

břeh /brzhekh/ m. bank, shore

břemeno /brzhe-me-no/ n. burden, load

březen /brzhe-zen/ m. March

břicho /brzhi-kho/ n. belly, abdomen

břitva /brzhit-va/ f. razor

bříza /brzhee-za/ f. birch

buben /bu-ben/ m. drum

bublat /bub-lat/ v. bubble, gurgle

bublina /bub-li-na/ f. bubble

bubnovat /bub-no-vat/ v. drum

buď - anebo /bud[y] - a-ne-bo/conj. either--or

budík /bu-dyeek/ m. alarm-clock

budit /bu-dyit/ v. wake, wake up, attract, arouse

budoucí /bu-dow-tsee/ adj. future

budoucnost /bu-dow-tsnost/ f. future

budova /bu-do-va/ f. building

budovat /bu-do-vat/ v. build /up/

bufet /bu-fé/ m. snack-bar, cafeteria

bůh /bookh/ m. God

buchta /bukh-ta/ f. cake

bujný /buy-nee/ adj. exuberant, unruly

bunda /bun-da/ f. sport's jacket

buňka /bun[y]ka/ f. cell

burza /bur-za/ f. exchange, stock exchange

by, bych /bi, bikh/ v. should, would, could, might
bydlet /bid-let/ v. live, stay, reside
bydliště /bid-lish-tye/ n. residence
býk /beek/ m. bull
bylina /bi-li-na/ f. herb
bystrý /bis-tree/ adj. bright, sharp
byt /bit/ m. apartment, flat
být /beet/ v. be, exist
bytná /bit-ná/ f. landlady
bytost /bi-tost/ f. being
bývalý /bee-va-lee/ adj. former
bzučet /bzu-chet/ v. buzz, hum

- . -

cákat /tsá-kat/ v. splash
cedit /tse-dyit/ v. strain
cedník /tsed-nyeek/ m. strainer
cedule /tse-du-le/ f. notice, address plate, tag
cela /tse-la/ f. cell
celek /tse-lek/ m. whole, total
celer /tse-ler/ m. celery
celkem /tsel-kem/ adv. altogether, on the whole
celkový /tsel-ko-vee/ adj. total, entire
celní /tsel-nyee/ adj. custom/s/
celnice /tsel-nyi-tse/ f. custom-house

celostátní /tse-lo-stát-nyee/ adj. national, nation-wide

celý /tse-lee/ adj. whole, complete, entire, all, full

cena /tse-na/ f. price, cost, value, prize, award

ceník /tse-nyeek/ m. price-list

cenný /tse-nee/ adj. valuable

cesta /tses-ta/ f. way, road, path, journey, trip

cestovat /tses-to-vat/ v. travel, tour

cestovní /tses-tov-nyee/ adj. travel/ing/

cestovní kancelář /tses-tov-nyee kan-tse-lárzh/ f. travel agency

cestující /tses-tu-yee-tsee/ m. traveler, passenger

céva /tsé-va/ f. vessel

cibule /tsi-bu-le/ f. onion

cigareta /tsi-ga-re-ta/ f. cigarette

cihla /tsih-la/ f. brick

cikán,-ka /tsi-kán,-ka/ m. gipsy, f. gipsy woman

cíl /tseel/ m. aim, goal, end

cín /tseen/ m. tin

cíp /tseep/ m. tip, edge, corner

církev /tseer-kef/ f. church

císař /tsee-sarzh/ m. emperor

cit /tsit/ m. feeling, sensibility, emotion

cítit /tsee-tyit/ v. feel, smell

citlivost /tsi-tli-vost/ f. sensibility, sensitiveness

citový /tsi-to-vee/ adj. emotional, sentimental

citrón /tsi-trón/ m. lemon

civilizace /tsi-vi-li-za-tse/ f. civilization

cizí /tsi-zee/ adj. strange, foreign, outside

cizina /tsi-zi-na/ f. foreign country, abroad

cizinec /tsi-zi-nets/ m. foreigner, stranger

clo /tslo/ n. customs, duty

co /tso/ pron. what, which

cokoli /tso-ko-li/ pron. whatever

couvat /tsow-vat/ v. step back, back, retreat

ctít /tstyeet/ v. respect, honor

ctižádost /tstyi-zhá-dost/ f. ambition

ctižádostivý /tstyi-zhá-dos-tyi-vee/ adj. ambitious

ctnost /tsnost/ f. virtue

cukr /tsukr/ m. sugar

cukrárna /tsuk-rár-na/ f. sweetshop
cukroví /tsuk-ro-vee/ n. sweets, confectionery, candy
cukřenka /tsuk-rzhen-ka/ f. sugar-bowl
cvičebnice /tsvi-cheb-nyi-tse/ f. text-book
cvičení /tsvi-che-nyee/ n. exercise, practise, training, lesson
cvičitel /tsvi-chi-tel/ m. instructor, trainer
cyklista /tsik-lis-ta/ m. cyclist

- . -

čaj /chay/ m. tea
čajová konvice /cha-yo-vá kon-vi-tse/ f. tea pot
čajová lžička /cha-yo-vá lzhich-ka/ f. teaspoon
čáp /cháp/ m. stork
čára /chá-ra/ f. line
čárka /chár-ka/ f. stroke, comma, dash, hyphen
čas /chas/ m. time
časně /chas-nye/ adv. early
časopis /cha-so-pis/ m. magazine, journal
část /chást/ f. part, share, section
často /chas-to/ adv. often, frequently

Čech /Chekh/ m. Czech

Čechoslovák /Che-kho-slo-vák/ m. Czechoslovak

Čechy /Che-khi/ pl. Bohemia

čekárna/che-kár-na/ f. waiting-room

čekat /che-kat/ v. wait, expect

čelist /che-list/ f. jaw

čelo /che-lo/ n. forehead, front

čepice /che-pi-tse/ f. cap

černoch /cher-nokh/ m. Negro, colored man

černoška /cher-nosh-ka/ f. Negro, colored woman

černý /cher-nee/ adj. black

čerpat /cher-pat/ v. pump, draw

čerstvý /cher-stvee/adj. fresh

čert /chert/ m. devil

červ /cherf/ m. worm

červen /cher-ven/ m. June

červenec /cher-ve-nets/ m. July

červený /cher-ve-nee/ adj. red

česat /che-sat/ v. comb, pick

Československo /Ches-ko-slo-ven-sko/ n. Czechoslovakia

československý /ches-ko-slo-ven-skee/adj. Czechoslovak

český /ches-kee/ adj. Czech, Bohemian

česnek /ches-nek/ m. garlic

čest /chest/f. honor, reputation
čestný /chest-nee/ adj. honest, fair
Češka /Chesh-ka/ f. Czech woman
čeština /chesh-tyi-na/ f. Czech
čí /chee/ pron. whose
čich /chikh/ m. smell
čichat /chi-khat/ v. smell, sniff
čili /chi-li/ conj. or
čilý /chi-lee/ adj. lively, active, busy
čím - tím /cheem - tyeem/ the - the
čin /chin/ m. act, action, achievement
činnost /chi-nost/ f. activity, operation
činný /chi-nee/ adj. active
činže /chin-zhe/ f. rent
číslo /chees-lo/ n. number
číst /cheest/ v. read
čisticí /chis-tyi-tsee/ adj. cleaning, cleansing
čistírna /chis-tyeer-na/ f. a dry-cleaner's
čistit /chis-tyit/ v. clean, cleanse
čistý /chis-tee/ adj. clean,pure, clear
číšnice /cheesh-nyi-tse/ f. waitress
číšník /cheesh-nyeek/ m. waiter
článek /chlá-nek/ m. link, article
člen,-ka /chlen/ m., f. member
člověk /chlo-vyek/ m. man, person, human being, fellow

člun /chlun/ m. boat
čočka /choch-ka/ f. lens, lentils
čokoláda /cho-ko-lá-da/ f. chocolate
čtení /chte-nyee/ n. reading
čtrnáct /chtr-nátst/ num. fourteen
čtverec /chtve-rets/ m. square
čtvrt /chtvrt/ f. quarter, district
čtvrtek /chtvr-tek/ m. Thursday
čtvrtletí /chtvrt-le-tyee/ n. quarter of a year
čtyři /chti-rzhi/ num. four
čtyřicet /chti-rzhi-tset/ num. forty

- . -

dál, dále /dál, dá-le/ adv., prep. further, farther, on, go on, come in
daleko /da-le-ko/ adv. a long way, far, way off
dalekohled /da-le-ko-hled/ m. binoculars, telescope
dálka /dál-ka/ f. distance, far away
dálnice /dál-nyi-tse/ f. motorway, highway
další /dal-shee/ adj. next, following, further, additional
dáma /dá-ma/ f. lady
daň /dan[y]/ f. tax

dar /dar/ m. gift, present
dárek /dá-rek/ m. present
darovat /da-ro-vat/ v. present, donate
dařit se /da-rzhit se/ v. thrive, get on
  well, succeed, prosper
dáseň /dá-sen^y/ f. gum
dát /dát/ v. give, put, place, set
datle /dat-le/ f. date
datum /da-tum/ n. date
dav /daf/ m. crowd, mob
dávat /dá-vat/ v. give, put, arrange, or-
  ganize
dávka /dáf-ka/ f. portion, dose, ration
dávno /dáv-no/ adv. long ago, a long time
  ago
dbát /dbát/ v. take care, keep up, be ca-
  reful
dcera /tse-ra/ f. daughter
dědeček /dye-de-chek/ m. grandfather, old
  man
dědic /dye-dyits/ m. heir
dědictví /dye-dyits-tvee/ n. inheritance,
  heritage
dědit /dye-dyit/ v. inherit
definitivní /de-fi-ni-tiv-nyee/ adj. de-
  finitive, final
dech /dekh/ m. breath

děj /dyey/ m. action, story, plot
dějepis /dye-ye-pis/ m. history
dějiny /dye-yi-ni/ pl. history
dějství /dyey-stvee/ n. act
deka /de-ka/ f. cover
dekorace /de-ko-ra-tse/ f. decoration
děkovat /dye-ko-vat/ v. thank, thanks
dělat /dye-lat/ v. make, do, work
déle /dé-le/ adv. longer
delegace /de-le-ga-tse/ f. delegation
dělení /dye-le-nyee/ n. division
dělit /dye-lit/ v. divide, share
délka /dél-ka/ f. length, longitude
dělnice /dyel-nyi-tse/ f. working woman
dělník /dyel-nyeek/ m. workman, worker, laborer
dělo /dye-lo/ n. cannon, gun
demise /de-mi-se/ f. resignation
demokracie /de-mo-kra-tsi-ye/ f. democracy
den /den/ m. day
deník /de-nyeek/ m. journal, diary
denně /de-nye/ adv. daily, every day
dentista /den-tis-ta/ m. dentist
deprese /de-pre-se/ f. depression
děravý /dye-ra-vee/ adj. full of holes, leaky

deset /de-set/ num. ten
desetiletí /de-se-tyi-le-tyee/ n. decade
desetinný /de-se-tyi-nee/ adj. decimal
deska /des-ka/ f. board, plate, cover
déšť /désht^y/ m. rain
deštník /desht-nyeek/ m. umbrella
detail /de-tayl/ m. detail
detektiv /de-tek-tif/ m. detective
detektivka /de-tek-tif-ka/ f. detective story, thriller
dětský /dyet-skee/ adj. child's, baby's, childlike
dětství /dyet-stvee/ n. childhood, infancy
devadesát /de-va-de-sát/ num. ninety
devatenáct /de-va-te-nátst/ num. nineteen
děvče /dyef-che/ n. girl, girl-friend
devět /de-vyet/ num. nine
dezert /de-zert/ m. dessert
diamant /di-ya-mant/ m. diamond
diapozitiv /di-ya-po-zi-tif/ m. slide
dieta /di-ye-ta/ f. diet
dík, díky /dyeek, dyee-ki/ m., pl. thanks
diktovat /dik-to-vat/ v. dictate
díl /dyeel/ m. portion, share, part
dílna /dyeel-na/ f. workshop
dílo /dyee-lo/ n. work

diplomat /di-plo-mat/ m. diplomat
diplomatický /di-plo-ma-tits-kee/ adj. diplomatic
díra /dyee-ra/ f. hole, leak
dirigent /di-ri-gent/ m. conductor
dirigovat /di-ri-go-vat/ v. conduct
disciplina /dis-tsi-pli-na/ f. discipline
diskuse /dis-ku-ze/ f. discussion
diskutovat /dis-ku-to-vat/ v. discuss, debate
dispozice /dis-po-zi-tse/ f. disposition, disposal
dít se /dyeet se/ v. happen, occur, be done, take place
dítě /dyee-tye/ n. child, baby, kid, infant
divadlo /dyi-vad-lo/ n. theater
divák /dyi-vák/ m. spectator, onlooker
dívat se /dyee-vat se/ v. look, gaze, view, watch
divit se /dyi-vit se/ v. wonder, marvel
dívka /dyeef-ka/ f. girl
divný /dyiv-nee/ adj. strange, peculiar, odd, queer
divoký /dyi-vo-kee/ adj. wild, savage, fierce, unruly
dlaň /dlan^y/ f. palm

dlažba /dlazh-ba/ f. pavement

dlaždice /dlazh-dyi-tse/ f. tile, paving stone

dláždit /dlázh-dyit/ v. pave

dlouho /dlow-ho/ adv. long, a long time

dlouhý /dlow-hee/ adj. long

dluh /dlukh/ m. debt

dlužit /dlu-zhit/ v. owe

dnes, dneska /dnes, dnes-ka/ adv. today, nowadays

dno /dno/ n. bottom

do /do/ prep. to, into, in, up to, till, until, by, within

doba /do-ba/ f. time, period, age, season

doběhnout /do-byeh-nowt/ v. overtake, run down

dobro /dob-ro/ n. the good

dobrodružství /do-bro-druzh-stvee/ n. adventure

dobroty /do-bro-ti/ pl. goodies

dobrou noc /dob-row nots/ good night

dobrovolný /do-bro-vol-nee/ adj. voluntary

dobrý /dob-ree/ adj. good

dobrý den /dob-ree den/ good morning, good afternoon

dobře /dob-rzhe/ adv. well

dobýt /do-beet/ v. conquer, capture
dobytek /do-bi-tek/ m. cattle
docela /do-tse-la/ adv. quite, rather, completely
dočasný /do-chas-nee/ adj. temporary
dočkat se /doch-kat se/ v. wait
dodat /do-dat/ v. add, deliver, supply
dodatečný /do-da-tech-nee/ adj. additional, extra, supplementary
dodatek /do-da-tek/ m. addition, supplement
dodávka /do-dáf-ka/ f. delivery, supply
dodnes /do-dnes/ adv. up to now, so far
dodržet /do-dr-zhet/ v. keep, hold on, observe, stick to
dohad /do-hat/ m. guess, conjekture
dohlížet /do-hlee-zhet/ v. supervise, watch
dohnat /do-hnat/ v. overtake, catch up, drive, make up
dohoda /do-ho-da/ f. agreement, arrangement, understanding
dohodnout se /do-hod-nowt se/ v. agree, come to an agreement
dohromady /do-hro-ma-di/adv. together
docházet /do-khá-zet/ v. go, come, visit, attend

docházka /do-khás-ka/ f. attendance
dojem /do-yem/ m. impression
dojemný /do-yem-nee/ adj. moving, touching
dojímat /do-yee-mat/ v. touch, move
dojít /do-yeet/ v. go, get, fetch, happen, occur
dokázat /do-ká-zat/ v. prove, demonstrate, achieve, accomplish
doklad /do-klat/ m. document, paper
dokonalý /do-ko-na-lee/ adj. perfect
dokonce /do-kon-tse/ adv. even
dokončit /do-kon-chit/ v. finish, complete, bring to an end
doktor /dok-tor/ m. doctor
dokud /do-kut/prep. as long as, while, till, until
dolar /do-lar/ m. dollar
dole /do-le/ adv., prep. down, below
dolejší /do-ley-shee/ adj. lower, bottom
doleva /do-le-va/ adv. to the left
dolů /do-loo/ adv. down, downstairs
doma /do-ma/ adv. at home
domácí /do-má-tsee/ adj. home, domestic, m. landlord, f. landlady
domácnost /do-máts-nost/ f. household
domek /do-mek/ m. little house, cottage

domluvit se /do-mlu-vit se/ v. agree, make oneself understood

domněnka /do-mnyen-ka/ f. assumption, supposition

domnívat se /do-mnyee-vat se/ v. suppose, assume, believe

domorodec /do-mo-ro-dets/ m. native

domov /do-mof/ m. home

domýšlivý /do-meesh-li-vee/ adj. conceited, arrogant

donést /do-nést/ v. bring, carry, take, fetch

dopadnout /do-pad-nowt/ v. fall down, catch, turn out, come off

dopis /do-pis/ m. letter, note

dopisní papír /do-pis-nyee pa-peer/ m. writing-paper

dopisovat si /do-pi-so-vat si/ v. correspond with, have a penfriend

dopisovatel /do-pi-so-va-tel/ m. correspondent

doplnit /do-pl-nyit/ v. complete

doplňky /do-plny-ki/ pl. accessories

dopoledne /do-po-led-ne/ n. morning, forenoon, adv. in the morning, a.m.

doporučený /do-po-ru-che-nee/ adj. recommended, registered

doporučit /do-po-ru-chit/ v. recommend, suggest, advise

doposud /do-po-sut/ adv. up to now, by now, so far

doprava /do-pra-va/ adv. to the right, f. transport, transportation

dopravit /do-pra-vit/ v. transport, carry

dopravní ruch /do-prav-nyee rukh/ m. traffic

dopravní světla /do-prav-nyee svyet-la/ pl. traffic lights

doprostřed /do-pro-strzhet/ adv. in/to/ the middle

doprovázet /do-pro-vá-zet/ v. accompany

dopředu /do-przhe-du/ adv. forward, ahead

dopustit se /do-pus-tyit se/ v. commit

dorozumět se /do-ro-zu-mnyet se/ v. come to an understanding, make oneself understood

dort /dort/ m. cake, pastry

dosah /do-sakh/ m. reach, radius

dosáhnout /do-sáh-nowt/ v. reach, achieve

dospělý /dos-pye-lee/ adj., m. adult, grown-up

dospět /do-spyet/ v. come to the conclusion, arrive at a decision, grow up, mature

dost /dost/ adv. enough, fairly, rather
dostat /dos-tat/ v. get, obtain
dostatečný /do-sta-tech-nee/ adj. sufficient, adequate
dostatek /do-sta-tek/ m. plenty, abundance, sufficiency
dostavit se /do-sta-vit se/ v. appear, turn up, come along
dostihy /dos-tyi-hi/ pl. horse-race, races
dostupný /dos-tup-nee/ adj. accessible, moderate /price/
dosud /do-sut/ adv. up to now, by now, so far
dosvědčit /do-svyet-chit/ v. testify
dotaz /do-tas/ m. inquiry, question
dotek /do-tek/ m. touch, contact
dotknout se /dot-knowt se/ v. touch/on/, hint/at/, offend, hurt
doufat /dow-fat/ v. hope
doutník /dow-tnyeek/ m. cigar
dovědět se /do-vye-dyet se/ v. get to know, learn, hear
dovést /do-vést/ v. take, lead, bring, be able to, know how to
dovézt /do-vést/ v. bring, import
dovnitř /dov-nyitrzh/ adv. in, inside

dovolená /do-vo-le-ná/ f. leave, vacation, holiday

dovolit /do-vo-lit/ v. allow, permit, let

dovoz /do-vos/ m. import

dozadu /do-za-du/ adv. back/ward/

dozor /do-zor/ m. supervision, control, inspection

dozorce /do-zor-tse/ m. inspector, supervisor, guard

dožít se /do-zheet se/ v. reach the age

dráha /drá-ha/ f. course, track, railway

draho /dra-ho/ adv. dear, expensive

drahokam /dra-ho-kam/ m. precious stone, gem, jewel

drahý /dra-hee/ adj. dear, expensive

drama /dra-ma/ n. tragedy, drama

dráp /dráp/ m. claw

drát /drát/ m. wire

drátěný /drá-tye-nee/adj. wire

dražba /drazh-ba/ f. auction

dráždit /drázh-dyit/ v. irritate, provoke, upset, tease

drobit se /dro-bit se/ v. crumble

drobné /drob-né/ pl. small change

drobný /drob-nee/ adj. tiny

droga /dro-ga/ f. drug

drogerie /dro-ge-ri-ye/ f. drugstore, chemist's
droždí/drozh-dyee/ n. yeast
drsný /drs-nee/ adj. coarse, rough, rugged
drtit /dr-tyit/ v. crush
drůbež /droo-bezh/ f. poultry
druh /drukh/ m. companion, mate, fellow, sort, kind, brand, species
druhý /dru-hee/ adj. second, the other
družstvo /druzh-stvo/ n.team, co-operative
drzý /dr-zee/ adj. impertinent, arrogant
držadlo /dr-zhad-lo/ n. handle, holder
držet /dr-zhet/ v. keep, hold
dřevěný /drzhe-vye-nee/ adj. wooden
dřevo /drzhe-vo/ n. wood, timber
dřez /drzhes/ m. sink
dřina /drzhi-na/ f. drudgery, toil
dřít se /drzheet se/ v. rub, drudge, toil, swot,cram
dříve /drzhee-ve/ adv. before, previously, formerly
dříví /drzhee-vee/ n. wood, timber, sticks
dub /dup/ m. oak
duben /du-ben/ m. April
duha /du-ha/ f. rainbow

duch /dukh/ m. spirit, mind, ghost
duchaplný /du-kha-pl-nee/ adj. spirited, intelligent
důchod /doo-khot/ m. income, pension
důkaz /doo-kas/ m. proof, evidence
důkladný /doo-klad-nee/ adj. thorough
důl /dool/ m. mine, pit
dům /doom/ m. house
dunět /du-nyet/ v. thunder, rumble
dupat /du-pat/ v. stamp, trample
dupnout si /dup-nowt si/ v. put one's foot down
důraz /doo-ras/ m. emphasis, stress
dusit /du-sit/ v. stifle, choke, suffocate, stew
důsledek /doo-sle-dek/ m. consequence, implication
důsledný /doo-sled-nee/ adj. consistent
dusno /dus-no / adv. close, stuffy
důstojník /doos-toy-nyeek/ m. officer
důstojný /doos-toy-nee/ adj. dignified, stately
duše /du-she/ f. soul, tube
duševní /du-shev-nyee/ adj. mental
důvěra /doo-vye-ra/ f. confidence, trust
důvěrný /doo-vyer-nee/ adj. confidential, intimate

důvod /doo-vot/ m. reason, grounds
dva, dvě /dva, dvye/ num. two
dvacet /dva-tset/ num. twenty
dvakrát /dva-krát/ adv. twice
dvanáct /dva-nátst/ num. twelve
dveře /dve-rzhe/ pl. door
dvojčata /dvoy-cha-ta/ pl. twins
dvojice /dvo-yi-tse/ f. couple, pair
dvojitý /dvo-yi-tee/ adj. double
dvůr /dvoor/ m. yard, courtyard, court
dýchat /dee-khat/ v. breathe, exhale
dychtivý /dikh-ti-vee/ adj. eager, keen
dýka /dee-ka/ f. dagger
dým /deem/ m. smoke
dýmka /deem-ka/ f. pipe
džbán /dzhbán/ m. jug, pitcher, mug
džez /dzhez/ m. jazz

- . -

efekt /efekt/ m. effect
efektní /e-fekt-nyee/ adj. impressive, spectacular, striking
ekonomický /e-ko-no-mits-kee/ adj. economic, economical
ekonomie /e-ko-no-mi-ye/ f. economy, economics
elegantní /e-le-gant-nyee/a dj. elegant, stylish, dressy

elektrárna /e-lek-trár-na/ f. power-station, power-house
elektrický /e-lek-trits-kee/ adj. electric, electrical
elektrika /e-lek-tri-ka/ f. tram
elektrotechnik /e-lek-tro-tekh-nik/ m. electrician
elektřina /e-lek-trzhi-na/ f. electricity
emigrace /e-mi-gra-tse/ f. emigration
emigrant /e-mi-grant/ m. emigrant, exile
emigrovat /e-mi-gro-vat/ v. emigrate, go to exile
energický /e-ner-gits-kee/ adj. energetic, vigorous
energie /e-ner-gi-ye/ f. energy, power, drive, vim
epocha /e-po-kha/ f. epoch
éra /é-ra/ f. era
erb /erp/ m. coat of arms
estráda /es-trá-da/ f. variety show, music-hall
evakuace /e-va-ku-a-tse/ f. evacuation
eventuálně /e-ven-tu-ál-nye/ adv. alternatively, possibly
Evropa /Ev-ro-pa/f. Europe
evropský /ev-rop-skee/ adj. European
exhibice /ex-hi-bi-tse/ f. exhibition
exil /exil/ m. exile

existence /e-xis-ten-tse/ f. existence
existovat /e-xis-to-vat/ v. exist
exkurze /ex-kur-ze/ f. excursion
expanze /ex-pan-ze/ f. expansion
expert /ex-pert/ m. expert
exponát /ex-po-nát/ m. exhibit
export /ex-port/ m. export
expres /ex-pres/ adj. express
extrém /ex-trém/ m. extreme

- . -

facka /fats-ka/ f. slap in the face
fajfka /fayf-ka/ f. pipe
fakt /fakt/ m. fact
faktický /fak-tits-kee/ adj. actual, virtual, real
fakulta /fa-kul-ta/ f. faculty
falešný /fa-lesh-nee/ adj. false, artificial, pretended, out of tune, off pitch
falšovat /fal-sho-vat/ v. forge, falsify
fanatický /fa-na-tits-kee/ adj. fanatic, fanatical
fandit /fan-dyit/ v. be a fan
fantastický /fan-tas-tits-kee/ adj. fantastic
fantazie /fan-ta-zi-ye/ f. fancy, imagination

farář /fa-rárzh/ m. parson
farma /far-ma/ f. farm
farmář /far-márzh/ m. farmer
fazole /fa-zo-le/ f., pl. bean
fén /fén/ m. hairdryer
festival /fes-ti-val/ m. festival
fialka /fi-yal-ka/ f. violet
fialový /fi-ya-lo-vee/ adj. violet, purple
figura /fi-gu-ra/ f. figure, character
fík /feek/ m. fig
filatelie /fi-la-te-li-ye/ f. stamp-collecting
film /film/ m. film, movie
filosofie /fi-lo-zo-fi-ye/ f. philosophy
filtr /fil-tr/ m. filter
finance /fi-nan-tse/ pl. finance
firma /fir-ma/ f. firm, business, concern
flám /flám/ m. spree, a night out
flétna /flét-na/ f. flute
fond /font/ m. fund
fontána /fon-tá-na/ f. fountain
forma /for-ma/ f. form, shape
formalita /for-ma-li-ta/ f. formality
formální /for-mál-nyee/ adj. formal
formát /for-mát/ m. size
formulář /for-mu-lárzh/ m. form
fotbal /fot-bal/ m. soccer

fotoaparát /fo-to-a-pa-rát/ m. camera
fotografie /fo-to-gra-fi-ye/ f. photograph, snap, snapshot
fotografovat /fo-to-gra-fo-vat/ v. photograph, take snaps
foukat /fow-kat/ v. blow, wind
fronta /fron-ta/ f. front, line, queue
funkce /fun-ktse/ f. function, office, post
fyzický /fi-zits-kee/ adj. physical, material
fyzika /fi-zi-ka/ f. physics

- . -

galantní /ga-lant-nyee/ adj. courteous, gallant
galerie /ga-le-ri-ye/ f. gallery, art gallery
galoše /ga-lo-she/ pl. galoshes
garáž /ga-rázh/ f. garage
garsoniéra /gar-zo-ni-yé-ra/ f. one-roomed apartment, efficiency
gauč /gawch/ m. couch, sofa
gáza /gá-za/ f. gauze
generace /ge-ne-ra-tse/ f. generation
generální /ge-ne-rál-nyee/ adj. general
génius /ge-ni-yus/ m. genius

geologie /ge-o-lo-gi-ye/ f. geology
gesto /ges-to/ n. gesture
gól /gól/ m. goal
graf /graf/ m. graph
gram /gram/ m. gram/me/
gramofon /gra-mo-fon/ m. record-player
gramofonová deska /gra-mo-fo-no-vá des-ka/ f. record
granát /gra-nát/ m. grenade, shell, garnet
gratulovat /gra-tu-lo-vat/ v. congratulate, wish
guláš /gu-lásh/ m. goulash
guma /gu-ma/ f. rubber, gum, elastic
gumový /gu-mo-vee/ adj. rubber
gymnasium /gi-mna-zi-yum/ n. high school
gymnastika /gi-mnas-ti-ka/ f. gymnastics
gynekologie /gi-ne-ko-lo-gi-ye/ f. gyneacology

- . -

háček /há-chek/ m. hook
háčkovat /hách-ko-vat/ v. crochet
had /hat/ m. snake
hádanka /há-dan-ka/ f. riddle, puzzle
hádat /há-dat/ v. guess
hádat se /há-dat se/ v. quarrel, argue
hádka /hát-ka/ f. quarrel, squabble

hadr /hadr/ m. rag, piece of cloth
hájit /há-yit/ v. protect, defend
hák /hák/ m. hook
hala /ha-la/ f. hall, lounge
halenka /ha-len-ka/ f. blouse
haléř /ha-lérzh/ m. heller, cent, penny
hanba /han-ba/ f. shame, disgrace
harmonika /har-mo-ni-ka/ f. accordion, harmonica
hasit /ha-sit/ v. extinguish, put out, quench
havárie /ha-vá-ri-ye/ f. crash
havran /hav-ran/ m. raven
házet /há-zet/ v. throw, cast, toss
hedvábí /hed-vá-bee/ n. silk
hedvábný /hed-váb-nee/ adj. silk
helikoptéra /he-li-kop-té-ra/ f. helicopter
herec /he-rets/ m. actor
herečka /he-rech-ka/ f. actress
heslo /hes-lo/ n. slogan, motto, password, entry
hezký /hes-kee/ adj. pretty, handsome, nice, fine
hezky /hes-ki/ adv. pretty, fine
historický /his-to-rits-kee/ adj. historic, historical
historie /his-to-ri-ye/ f. history, story

hlad /hlat/ m. hunger, starvation
hladina /hla-dyi-na/ f. surface, level
hladit /hla-dyit/ v. stroke, smooth
hladký /hlat-kee/ adj. smooth
hladový /hla-do-vee/ adj. hungry, starving, greedy
hlas /hlas/ m. voice, vote
hlásit /hlá-sit/ v. report, announce, register with, claim
hlasitý /hla-si-tee/ adj. loud
hlasovat /hla-so-vat/ v. vote
hlava /hla-va/ f. head
hlavně /hlav-nye/ adv. mainly, chiefly
hlavní /hlav-nyee/ adj. main, chief, principal
hlavní město /hlav-nyee myes-to/ n. capital
hledat /hle-dat/ v. look for, seek
hledět /hle-dyet/ v. look at, see to it
hlediště /hle-dyish-tye/ n. auditorium
hlídat /hlee-dat/ v. watch, guard, take care, baby-sit
hlína /hlee-na/ f. earth, clay
hloubka/hlowp-ka/ f. depth
hloupost /hlow-post/ f. stupidity, foolishness, nonsence
hloupý /hlow-pee/ adj. stupid, silly

hluboký /hlu-bo-kee/ adj. deep
hlučný /hluch-nee/ adj. noisy, loud
hluchý /hlu-khee/ adj. deaf
hluk /hluk/ m. noise
hmat /hmat/ m. touch
hmatat /hma-tat/ v. touch, feel
hmota /hmo-ta/ f. matter, material, stuff
hmyz /hmis/ m. insect
hnát /hnát/ v. drive
hned /hnet/ adv. at once, immediately
hnědý /hnye-dee/ adj. brown
hněvat se /hnye-vat se/ v. be angry, be cross with
hnis /hnyis/ m. pus, matter
hnít /hnyeet/ v. rot, decay
hnízdo /hnyeez-do/ n. nest
hnusný /hnus-nee/ adj. disgusting, revolting
hoboj /ho-boy/ m. oboe
hodina /ho-dyi-na/ f. hour, lesson
hodinky /ho-dyin-ki/ pl. watch
hodiny /ho-dyi-ni/ pl. clock
hodit /ho-dyit/ v. throw, drop
hodit se /ho-dyit se/ v. go with, match, fit, be suited
hodně /hod-nye/ adv. very, much, a lot of, plenty

hodnota /hod-no-ta/ f. value
hodnotný /hod-not-nee/ adj. valuable
hodný /hod-nee/ adj. good
hoch /hokh/ m. boy, boy-friend
hojit se /ho-yit se/ v. heal /up/
hokej /ho-key/ m. /ice/-hockey
holicí /ho-li-tsee/ adj. shaving
holič /ho-lich/ m. barber, hair-dresser
holičství /ho-lich-stvee/ n. hairdresser's
holinky /ho-lin-ki/ pl. boots, high boots
holit /ho-lit/ v. shave
holka /hol-ka/ f. girl
holub /ho-lup/ m. pigeon
holubice /ho-lu-bi-tse/ f. dove
holý /ho-lee/ adj. bare
honem /ho-nem/ adv. quickly, hurry up
honit /ho-nyit/ v. chase, hunt
hora /ho-ra/ f. mountain
horečka /ho-rech-ka/ f. fever, temperature
horko /hor-ko/ adv. hot /weather/
horký /hor-kee/ adj. hot
horní /hor-nyee/ adj. upper, top
horník /hor-nyeek/ m. miner
horolezec /ho-ro-le-zets/ m. mountain climber
hořčice /horzh-chi-tse/ f. mustard

hořet /ho-rzhet/ v. burn, be on fire, blaze

hořký /horzh-kee/ adj. bitter

hospoda /hos-po-da/ f. pub, inn

hospodařit /hos-po-da-rzhit/ v. manage, farm

hospodářství /hos-po-dárzh-stvee/ n. economy, farm

hospodyně /hos-po-di-nye/ f. housekeeper

host /host/ m. guest, visitor

hostit /hos-tyit/ v. entertain

hostitel, -ka /hos-tyi-tel, -ka/ m. host, f. hostess

hotel /ho-tel/ m. hotel

hotovost /ho-to-vost/ f. cash

hotový /ho-to-vee/ adj. ready, finished

houba /how-ba/ f. mushroom, sponge

houpat /how-pat/ v. rock, swing

houska /hows-ka/ f. roll

housle /hows-le/ pl. violin

hovězí /ho-vye-zee/ adj. beef

hovor /ho-vor/ m. talk, chat, conversation

hovořit /ho-vo-rzhit/ v. speak, talk

hra /hra/ f. play, game

hráč, -ka /hrách, -ka/ m., f. player

hračka /hrach-ka/ f. toy

hrad /hrat/ m. castle
hrách /hrákh/ m. peas
hrana /hra-na/ f. edge, corner
hranice /hra-nyi-tse/ f. frontier, boundary, border
hrát /hrát/ v. play
hrdina /hr-dyi-na/ m. hero
hrdost /hr-dost/ f. pride
hrdý /hr-dee/ adj. proud
hrnec /hr-nets/ m. pot
hrnek /hr-nek/ m. little pot, mug, cup
hrob /hrop/ m. grave
hrom /hrom/ m. thunder
hromada /hro-ma-da/ f. heap, pile, stack
hrozba /hros-ba/ f. threat, menace
hrozinka /hro-zin-ka/ f. raisin
hrozit /hro-zit/ v. threaten
hrozny vína /hroz-ni vee-na/ pl. grapes
hrozný /hroz-nee/ adj. terrible, horrible, awful
hrubý /hru-bee/ adj. coarse, rude, rough
hruď /hrud^y/ f. chest, breast
hruška /hrush-ka/ f. pear
hrůza /hroo-za/ f. horror, terror
hřát /hrzhát/ v. warm, warm up
hřbitov /'rzhbi-tof/ m. cemetery, graveyard

hřeben /hrzhe-ben/ m. comb, ridge
hřebík /hrzhe-beek/ m. nail
hřích /hrzheekh/ m. sin
hřiště /hrzhish-tye/ n. playground
hřmít /'rzhmeet/ v. thunder
huba /hu-ba/ f. mouth, muzzle
hubený /hu-be-nee/ adj. lean, thin
hubnout /hub-nowt/ v. lose weight
hubovat /hu-bo-vat/ v. grumble, scold
hudba /hud-ba/ f. music
hudební /hu-deb-nyee/ adj. music/al/
hůl /hool/ f. stick, cane
humor /hu-mor/ m. humour
husa /hu-sa/ f. goose
hustilka /hus-til-ka/ f. bicycle pump
hustota /hus-to-ta/ f. density, thickness
hustý /hus-tee/ adj. thick
hvězda /hvyez-da/ f. star
hýbat /hee-bat/ v. move, stir
hygiena /hi-gi-ye-na/ f. hygiene

- . -

chalupa /kha-lu-pa/ f. cottage
chápat /khá-pat/ v. understand, see
charakter /kha-rak-ter/ m. character
chata /kha-ta/ f. cabin, hut, chalet
chemie /khe-mi-ye/ f. chemistry

chirurg /khi-rurg/ m. surgeon
chládek /khlá-dek/ m. cold place, shade
chladič /khla-dyich/ m. radiator
chladit /khla-dyit/ v. cool /off/
chladno /khlad-no/ adv. cold
chlapec /khla-pets/ m. boy, boy-friend
chléb /khlép/ m. bread
chlebíček /khle-bee-chek/ m. open sandwich
chlubit se /khlu-bit se/ v. boast, brag, take pride
chlup /khlup/ m. hair
chlupatý /khlu-pa-tee/ adj. hairy
chod /khot/ m. course, gear, run
chodba /khod-ba/ f. corridor, passage
chodec /kho-dets/ m. walker, pedestrian
chodidlo /kho-dyid-lo/ n. sole, foot
chodit /kho-dyit/ go, walk
chodník /khod-nyeek/ m. side-walk, pavement
choulostivý /khow-los-tyi-vee/ adj. delicate, sensitive
chovat /kho-vat/ v. rear, breed, keep, nurse, cherish
chovat se /kho-vat se/ v. behave
chrám /khrám/ m. temple, cathedral
chránit /khrá-nyit/ v. protect
chrápat /khrá-pat/ v. snore

chraptět /khrap-tyet/ v. speak in a husky, hoarse voice
chřest /khrzhest/ m. asparagus
chřipka /khrzhip-ka/ f. influenza, flu
chtít /khtyeet/ v. want, will
chudák /khu-dák/ m. poor fellow
chudoba /khu-do-ba/ f. poverty
chudý /khu-dee/ adj. poor
chuť /khut^y/ f. taste, flavor
chutnat /khut-nat/ v. taste
chůze /khoo-ze/ f. walk, pace
chvála /khvá-la/ f. praise
chválit /khvá-lit/ v. praise, speak highly of
chvět se /khvyet se/ v. vibrate, tremble, shiver
chvíle /khvee-le/ f. while, moment
chvilka /khvil-ka/ f. short while
chyba /khi-ba/ f. mistake, blunder, error, fault
chybět /khi-byet/ v. be missing, be absent, be wanting
chystat /khis-tat/ v. prepare, make ready
chytat /khi-tat/ v. catch, take
chytrý /khit-ree/ adj. clever, bright, smart, intellgent

- . -

i /i/ conj. and, as well as, both - and
ideál, -ní /i-de-ál,-nyee/ m., adj. ideal
igelit /i-ge-lit/ m. plastic
ignorovat /ig-no-ro-vat/ v. ignore, cut
ihned /i-hnet/ adv. at once, immediately
ilegální /i-le-gál-nyee/ adj. illegal
iluze /i-lu-ze/ f. illusion
imitace /i-mi-ta-tse/ f. imitation
import /im-port/ m. import
improvizace /im-pro-vi-za-tse/ f. improvisation
indiskrétní /in-dis-krét-nyee/ adj. indiscreet, tactless
individuální /in-di-vi-du-ál-nyee/ adj. individual
infarkt /in-farkt/ m. stroke, blood-clot
infekce /in-fek-tse/ f. infection
inflace /in-fla-tse/ f. inflation
informace /in-for-ma-tse/ f. information
informační středisko /in-for-mach-nyee strzhe-dyis-ko/ n. information center
informovat /in-for-mo-vat/ v. inform
informovat se /in-for-mo-vat se / v. inquire, find out
injekce /in-yek-tse/ f. injection
inkoust /in-kowst/ m. ink
inspektor /in-spek-tor/ m. inspector

inspirace /in-spi-ra-tse/ f. inspiration
instalace /in-sta-la-tse/ f. fitting, instalation, plumbing
instalatér /in-sta-la-tér/ m. plumber
instinkt /in-stinkt/ m. instinct
instrukce /in-struk-tse/ f. instruction, direction
instruktor /in-struk-tor/ m. instructor, coach
inteligent /in-te-li-gent/ m. intellectual
inteligentní /in-te-li-gen-tnyee/ adj. intelligent, bright
internát /in-ter-nát/ m. boarding-house, boarding-school
interval /in-ter-val/ m. interval
intimní /in-tim-nyee/ adj. intimate
intuice /in-tu-i-tse/ f. intuition
invalida /in-va-li-da/ m. invalid, disabled person
invaze /in-va-ze/ f. invasion
investice /in-ves-ti-tse/ f. investment
inzerát /in-ze-rát/ m. advertisement
inzerovat /in-ze-ro-vat/ v. advertise
inženýr /in-zhe-neer/ m. engineer
ironický /i-ro-nits-kee/ adj. ironic/al/
ironie /i-ro-ni-ye/ f. irony

izolace /i-zo-la-tse/ f. isolation, insulation

izolovat /i-zo-lo-vat/ v. isolate, insulate

- . -

já /yá/ pron. I, I myself

jablko /ya-bl-ko/ n. apple

jádro /yád-ro/ n. kernel, pip, substance

jahoda /ya-ho-da/ f. strawberry

jak /yak/ adv. how, as, what - like

jakmile /yak-mi-le/ adv. as soon as

jako /ya-ko/ adv. as, like

jakoby /ya-ko-bi/ adv. as if, as though

jakost /ya-kost/ f. quality

jaksi /yak-si/ adv. rather, in a way

jaký /ya-kee/ pron. what, what kind of

jakýkoli /ya-kee-ko-li/ pron. any

jáma /yá-ma/ f. pit

jarní /yar-nyee/ adj. spring

jaro /ya-ro/ n. spring

jásat /yá-sat/ v. cheer, rejoice

jasno /yas-no/ adv. bright weather, clear

jasný /yas-nee/ adj. clear, bright, obvious

játra /yát-ra/ pl. liver

javor /ya-vor/ m. maple

jazyk /ya-zik/ m. tongue, language
je /ye/ v. /he, she, it/ is
ječmen /yech-men/ m. barley
jed /yet/ m. poison
jeden /ye-den/ num. one, some
jedenáct /ye-de-nátst/ num. eleven
jedině /ye-dyi-nye/ adv. only, alone
jedinečný /ye-dyi-nech-nee/ adj. unique
jediný /ye-dyi-nee/ adj. only, sole
jednání /yed-ná-nyee/ n. behavior, negotiation, proceeding, act
jednat,/yed-nat/ v. act, negotiate, deal
jednoduchý /yed-no-du-khee/ adj. simple
jednota /yed-no-ta/ f. unity
jednotka /yed-not-ka/ f. unit
jednotlivý /yed-not-li-vee/ adj. single, individual
jednou /yed-now/ adv. once, some day
jedovatý /ye-do-va-tee/ adj. poisonous
jehla /yeh-la/ f. needle
jehlice /yeh-li-tse/ f. pin, knitting-needle
jehličnatý /yeh-lich-na-tee/ adj. coniferous
jehně /yeh-nye/ n. lamb
jeho /ye-ho/ pron. his
její /ye-yee/ pron. her, hers

jejich /ye-yikh/ pron. their
jemný /yem-nee/ adj. fine, delicate, gentle, tender
jen, jenom /yen, ye-nom/ adv. only, just
jenž /yenzh/ pron. who, which, that
jeskyně /yes-ki-nye/ f. cave
jesle /yes-le/ pl. crib, manger, nursery
jestli, -že /yest-li, -zhe/ conj. if
jestřáb /yes-trzháp/ m. hawk
ještě /yesh-tye/ adv. still, even, some more, another, yet
ještěrka /yesh-tyer-ka/ f. lizard
jet /yet/ v. go, travel, ride, drive
jeviště /ye-vish-tye/ n. stage
jezdec /yez-dets/ m. rider, horseman
jezdit /yez-dyit/ v. drive, ride, travel
jezero /ye-ze-ro/ n. lake
ježek /ye-zhek/ m. hedgehog
jídelna /yee-del-na/ f. dining-room, tea-room
jídelní lístek /yee-del-nyee lees-tek/ m. menu
jídlo /yeed-lo/ n. food, meal
jih /yikh/ m. south
jíl /yeel/ m. clay
jinak /yi-nak/ adv. otherwise, differently
jinde /yin-de/ adv. somewhere else, some other place

jindy /yin-di/ adv. some other time
jinudy /yi-nu-di/ adv.by a different way
jiný /yi-nee/ adj. other, another, different
jiskra /yis-kra/ f. spark
jíst /yeest/ v. eat, have one's meals
jistě /yis-tye/ adv. certainly, surely
jistota /yis-to-ta/ f. certainty, security, safety
jistý /yis-tee/ adj. sure, certain
jít /yeet/ v. go, come, walk
jitrnice /yi-tr-nyi-tse/ f. sausage
jitro /yit-ro/ n. morning
jízda /yeez-da/ f. ride, journey
jízdenka /yeez-den-ka/ f. ticket
jízdné /yeezd-né/ n. fare
jizva /yiz-va/ f. scar
již /yizh/ adv. already, yet
jižní /yizh-nyee/ adj. south, southern
jmění /'mnye-nyee/ n. fortune, wealth
jméno /'mé-no/ n. name
jmenovat /'me-no-vat/ v. name, call, appoint, nominate
jsem /'sem/ v. I am

- . -

k, ke, ku /k, ke, ku/ prep. to, towards, for

kabát /ka-bát/ m. coat, jacket
kabel /ka-bel/ m. cable
kabelka /ka-bel-ka/ f. handbag
kabina /ka-bi-na/ f. cabin, cubicle, cage
kadeřnictví/ka-derzh-nyits-tvee/n. hair-dresser's
kadeřník /ka-derzh-nyeek/ m. hairdresser
kachna /kakh-na/ f. duck
kakao /ka-ka-o/ n. cocoa
kaktus /kak-tus/ m. cactus
kalendář /ka-len-dárzh/ m. calendar, dia-ry
kalhotky /kal-hot-ki/ pl. panties, knic-kers
kalhoty /kal-ho-ti/ pl. trousers, pants, slacks
kalich /ka-likh/ m. goblet, chalice
kalorie /ka-lo-ri-ye/ f. calorie
kaluž /ka-luzh/ f. puddle
kam /kam/ adv., conj. where
kamarád, -ka /ka-ma-rát, -ka/ m., f. friend, mate
kámen /ká-men/ m. stone, rock
kamenný /ka-me-nee/ adj. stone, stony
kamera /ka-me-ra/ f. camera
kamkoli /kam-ko-li/ adv. anywhere, where-ver

kamna /kam-na/ pl. stove, cooker
kanál /ka-nál/ m. sewer, drain, canal, gutter, channel
kancelář /kan-tse-lárzh/ f. office
kapacita /ka-pa-tsi-ta/ f. capacity
kapalina /ka-pa-li-na/ f. liquid, fluid
kapat /ka-pat/ v. drip
kapela /ka-pe-la/ f. band
kapesné /ka-pes-né/ n. pocket-money
kapesní /ka-pes-nyee/ adj. pocket
kapesník /ka-pes-nyeek/ m. handkerchief
kapitál /ka-pi-tál/ m. capital, funds
kapitalismus /ka-pi-ta-liz-mus/ m. capitalism
kapitán /ka-pi-tán/ m. captain
kapitola /ka-pi-to-la/ f. chapter
kapka /kap-ka/ f. drop
kaple /kap-le/ f. chapel
kapr /ka-pr/ m. carp
kapsa /kap-sa/ f. pocket
kapusta /ka-pus-ta/ f. cabbage
karafiát /ka-ra-fi-yát/ m. carnation
kárat /ká-rat/ v. rebuke, reprimand
karbanátek /kar-ba-ná-tek/ m. hamburger
karfiól /kar-fi-yól/ m. cauliflower
kariéra /ka-ri-yé-ra/ f. career
karta /kar-ta/ f. card

kartáč /kar-tách/ m. brush
kartáček na zuby /kar-tá-chek na zu-bi/ m. tooth-brush
kastrol /kas-tról/ m. saucepan
kaše /ka-she/ f. mash, paste, mess
kašel /ka-shel/ m. cough
kaštan /kash-tan/ m. chesnut
katalog /ka-ta-log/ m. catalog
katastrofa /ka-ta-stro-fa/ f. catastrophe, disaster
katolík /ka-to-leek/ m. Catholic
káva /ká-va/ f. coffee
kavárna /ka-vár-na/ f. café, coffee-house
kázeň /ká-zen^y/ f. discipline, control
kazit, kazit se /ka-zit se/ v. spoil, go bad, decay
kazový /ka-zo-vee/ adj. imperfect, faulty
každý /kazh-dee/ adj., pron. every, each, everybody, everyone, anyone
kbelík /kbe-leek/ m. pail, bucket
Kčs /Ká-ché-es/ Czechoslovak crown/s/
kde /kde/ adv. where
kdekoli /kde-ko-li/ adv. anywhere, wherever
kdepak /kde-pak/ adv. where, not at all
kdesi /kde-si/ adv. somewhere
kdežto /kdezh-to/ conj. while, whereas

kdo /kdo/ pron. who, which
kdokoli /kdo-ko-li/ pron. anyone, anybody
kdosi /kdo-si/ pron. someone, somebody
kdy /kdi/ adv. when, ever
kdyby /kdi-bi/ conj. if
kdykoli /kdi-ko-li/ adv. any time, whenever
kdysi /kdi-si/ adv. once
když /kdizh/ conj. when, as, if
keramika /ke-ra-mi-ka/ f. ceramics
keř /kerzh/ m. shrub, bush
kilo, -gram /ki-lo, -gram/ m. kilogram/me/
kilometr /ki-lo-me-tr/ m. kilometer
kino /ki-no/ n. cinema, movies
klacek /kla-tsek/ m. stick, club, lout
kláda /klá-da/ f. log, beam
kladivo /kla-dyi-vo/ n. hammer
kladný /klad-nee/ adj. positive, affirmative
klam /klam/ m. deception, deceit
klamat /kla-mat/ v. deceive
klanět se /kla-nyet se/ v. bow
klarinet /kla-ri-net/ m. clarinet
klášter /klásh-ter/ m. cloister, convent, monastery
klávesa /klá-ve-sa/ f. key

klavír /kla-veer/ m. piano
klec /klets/ f. cage
klečet /kle-chet/ v. kneel
klenot /kle-not/ m. gem, jewel
klenotnictví /kle-not-nyits-tvee/ n. jeweller's
klepat /kle-pat/ v. knock, tap, talk scandal
klesat /kle-sat/ v. fall, sink, go down, drop, decline
kleště /klesh-tye/ pl. pincers, pliers
klíč /kleech/ m. key
klid /klit/ m. quiet, peace, rest
klidný /klid-nee/ adj. quiet, calm
klika /kli-ka/ f. door handle, crank, clique
klín /kleen/ m. lap, /knees/
klít /kleet/ v. swear, curse
klobása /klo-bá-sa/ f. sausage
klobouk /klo-bowk/ m. hat
kloktadlo /klok-tad-lo/ n. gargle
klopýtat /klo-pee-tat/ v. stumble
kloub /klowp/ m. joint, knuckle
klouzat /klow-zat/ v. slide, skid, glide
klozet /klo-zet/ m. rest-room, toilet
klub /klup/ m. club
kluziště /klu-zish-tye/ n. skating-rink

kmen /kmen/ m. trunk, tribe
kmín /kmeen/ m. caraway-seeds
kmotr, -a /kmo-tr, kmo-tra/ m. godfather, f. godmother
knedlík /kned-leek/ m. dumpling
kněz /knyes/ m. priest
kniha /knyi-ha/ f. book
knihkupectví/knyihk-ku-pets-tvee/ n. bookshop, book-store
knihovna /knyi-hov-na/ f. library
knír /knyeer/ m. moustache
knoflík /knof-leek/ m. button, knob
koberec /ko-be-rets/ m. carpet
kobliha /ko-bli-ha/ f. doughnut
kočár /ko-chár/ m. carriage
kočka /koch-ka/ f. cat
kohout /ko-howt/ m. cock, rooster, faucet, tap
kojenec /ko-ye-nets/ m. baby
kojit /ko-yit/ v. breast-feed
kokos /ko-kos/ m. coconut
koktat /kok-tat/ v. stutter, stammer
koláč /ko-lách/ m. cake, tart, pie
kolébat /ko-lé-bat/ v. rock, wobble, roll
kolébka /ko-lép-ka/ f. cradle
kolej /ko-ley/ f. rail, line, track, hostel, college

kolektiv /ko-lek-tif/ m. group, team
kolem /ko-lem/ prep. round, around, about
koleno /ko-le-no/ n. knee
kolik /ko-lik/ adv. how, how many, how much
kolmý /kol-mee/ adj. vertical
kolo /ko-lo/ n. wheel, /circle/, bicycle; round
kolotoč /ko-lo-toch/ m. roundabout
komár /ko-már/ m. mosquito, gnat
kombiné /kom-bi-né/ n. slip
kombinéza /kom-bi-né-za/ f. overalls
kombinovat /kom-bi-no-vat/ v. combine
komedie /ko-me-di-ye/ f. comedy
komický /ko-mits-kee/ adj. comical, funny
komín /ko-meen/ m. chimney
komora /ko-mo-ra/ f. chamber, closet
komplikace /kom-pli-ka-tse/ f. complication
kompot /kom-pot/ m. stewed fruit, fruit salad
kompromis /kom-pro-mis/ m. compromise
komunista /ko-mu-nis-ta/ m. communist
koňak /ko-nyak/ m. brandy, cognac
konat /ko-nat/ v. do, perform
koncert /kon-tsert/ m. concert, recital
končit /kon-chit/ v. end, close, be over, come to an end

konec /ko-nets/ m. end, conclusion, close, tip

konečně /ko-nech-nye/ adv. at last, finally, eventually

konev /ko-nef/ f. can, pitcher

konfekce/kon-fek-tse/ f. ready-made clothes

konference /kon-fe-ren-tse/ f. conference, convention

koníček /ko-nyee-chek/ m. little horse, hobby

konkrétní /kon-krét-nyee/ adj. concrete, definite, particular

konkurence /kon-ku-ren-tse/ f. competition, rivalry

konstrukce /kon-struk-tse/ f. construction

konstruktér /kon-struk-tér/ m. designer

kontakt /kon-takt/ m. contact, touch

konto /kon-to/ n. account

kontrola /kon-tro-la/ f. control, check, examination, inspection

konverzace /kon-ver-za-tse/ f. conversation, talk

konvice /kon-vi-tse/ f. pot, kettle

konzerva /kon-zer-va/ f. can, preserves, tin

konzervativní /kon-zer-va-tiv-nyee/ adj. conservative

konzulát /kon-zu-lát/ m. consulate
kopaná /ko-pa-ná/ f. soccer, football
kopat /ko-pat/ v. dig, kick
kopec /ko-pets/ m. hill
kopie /ko-pi-ye/ f. copy, print
kopr /kopr/ m. dill
kopřiva /ko-przhi-va/ f. nettle
kopyto /ko-pi-to/ n. hoof, last
korále /ko-rá-le/ pl. bead necklace
koroptev /ko-rop-tef/ f. partridge
koruna /ko-ru-na/ f. crown, top
kořalka /ko-rzhal-ka/ f. liquor
kořen /ko-rzhen/ m. root
koření /ko-rzhe-nyee/ n. spice/s/, seasoning
kos /kos/ m. blackbird
kosmetický /kos-me-tits-kee/ adj. cosmetic
kosmonaut /kos-mo-nawt/ m. astronaut
kost /kost/ f. bone
kostel /kos-tel/ m. church
kostka /kost-ka/ f. cube, dice
kostkovaný /kost-ko-va-nee/ adj. check/ed/
kostra /kos-tra/ f. skeleton, frame
kostým /kos-teem/ m. costume, suit
koš /kosh/ m. basket
košile /ko-shi-le/ f. shirt

koště /kosh-tye/ n. broom
kotě /ko-tye/ n. kitten, puss/y/
kotel /ko-tel/ m. boiler, kettle
kotleta /kot-le-ta/ f. chop, cutlet
kotník /kot-nyeek/ m. knuckle, ankle
kotva /kot-va/ f. anchor
koukat se /kow-kat se/ v. see, stare, peek
koule /kow-le/ f. ball, sphere
koupaliště /kow-pa-lish-tye/ n. swimming--pool, baths
koupat /kow-pat/ v. bath, bathe, have or take a bath
koupelna /kow-pel-na/ f. bathroom
koupit /kow-pit/ v. buy
kouř /kowrzh/ m. smoke
kouření /kow-rzhe-nyee/ n. smoking
kouřit /kow-rzhit/ v. smoke
kousat /kow-sat/ v. bite
kousek /kow-sek/ m. small piece, bit
kouzelný /kow-zel-nee/ adj. magic, charming, bewitching
kouzlo /kow-zlo/ n. magic, charm
kov /kof/ m. metal
kovář /ko-várzh/ m. /black/smith
koza /ko-za/ f. goat
kožený /ko-zhe-nee/ adj. leather

kožešina /ko-zhe-shi-na/ f. fur
kožich /ko-zhikh/ m. fur coat
kožní /kozh-nyee/ adj. skin
krab /krab/ m. crab, lobster
krabice /kra-bi-tse/ f. box, case
krádež /krá-dezh/ f. theft, shoplifting
krach /krakh/ m. bankruptcy
kraj /kray/ m. country, region, edge, margin
krájet /krá-yet/ v. cut, carve, slice
krajíc /kra-yeets/ m. slice of bread
krajina /kra-yi-na/ f. landscape, scenery
krajka /kray-ka/ f. lace
král /král/ m. king
králík /krá-leek/ m. rabbit
královna /krá-lov-na/ f. queen
královský /krá-lov-skee/ adj. royal
království /krá-lov-stvee/ n. kingdom
krám /krám/ m. shop, store, junk
krása /krá-sa/ f. beauty
krásný /krás-nee/ adj. beautiful, lovely
krasobruslař, -ka /kra-so-brus-larzh,-ka/ m., f. figure skater
krást /krást/ v. steal, pilfer
krátce /krát-tse/ adv. shortly, briefly
krátkozraký /krát-ko-zra-kee/ adj. nearsighted, short-sighted

krátký /krát-kee/ adj. short, brief
kráva /krá-va/ f. cow
kravata /kra-va-ta/ f. /neck/tie
krb /krp/ m. fireplace
krejčí /krey-chee/ m. tailor, dressmaker
krém /krém/ m. cream, polish
kresba /kres-ba/ f. drawing, design
kreslit /kres-lit/ v. draw
krev /kref/ f. blood
krevní /krev-nyee/ adj. blood
kritický /kri-tits-kee/ adj. critical
kritizovat /kri-ti-zo-vat/ v. criticize
krize /kri-ze/ f. crisis
krk /krk/ m. neck
krmit /kr-mit/ v. feed
krocan /kro-tsan/ m. turkey
krok /krok/ m. step
kromě /kro-mnye/ prep. except, besides
kroupy /krow-pi/ pl. barley, hail
kroutit /krow-tyit/ v. turn, twist
krtek /kr-tek/ m. mole
kruh /krukh/ m. circle, ring
krutý /kru-tee/ adj. cruel, severe
krvácet /kr-vá-tset/ v. bleed
krysa /kri-sa/ f. rat
kryt /krit/ m. cover, shelter
krýt /kreet/ v. cover, shield, shelter

křeč /krzhech/ f. spasm, cramp
křehký /krzheh-kee/ adj. fragile, brittle, frail, crisp, delicate
křen /krzhen/ m. horse-radish
křeslo /krzhes-lo/ n. /arm/chair
křesťan /krzhes-tyan/ m. Christian
křestní jméno /krzhes-tnyee ˊmé-no/ n. Christian or first name
křestní list /krzhes-tnyee list/ m. birth certificate
křičet /krzhi-chet/ v. shout, scream, shriek, yell
křída /krzhee-da/ f. chalk
křídlo /krzhee-dlo/ n. wing, grand piano
křísit /krzhee-sit/ v. revive, bring round
křišťál /krzhish-tyál/ m. crystal
křivda /krzhiv-da/ f. wrong/doing/, harm
křivý /krzhi-vee/ adj. crooked, distorted
kříž /krzheezh/ m. cross
křižovatka /krzhi-zho-vat-ka/ f. junction, crossroads
křoví /krzho-vee/ n. bushes, shrubs
křtít/ krzhteet/ v. baptize
který /kte-ree/ pron. which, what, who
kudy /ku-di/ adv. which way, how to get there?
kufr /kufr/ m. suit-case, trunk

kuchař, -ka /ku-kharzh, -ka/ m. cook, f. cook, cookbook
kuchyně /ku-khi-nye/ f. kitchen, cooking
kukuřice /ku-ku-rzhi-tse/ f. corn, maize
kůl /kool/ m. post, stake, pole
kulatý /ku-la-tee/ adj. round
kulhat /kul-hat/ v. limp
kulka /kul-ka/ f. bullet
kůlna /kool-na/ f. shed
kultura /kul-too-ra/ f. culture, civilization
kůň /koon^y/ m. horse
kupec /ku-pets/ m. buyer, storekeeper
kupředu /ku-przhe-du/ adv. forward, ahead
kůra, kůrka /koo-ra, koor-ka/ f. crust, bark, rind, skin, peel
kuřák /ku-rzhák/ m. smoker
kuře /ku-rzhe/ n. chicken
kus /kus/ m. piece, bit, chunk, lump
kůže /koo-zhe/ f. skin, hide, leather
kvalifikace /kva-li-fi-ka-tse/ f. qualifications
kvalita /kva-li-ta/ f. quality
kvést /kvést/ v. bloom, blossom, flower, flourish
květ /kvyet/ m. flower, blossom
květák /kvye-ták/ m. cauliflower

květen /kvye-ten/ m. May
květina /kvye-tyi-na/ f. flower
květinářství /kvye-tyi-nárzh-stvee/ n. florist's, flower shop
kvůli /kvoo-li/ prep. because of, for the sake of
kýchat /kee-khat/ v. sneeze
kynout /ki-nowt/ v. beckon, motion, rise
kyselý /ki-se-lee/ adj. sour, acid
kyslík /kis-leek/ m. oxygen
kytara /ki-ta-ra/ f. guitar
kytice /ki-tyi-tse/ f. bunch of flowers

- . -

labuť /la-but[y]/ f. swan
laciný /la-tsi-nee/ adj. cheap, inexpensive
láhev /lá-hef/ f. bottle
lahůdka /la-hood-ka/ f. delicasy, dainty
lak /lak/ m. paint, varnish, nail-varnish
lakomý /la-ko-mee/ adj. stingy
lakovat /la-ko-vat/ v. paint, varnish
lámat /lá-mat/ v. break
lampa /lam-pa/ f. lamp
láska /lás-ka/ f. love
laskavost /las-ka-vost/ f. kindness, favor
laskavý /las-ka-vee/ adj. kind, good
látka /lát-ka/ f. material, cloth, matter

lavice /la-vi-tse/ f. bench
lavina /la-vi-na/ f. avalanche
lázně /láz-nye/ pl. public swimming bath; spa, health resort
léčení /lé-che-nyee/ n. cure, treatment
léčit /lé-chit/ v. treat, cure, heal
led /let/ m. ice
ledabylý /le-da-bi-lee/ adj. careless, negligent, sloppy
ledacos /le-da-tsos/ pron. anything, whatever
ledaže /le-da-zhe/ conj. unless
leden /le-den/ m. January
lednička /led-nyich-ka/ f. refrigerator, /fridge/
ledvina /led-vi-na/ f. kidney
legitimace /le-gi-ti-ma-tse/ f. card, identity card
legrace /le-gra-tse/ f. fun
lehkomyslný /leh-ko-mi-sl-nee/ adj. frivolous, thoughtless
lehký /leh-kee/ adj. light, easy
lehnout si /leh-nowt si/ v. lie down
lék /lék/ m. medicine, drug
lékárna /lé-kár-na/ f. drugstore, pharmacy, chemist's
lékař /lé-karzh/ m. physician, doctor

leknout se /lek-nowt se/ v. be frightened, get scared, get a shock
lenoch /le-nokh/ m. lazy-bones
lepidlo /le-pid-lo/ n. glue, adhesive, paste
lepit /le-pit/ v. stick
lepší /lep-shee/ adj. better
les /les/ m. wood, forest
lesklý /les-klee/ adj. shiny, glossy
lesknout se /lesk-nowt se / v. shine, glisten, glitter
leštit /lesh-tyit/ v. polish, glaze
let /let/ m. flight
letadlo /le-tad-lo/ n./aero/plane, aircraft
létat /lé-tat/ v. fly
letenka /le-ten-ka/ f. air ticket
letiště /le-tyish-tye/ n. airport
léto /lé-to/ n. summer
letos /le-tos/ adv. this year
lev /lef/ m. lion
levný /lev-nee/ adj. cheap
levý /le-vee/ adj. left
lézt /lést/ v. creep, crawl, climb
lež /lezh/ f. lie
ležet /le-zhet/ v. lie
lhář /lhárzh/ m. liar

lhát /lhát/ v. tell lies, lie
lhostejný /lhos-tey-nee/ adj. indifferent
lhůta /lhoo-ta/ f. term, time, time-limit
líbat /lee-bat/ v. kiss
líbit se /lee-bit se/ v. please, appeal, /like/
libový /li-bo-vee/ adj. lean
líc /leets/ m. front, f. face
líčit /lee-chit/ v. describe, depict, make up
lidé /li-dé/ pl. people
lidový /li-do-vee/ adj. people/'s/, folk
lidský /lid-skee/ adj. human
líh /leekh/ m. spirit
lichotit /li-kho-tyit/ v. flatter
lichý /li-khee/ adj. odd /number/
límec, límeček /lee-mets, lee-me-chek/ m. collar
limonáda /li-mo-ná-da/ f. lemonade
linka /lin-ka/ f. line
líný /lee-nee/ adj. lazy
list /list/ m. leaf, sheet
lístek /lees-tek/ m. ticket, slip
listonoš /lis-to-nosh/ m. postman
listopad /lis-to-pad/ m. November
liška /lish-ka/ f. fox
lít /leet/ v. pour /down/

literatura /li-te-ra-tu-ra/ f. literature

lítost /lee-tost/ f. regret, pity

litovat /li-to-vat/ v. be or feel sorry, regret

litr /litr/ m. liter

lívanec /lee-va-nets/ m. pancake

lízat /lee-zat/ v. lick

loď /loť/ f. boat, ship

lodník /lod-nyeek/ m. sailor, seaman

loket /lo-ket/ m. elbow

loni /lo-nyi/ adv. last year

lopata /lo-pa-ta/ f. shovel

lopatka /lo-pat-ka/ f. blade, dustpan

loučit se /low-chit se/ v. part/with/, say good-bye, take leave

louka /low-ka/ f. meadow

loupat /low-pat/ v. peel, pare, strip

loupež /low-pezh/ f. robbery

loutka /lowt-ka/ f. doll, puppet, marionette

louže /low-zhe/ f. puddle, pool

lov /lof/ m. hunt/ing/, chase

lovit /lo-vit/ v. hunt

ložnice /lozh-nyi-tse/ f. bedroom

luk /luk/ m. bow

lump /lump/ m. scoundrel, rascal

lupič /lu-pich/ m. robber, burglar
lupy /lu-pi/ pl. dandruff
lůžko /loozh-ko/ n. bed, bunk
lysý /li-see/ adj. bald
lýtko /leet-ko/ n. calf
lyžař, -ka /li-zharzh, -ka/ m., f. skier
lyže /li-zhe/f. ski
lyžovat /li-zho-vat/ v. ski
lžíce /lzhee-tse/ f. spoon
lžička /lzhich-ka/ f. teaspoon

- . -

macecha /ma-tse-kha/ f. step-mother
mačkat /mach-kat/ v. press, squeeze, crease, crumple
magnetofon /ma-gne-to-fon/ m. tape-recorder
máchat /má-khat/ v. rinse
máj /máy/ m. May
majetek /ma-ye-tek/ m. property, estate, fortune, possession, belongings
mák /mák/ m. poppy, poppy-seed
málem /má-lem/ adv. nearly, almost
maličkost /ma-lich-kost/ f. trifle, mere detail
malina /ma-li-na/ f. raspberry
malíř /ma-leerzh/ m. painter

málo /má-lo/adv. little, few
malovat /ma-lo-vat/ v. paint, color, decorate, make up
malý /ma-lee/ adj. small, little, short
máma, maminka /má-ma, ma-min-ka/ f. mum, mummy, ma
mandarinka /man-da-rin-ka/ f. tangerine
mandle /man-dle/ f. almond, tonsils
manžel /man-zhel/ m. husband
manželé /man-zhe-lé/ pl. husband and wife, a married couple
manželka /man-zhel-ka/ f. wife
manželství /man-zhel-stvee/ n. marriage
manžeta /man-zhe-ta/ f. cuff
mapa /ma-pa/ f. map
marmeláda /mar-me-lá-da/ f. jam, marmalade
marně /mar-nye/ adv. in vain
marný /mar-nee/ adj. vain, useless
masivní /ma-siv-nyee/ adj. massive, solid
maska /mas-ka/ f. mask
máslo /más-lo/ n. butter
maso /ma-so/ n. flesh, meat
mast /mast/ f. ointment
mastit /mas-tyit/ v. grease
mastný /mast-nee/ adj. greasy, fat
matematika /ma-te-ma-ti-ka/ f. mathematics

materiál /ma-te-ri-yál/ m. material, stuff
mateřština /ma-terzh-shtyi-na/ f. mother tongue
matka /mat-ka/ f. mother
mávat /má-vat/ v. wave, swing
mazat /ma-zat/ v. spread, oil, grease
mazlit se /maz-lit se/ v. caress, fondle
meč /mech/ m. sword
med /med/ m. honey
měď /mnyed^y/ f. copper
medicina /me-di-tsi-na/ f. medicine
medvěd /med-vyed/ m. bear
mechanik /me-kha-nik/ m. mechanic
měkký /mnye-kee/ adj. soft, tender
meloun /me-lown/ m. water melon
méně /mé-nye/ adv. less
měnit /mnye-nyit/ v. change, alter, turn, transform
meruňka /me-run^y-ka/ f. apricot
měřit /mnye-rzhit/ v. measure
měřítko /mnye-rzheet-ko/ n. scale, standard
měsíc /mnye-seets/ m. moon, month
město /mnyes-to/ n. town, city
metr /me-tr/ m. meter
metro /met-ro/ n. subway, underground

mez /mez/ f. boundary, limit
mezera /me-ze-ra/ f. gap, space, interval, blank
mezi /me-zi/ prep., adv. between, among
mezinárodní /me-zi-ná-rod-nyee/ adj. international
míč /meech/ m. ball
míchat /mee-khat/ v. stir, mix, shuffle, meddle
milá /mi-lá/ f. sweetheart, girl-friend
miláček /mi-lá-chek/ m. darling, love, honey
míle /mee-le/ f. mile
milenec /mi-le-nets/ m. lover
milenka /mi-len-ka/ f. lover, mistress
milimetr /mi-li-me-tr/ m. millimeter
milión /mi-li-yón/ m. million
milost /mi-lost/ f. grace, favor, pardon, mercy
milovat /mi-lo-vat/ v. love
milý /mi-lee/ adj. dear, nice, sweet, m. boy-friend
mimo /mi-mo/ prep., adv. besides, apart from, except, past, outside
mimochodem /mi-mo-kho-dem/ adv. by the way, incidentally
mimořádný /mi-mo-rzhád-nee/ adj. extraordinary, remarkable

mince /min-tse/ f. coin
mínění /mee-nye-nyee/ n. opinion
minerálka /mi-ne-rál-ka/ f. mineral water
ministerstvo /mi-nis-ter-stvo/ n. ministry, department
ministr /mi-nis-tr/ m. minister, cabinet member
mínit /mee-nyit/ v. mean, think
minout /mi-nowt/ v. pass, miss, pass by
minule /mi-nu-le/ adv. last time
minulost /mi-nu-lost/ f. the past
minulý /mi-nu-lee/ adj. last, previous
minuta /mi-nu-ta/ f. minute
mír /meer/ m. peace
míra /mee-ra/ f. measure, measurement, size
mírný /meer-nee/ adj. mild, gentle
mířit /mee-rzhit/ v. aim, hint
mísa /mee-sa/ f. dish, bowl
místní /meest-nyee/ adj. local
místnost /meest-nost/ f. room
místo /mees-to/ n. place, room, position, job, spot, site
mistr /mis-tr/ m. master, expert, maestro, champion
mít /meet/ v. have, possess
mizerný /mi-zer-nee/ adj. miserable, wretched

mládež /mlá-dezh/ f. youth, young people, younger genaration

mládí /mlá-dyee/ n. youth

mladík /mla-dyeek/ m. young man, youth, teenager

mladý /mla-dee/ adj. young

mlaskat /mlas-kat/ v. click one's tongue, smack one's lips

mlátit /mlá-tyit/ v. beat, thresh, strike

mlčet /ml-chet/ v. be silent, say nothing

mlékárna /mlé-kár-na/ f. dairy

mléko /mlé-ko/ n. milk

mlha /ml-ha/ f. fog, mist, haze

mlít /mleet/ v. grind, mill, gibber, chatter away

mlsat /ml-sat/ v. nibble, have a sweet tooth

mluvit /mlu-vit/ v. speak, talk

mlýn, -ek /mleen, -ek/ m. mill, grinder

mnoho /mno-ho/ adv. much, lot/s/, a lot of, many, a great deal, plenty

mnohokrát /mno-ho-krát/ adv. many times

množit se /mno-zhit se/ v. increase in number, multiply

množství /mnozh-stvee/ n. quantity, plenty, amount

moc /mots/ f. power, authority, force, adv. very, much

moci /mo-tsi/ v. be able to, can, may, might
mocný /mots-nee/ adj. powerful
moč /moch/ f. urine
močál /mo-chál/ m. marsh, swamp
móda /mó-da/ f. fashion, style
moderní /mo-der-nyee/ adj. modern, fashionable, up-to-date
modlit se /mod-lit se/ v. pray
modrý /mod-ree/ adj. blue
modřina /mod-rzhi-na/ f. bruise
mokrý /mok-ree/ adj. wet
mol /mol/ m. moth
montovat /mon-to-vat/ v. fit, assemble, mount
morálka /mo-rál-ka/ f. morality, morals, morale
moře /mo-rzhe/ n. sea
mořský /morzh-skee/ adj. sea, marine, naval
mosaz /mo-saz/ f. brass
most /most/ m. bridge
motat /mo-tat/ v. wind up, reel
motocykl /mo-to-tsi-kl/ m. motorcycle
motor /mo-tor/ m. motor
motýl /mo-teel/ m. butterfly
moučník /mowch-nyeek/ m. sweet, dessert

moudrý /mow-dree/ adj. wise
moucha /mow-kha/ f. fly
mouka /mow-ka/ f. flour
mozek /mo-zek/ m. brain
možná /mozh-ná/ adv. perhaps, maybe, possibly
možnost /mozh-nost/ f. possibility, chance, opportunity
možný /mozh-nee/ adj. possible
mrak /mrak/ m. cloud
mrakodrap /mra-ko-drap/ m. skyscraper
mramor /mra-mor/ m. marble
mravenec /mra-ve-nets/ m. ant
mravní /mrav-nyee/ adj. moral
mravy /mra-vi/ pl. morals, customs
mráz /mrás/ m. frost
mražený /mra-zhe-nee/ adj. frozen
mrkev /mr-kef/ f. carrot
mrtvice /mrt-vi-tse/ f. stroke
mrtvola /mrt-vo-la/ f. corpse, dead body
mrtvý /mrt-vee/ adj. dead
mrzet /mr-zet/ v. to be sorry
mrznout /mrz-nowt/ v. freeze
mrzutý /mr-zu-tee/ adj. annoying, sulky
mříž /mrzheeš/ f. bars, grill
msta /msta/ f. vengeance, revenge
mučit /mu-chit/ v. toture, torment

můj /mooy/ pron. my, mine
muset /mu-set/ v. have to, be obliged to, must
muzeum /mu-ze-um/ n. museum
muž /muzh/ m. man, male, husband
mužský /muzh-skee/ adj. male, masculine
my /mi/ pron. we, us
mycí /mi-tsee/ adj. washing
mýdlo /meed-lo/ n. soap
mýlit se /mee-lit se/ v. be mistaken, be wrong
mysl /misl/ f. mind, spirit
myslet /mis-let/ v. think, suppose
myš /mish/ f. mouse
myšlenka /mish-len-ka/ f. thought, idea
mýt /meet/ v. wash, wash up
mzda /mzda/ f. wage

- • -

na /na/ prep. on, upon, to, at, in, for
nabídka /na-beed-ka/ f. offer, proposal
nabídnout /na-beed-nowt/ v. offer, propose
nabírat /na-bee-rat/ v. take, take in, gather
nabít /na-beet/ v. load, charge, beat, thrash

náboj /ná-boy/ m. cartridge, charge
náboženský /ná-bo-zhen-skee/ adj. religious
náboženství /ná-bo-zhen-stvee/ n. religion
nábřeží /ná-brzhe-zhee/ n. water front, embankment
nabýt /na-beet/ v. acquire, gain, obtain
nábytek /ná-bi-tek/ m. furniture
náčelník /ná-chel-nyeek/ m. chief, leader, head
načerno /na-cher-no/ adv. under the counter, on the black market
načisto /na-chis-to/ adv. completely,thoroughly
nad /nad/ prep. above, over, beyond
nadále /na-dá-le/ adv. from now on, in the future
nadaný /na-da-nee/ adj. talented, gifted
nadarmo /na-dar-mo/ adv. in vain, to no purpose
nadávat /na-dá-vat/ v. call bad names, insult, swear, abuse
nadbytek /nad-bi-tek/ m. abundance, surplus
naděje /na-dye-ye/ f. hope
nádherný /nád-her-nee/ adj. wonderful, splendid, magnificent, fabulous

nádivka /ná-dif-ka/ f. stuffing, filling
nádoba /ná-do-ba/ f. container
nádobí /ná-do-bee/ n. dishes
nadobro /na-dob-ro/ adv. for good, for ever
nádor /ná-dor/ m. tumor
nadprůměrný /nad-proo-mnyer-nee/ adj.above the average
nadpřirozený /nad-przhi-ro-ze-nee/ adj. supernatural
ňadra /nyad-ra/ pl. bosom, breasts
nádraží /ná-dra-zhee/ n. railroad or railway station
nádrž /ná-drzh/ f. basin, tank
nadšený /nad-she-nee/ adj. enthusiastic
nádvoří /nád-vo-rzhee/ n. court/yard/
nafta /naf-ta/ f. oil
nahlas /na-hlas/ adv. /a/loud, loudly
náhle /ná-hle/ adv. suddenly, all of a sudden
nahnout se /na-hnowt se/ v. tilt, tip, bend, lean out
náhoda /ná-ho-da/ f. chance, coincidence, accident
nahoru /na-ho-ru/ adv. up, upwards, high up, upstairs
nahoře /na-ho-rzhe/ adv. up there, above

nahradit /na-hra-dyit/ v. compensate, make up, reimburse, replace

náhradní /ná-hrad-nyee/ adj. spare, reserve

náhražka /ná-hrazh-ka/ f. substitute

náhrdelník /ná-hr-del-nyeek/ m. necklace

nahromadit /na-hro-ma-dyit/ v. heap, pile up, accumulate

nahustit /na-hus-tyit/ v. pump up, inflate

nahý /na-hee/ adj. naked, nude

nachladit se /na-khla-dyit se/ v. catch a cold, have a cold

naivní /na-yiv-nyee/ adj. naive

najednou /na-yed-now/ adv. suddenly, all of a sudden, at the same time

nájem /ná-yem/ m. rent, lease, hire

nájemník /ná-yem-nyeek/ m. tenant

najíst se /na-yeest se/ v. have something to eat, have a meal

najít /na-yeet/ v. find

najmout /nay-mowt/ v. hire, lease

nákaza /ná-ka-za/ f. infection

nakažlivý /na-kazh-li-vee/ adj. infectious

náklad /ná-klat/ m. load, cargo, freight, expense, cost

nakládat /na-klá-dat/ v. load
nakladatel /na-kla-da-tel/ m. publisher
nákladní auto /ná-klad-nyee aw-to/ n. truck, van, lorry
nákladný /ná-klad-nee/ adj. expensive, costly
naklánět se /na-klá-nyet se/ v. lean, slant, slope, incline
náklonnost /ná-klo-nost/ f. inclination, affection
nakonec /na-ko-nets/ adv. in the end, finally, eventually
nakoupit /na-kow-pit/ v. buy, purchase,go shopping
nálada /ná-la-da/ f. mood, temper
náladový /ná-la-do-vee/ adj. moody
naléhat /na-lé-hat/ v. insist, press, urge
naléhavý /na-lé-ha-vee/ adj. pressing, urgent
nálepka /ná-lep-ka/ f. label
nalevo /na-le-vo/ adv. left, on the left
nález /ná-les/ m. discovery, find
nalít /na-leet/ v. pour /out/, fill
námaha /ná-ma-ha/ f. effort, pains
namáhat /na-má-hat/ v. strain, take pains
namáhavý /na-má-ha-vee/ adj. difficult, troublesome

náměstí /ná-mnyes-tyee/ n. square, place
námět /ná-mnyet/ m. subject, suggestion
namítat /na-mee-tat/ v. object
námitka /ná-mit-ka/ f. objection
námořník/ná-morzh-nyeek/ m. sailor
nanejvýš /na-ney-veesh/ adv. at most
naobědvat se /na-o-byed-vat se/ v. have /one's/ lunch or dinner
naopak /na-o-pak/ adv. on the contrary, the other way round
nápad /ná-pat/ m. idea
napadat /na-pa-dat/ v. attack, occur to, limp
nápadný /ná-pad-nee/ adj. striking, conspicuous
napětí /na-pye-tyee/ n. tension, strain
napínat /na-pee-nat/ v. stretch, thrill
nápis /ná-pis/ m. inscription, sign
napít se /na-peet se/ v. have a drink
napjatý /na-pya-tee/ adj. tense, tight
náplast /ná-plast/ f. plaster
naplnit /na-pl-nyit/ v. fill
napodobit /na-po-do-bit/ v. imitate
nápodobně /ná-po-dob-nye/ adv. /the/ same to you
nápoj /ná-poy/ m. drink, beverage
napomenout /na-po-me-nowt/ v. warn, admonish

naposled /na-pos-let/ adv. finally, for the last time

napravit /na-pra-vit/ v. put right, do justice, repair, remedy, make amends

napravo /na-pra-vo/ adv. /to the/ right, on the right

naprosto /na-pros-to/ adv. absolutely, entirely, thoroughly

naproti /na-pro-tyi/ prep. opposite,/go to meet somebody/

napřed /na-przhet/ adv. forwards, ahead, in front, first of all

například /na-przhee-klat/ adv. for example, for instance

napůl /na-pool/ adv. half

náramek /ná-ra-mek/ m. bracelet

náraz /ná-ras/ m. blow, blast

narazit /na-ra-zit/ v. hit, bump

národ /ná-rot/ m. nation, people

narodit se /na-ro-dyit se/ v. be born

národní /ná-rod-nyee/ adj. national, folk

národnost /ná-rod-nost/ f. nationality

nárok /ná-rok/ m. claim, right

narození /na-ro-ze-nyee/ n. birth

narozeniny /na-ro-ze-nyi-ni/ pl. birthday

naruby /na-ru-bi/ adv. wrong side out, inside out

náruč /ná-ruch/ f. arms
nářadí /ná-rzha-dyee/ n. tools, kit
nářečí /ná-rzhe-chee/ n. dialect
nařídit /na-rzhee-dyit/ v. order, put, set
naříkat /na-rzhee-kat/ v. complain, lament
nařízení /na-rzhee-ze-nyee/ n. order, regulation
nasadit /na-sa-dyit/ v. set, put, put on
naschvál /na-skhvál/ adv. on purpose, deliberately
násilí /ná-si-lee/ n. violence, force
následek /ná-sle-dek/ m. consequence, result
následovat /ná-sle-do-vat/ v. follow,succeed
nasnídat se /na-snyee-dat se/ v. have breakfast
násobit /ná-so-bit/ v. multiply
nastěhovat se /na-stye-ho-vat se/ v. move in
nastoupit /na-stow-pit/ v. line up, succeed, get into /a train/
nástroj /ná-stroy/ m. implement, instrument, tool
nástupiště /ná-stu-pish-tye/ n. platform

nastydlý /na-stid-lee/ adj. having a cold
náš /nash/ pron. our, ours
naštěstí /na-shtyes-tyee/ adv. fortunately, luckily
natáhnout /na-táh-nowt/ v. strech, extend, hold out, wind up
natírat /na-tyee-rat/ v. paint, coat
natočit /na-to-chit/ v. turn on, wind up, shoot /movie/
náušnice /ná-ush-nyi-tse/ f. earring
nával /ná-val/ m. rush
navléci /na-vlé-tsi/ v. put on, slip on, string
návod /ná-vot/ m. instruction, directions
návrat /ná-vrat/ m. return, coming back
návrh /ná-vrkh/ m. proposal, suggestion, design
navrhnout /na-vr-hnowt/ v. propose, suggest, design
návštěva /náv-shtye-va/ f. visit, call, attendance
navštívit /nav-shtyee-vit/ v. call, visit,
navždy /na-vzhdi/ adv. for ever
nazdar /na-zdar/ int. hello
název /ná-zef/ m. name, title
naznačit /na-zna-chit/ v. indicate, imply, trace, mark

názor /ná-zor/ m. opinion, view
nazpaměť /naz-pa-mnyet^{y}/ adv. by heart
ne /ne/ adv. no, not
nebe /ne-be/ n. heaven, sky
nebezpečí /ne-bes-pe-chee/ n. danger
nebezpečný /ne-bes-pech-nee/ adj. dangerous
nebo /ne-bo/ conj. or, otherwise
necelý /ne-tse-lee/ adj. incomplete
něco /nye-tso/ pron. something, anything some, a little
nečas /ne-chas/ m. bad weather
nečekaný /ne-che-ka-nee/ adj. unexpected
nečestný /ne-chest-nee/ adj. dishonest
nečistota /ne-chis-to-ta/ f. impurity, dirt, filth
nedaleko /ne-da-le-ko/ adv. not far, near-by
nedávno /ne-dáv-no/ adv. not long ago, recently
nedbalost /ne-dba-lost/ f. carelessness, negligence
nedbalý /ne-dba-lee/ adj. careless, negligent
nedbat /ne-dbat/ v. neglect, disregard
neděle /ne-dye-le/ f. Sunday
nedočkavý /ne-doch-ka-vee/ adj. impatient

nedokonalý /ne-do-ko-na-lee/ adj. imperfect
nedorozumění /ne-do-ro-zu-mnye-nyee/ n. misunderstanding
nedostatečný /ne-dos-ta-tech-nee/ adj. insufficient, inadequate
nedostatek /ne-dos-ta-tek/ m. lack, absence, shortage, defect
nedůsledný /ne-doos-led-nee/ adj. inconsistent
nedůtklivý /ne-doot-kli-vee/ adj. touchy
nedůvěra /ne-doo-vye-ra/ f. mistrust, distrust, misgiving
negramotný /ne-gra-mot-nee/ adj. illiterate
nehet /ne-het/ m. nail
nehezký /ne-hes-kee/ adj. plain, unattractive
nehoda /ne-ho-da/ f. accident
nehybný /ne-hib-nee/ adj. immobile, motionless
nechat /ne-khat/ v. let, leave, give up
nechuť /ne-khut[y]/ f. dislike, aversion
nechutný /ne-khut-nee/ adj. tasteless, insipid, nasty, disgusting
nějak /nye-yak/adv. somehow, one way or another

nějaký /nye-ya-kee/ pron. some

nejdříve /ney-drzhee-ve/ adv. first /of all/, in the first place

nejen, nejen že /ne-yen, ne-yen zhe/ adv., conj. not only, but also

nejistota /ne-yis-to-ta/ f. uncertainty, insecurity

nejistý /ne-yis-tee/ adj. uncertain, unsure, insecure

nejméně /ney-mé-nye/ adv. at least

nejprve /ney-pr-ve/ adv. first of all, in the first place

někam /nye-kam/ adv. somewhere, anywhere, some place

někde /nye-kde/ adv. somewhere, anywhere, some place

někdo /nye-kdo/ pron. somebody, someone, anybody, anyone

někdy /nye-kdi/ adv. sometimes, now and then, one of these days

neklidný /ne-klid-nee/ adj. restless, uneasy, fidgety

několik /nye-ko-lik/ adv. a few, some, several

nekonečný /ne-ko-nech-nee/ adj. endless, infinite

některý /nye-kte-ree/ pron. some

někudy /nye-ku-di/ adv. some way, any way
nekuřák /ne-ku-rzhák/ m. non-smoker
nelidský /ne-lid-skee/ adj. inhuman
nemilosrdný /ne-mi-lo-srd-nee/ adj. merciless, ruthless
nemilý /ne-mi-lee/ adj. unpleasant
nemluvně /ne-mluv-nye/ n. baby
nemoc /ne-mots/ f. illness, sickness
nemocnice /ne-mots-nyi-tse/ f. hospital
nemocný /ne-mots-nee/ adj. sick, ill
nemoderní /ne-mo-der-nyee/ adj. out-of-date, old-fashioned
nemovitost /ne-mo-vi-tost/ f. real estate, realty
nemožný /ne-mozh-nee/ adj. impossible, absurd
nemravný /ne-mrav-nee/ adj. immoral, indecent
němý /nye-mee/ adj. dumb, mute, speechless
nenápadný /ne-ná-pad-nee/ adj. inconspicuous
nenáročný /ne-ná-roch-nee/ adj. modest
nenávidět /ne-ná-vi-dyet/ v. hate, have a grudge
nenávist /ne-ná-vist/ f. hate, hatred
neobyčejný /ne-o-bi-chey-nee/ adj. unusual

neochotný /ne-o-khot-nee/ adj. unwilling, reluctant
neomezený /ne-o-me-ze-nee/ adj. unlimited
neopatrný /ne-o-pa-tr-nee/ adj. careless
neosobní /ne-o-sob-nyee/ adj. impersonal
neplatný /ne-plat-nee/ adj. invalid
neplodný /ne-plod-nee/ adj. sterile, barren
nepoctivý /ne-pots-tyi-vee/ adj. dishonest
nepohodlný /ne-po-ho-dl-nee/ adj. uncomfortable
nepochybně /ne-po-khib-nye/ adv. doubtless
nepokoj /ne-po-koy/ m. disturbance
nepoměr /ne-po-mnyer/ m. disproportion
neporušený /ne-po-ru-she-nee/ adj. intact
nepořádek /ne-po-rzhá-dek/ m. disorder, mess
neposlušný /ne-po-slush-nee/ adj. disobedient
nepraktický /ne-prak-tits-kee/ adj. impractical, unpractical
neprávem /ne-prá-vem/ adv. wrongfully, unjustly
nepravidelný /ne-pra-vi-del-nee/ adj. irregular

nepromokavý /ne-pro-mo-ka-vee/ adj. waterproof

neprůhledný /ne-proo-hled-nee/ adj.opaque

nepřátelský /ne-przhá-tel-skee/ adj. unfriendly, hostile

nepřátelství /ne-przhá-tel-stvee/ n. enmity, hostility

nepřehledný /ne-przhe-hled-nee/ adj. badly arranged

nepřenosný /ne-przhe-nos-nee/ adj. stationary, non-transferable

nepřesný /ne-przhes-nee/ adj. inaccurate, inexact

nepřetržitý /ne-przhe-tr-zhi-tee/ adj. continuous

nepříjemnost /ne-przhee-yem-nost/ f. inconvenience, nuisance, trouble

nepříjemný /ne-przhee- yem-nee/ adj. unpleasant, disagreeable

nepřiměřený /ne-przi-mnye-rzhe-nee/ adj. inadequate

nepřímo /ne-przhee-mo/ adv. indirectly

nepřirozený /ne-przhi-ro-ze-nee/ adj. unnatural

nepřítel, -kyně /ne-przhee-tel, -ki-nye/ m., f. enemy

nepřítomnost /ne-przhee-tom-nost/ f. absence

nepřítomný /ne-przhee-tom-nee/ adj. absent, missing

nerad /ne-rat/ adj. unwillingly, dislike

nerozhodný /ne-roz-hod-nee/ adj. indecisive, draw

nerozumný /ne-ro-zum-nee/ adj. unreasonable, unwise, silly, foolish

nerv /nerf/ m. nerve

nervózní /ner-vóz-nyee/ adj. nervous, restless

neschopnost /ne-skhop-nost/ f. inability, impotence

neschopný /ne-skhop-nee/ adj. incapable, incompetent, disabled

neskutečný /ne-sku-tech-nee/ adj. unreal

neslaný /ne-sla-nee/ adj. unsalted

neslušný /ne-slush-nee/ adj. impolite, indecent

neslýchaný /ne-slee-kha-nee/ adj. unheard--of

nesmělý /ne-smnye-lee/ adj. shy

nesmírný /ne-smeer-nee/ adj. immense, enormous

nesmrtelný /ne-smr-tel-nee/ adj. immortal

nesmysl /ne-smi-sl/ m. nonsense

nesmyslný /ne-smi-sl-nee/ adj. absurd, meaningless

nesnáz /ne-snás/ f. difficulty, trouble
nesnesitelný /ne-sne-si-tel-nee/ adj. unbearable, beyond endurance
nesouhlas /ne-sow-hlas/ m. disagreement, disapproval
nespokojený /ne-spo-ko-ye-nee/ adj. dissatisfied, discontented
nespolehlivý /ne-spo-leh-li-vee/ adj. unreliable
nespravedlivost /ne-spra-ved-li-vost/ f. injustice, unfairness
nespravedlivý /ne-spra-ved-li-vee/ adj. unjust, unfair
nesprávný /ne-sprāv-nee/ adj. wrong, incorrect
nesrovnalost /ne-srov-na-lost/ f. discrepancy
nést /nést/ v. carry, bring, bear
nestálý /ne-stá-lee/ adj. unstable, unsteady, changeable
nestejný /ne-stey-nee/ adj. unequal
nestydatý /ne-sti-da-tee/ adj. shameless, impudent
nesvědomitý /ne-svye-do-mi-tee/ adj. irresponsible
nešikovný /ne-shi-kov-nee/ adj. awkward, clumsy

nešťastný /ne-shtyast-nee/ adj. unhappy, unlucky, miserable

neštěstí /ne-shtyes-tyee/ n. unhappiness, misfortune, bad luck, disaster, accident

neteř /ne-terzh/ f. niece

netrpělivý /ne-tr-pye-li-vee/ adj. impatient

neúplný /ne-oo-pl-nee/ adj. incomplete

neupravený /ne-u-pra-ve-nee/ adj. untidy, messy

neupřímný /ne-u-przheem-nee/ adj. insincere, false

neurčitý /ne-ur-chi-tee/ adj. indefinite, vague

neúspěch /ne-oos-pyekh/ m. failure

neúspěšný /ne-oos-pyesh-nee/ adj. unsuccessful

neuvěřitelný /ne-u-vye-rzhi-tel-nee/ adj. incredible, unbelievable

nevděčný /ne-vdyech-nee/ adj. ungrateful

nevděk /ne-vdyek/ m. ingratitude

nevědomky /ne-vye-dom-ki/ adv. unconsciously, unawares

nevěrný /ne-vyer-nee/ adj. unfaithful

nevěsta /ne-vyes-ta/ f. bride

nevhod /ne-vhot/ adv. inconvenient time, embarrassing moment neviditelný /ne-vi-dyi-tel-nee/ adj. invisible

nevinný /ne-vi-nee/ adj. innocent

nevkus /ne-fkus/ m. bad taste

nevkusný /ne-fkus-nee/ adj. tasteless, in bad taste

nevlastní /ne-vlast-nyee/ adj. step-/father, mother, .../

nevolno /ne-vol-no/ adv. to feel sick, uncomfortable

nevyhnutelný /ne-vih-nu-tel-nee/ adj. inevitable, unavoidable

nevýhoda /ne-vee-ho-da/ f. disadvantage

nevychovaný /ne-vi-kho-va-nee/ adj. ill-mannered, badly behaved, naughty

nevyspalý /ne-vi-spa-lee/ adj. sleepy

nevzdělaný /ne-vzdye-la-nee/ adj. uneducated, ignorant

nezájem /ne-zá-yem/ m. lack of interest

nezákonný /ne-zá-ko-nee/ adj. illegal

nezaměstnanost /ne-za-mnyest-na-nost/ f. unemployment, out of work

nezávislost /ne-zá-vis-lost/ f. independence

nezávislý /ne-zá-vis-lee/ adj. independent

nezdravý /ne-zdra-vee/ adj. unhealthy

nezkušený /ne-sku-she-nee/ adj. inexperienced
neznámý /ne-zná-mee/ adj. unknown, strange
nezvěstný /ne-zvyest-nee/ adj. missing
než /nezh/ conj. than, before
něžný /nyezh-nee/ adj. tender, delicate
nic /nyits/ pron. nothing
ničit /nyi-chit/ v. destroy, ruin
nijak /nyi-yak/ adv. in no way
nikam /nyi-kam/ adv. nowhere
nikde /nyi-kde/ adv. nowhere
nikdo /nyi-kdo/ pron. nobody, no one
nikdy /nyi-kdi/ adv. never
nit /nyit/ f. thread
nitro /nyi-tro/ n. inward, inside, heart
nízko /nyees-ko/ adv. low
nízký /nyees-kee/ adj. low
noc /nots/ f. night
nocleh /nots-lekh/ m. room overnight
noclehárna /nots-le-hár-na/ f. hostel
noha /no-ha/ f. leg, foot /below the ankle/
normální /nor-mál-nyee/ adj. normal, standard
nos /nos/ m. nose
nosič /no-sich/ m. porter, carrier
nosit /no-sit/ v. carry, wear

nota /no-ta/ f. note

nouze /now-ze/ f. poverty, distress, want, need

nouzový východ /now-zo-vee vee-khot/ m. emergency exit

novinář, -ka /no-vi-nárzh, -ka/ m.,f. journalist

novinka /no-vin-ka/ f. novelty

noviny /no-vi-ni/ pl. /news/paper

nový /no-vee/ adj. new, fresh

nuda /nu-da/ f. boredom

nudit se /nu-dyit se/ v. be bored, feel bored

nudle /nu-dle/ f. noodle

nula /nu-la/ f. zero, nil, nought

nutit /nu-tyit/ v. force into, urge

nutný /nut-nee/ adj. necessary, essential, urgent

nůž /noozh/ m. knife

nůžky /noozh-ki/ pl. scissors

nynější /ni-nyey-shee/ adj. present

nyní /ni-nyee/ adv. now, at present, these days

- . -

o /o/ prep. about, of, at, on, against

oba /o-ba/ num. both

obal /o-bal/ m. cover, packing
obálka /o-bál-ka/ f. envelope
obava /o-ba-va/ f. fear, anxiety, concern
občan, -ka /ob-chan, -ka/ m., f. citizen
občanství /ob-chan-stvee/ n. citizenship
občas /ob-chas/ adv. from time to time, every now and then
občerstvení /ob-cher-stve-nyee/ n. refreshment
obdiv /ob-dyif/ m. admiration
obdivovat se /ob-dyi-vo-vat se/ v. admire
období /ob-do-bee/ n. period, season, term
obec /o-bets/ f. community
obecenstvo /o-be-tsen-stvo/ n. audience, the public
obecný /o-bets-nee/ adj. common
oběd /o-byet/ m. lunch/eon/, dinner
obědvat /o-byed-vat/ v. have /one's/lunch, dinner
obejít /o-be-yeet/ v. go round, evade
obejmout /o-bey-mowt/ v. embrace, hug
oběsit /o-bye-sit/ v. hang
oběť /o-byet^y/ f. sacrifice, victim, casualty
obětovat /o-bye-to-vat/ v. sacrifice
obhajovat /ob-ha-yo-vat/ v. defend
obchod /ob-khot/ m. business, commerce, trade, shop

obchodník /ob-khod-nyeek/ m. businessman, shopkeeper
obchodovat /ob-kho-do-vat/ v. trade, deal
obilí /o-bi-lee/ n. grain, /corn/
objasnit /ob-yas-nyit/ v. make clear, explain
objednat /ob-yed-nat/ v. order, book, make an appointment
objednávka /ob-yed-náf-ka/ f. order, booking
objem /ob-yem/ m. volume, size
objev /ob-yef/ m. discovery, revelation
objevit /ob-ye-vit/ v. discover, find out
objížďka /ob-yeezh-dyka/ f. diversion, by-pass, detour
obklad /ob-klat/ m. application, compress, plaster
oblačno /ob-lach-no/ adv. cloudy
oblak /ob-lak/ m. cloud
oblast /ob-last/ f. region, area, field
obléci /ob-lé-tsi/ v. put on, dress,clothe
oblek /ob-lek/ m. suit, costume
obliba /ob-li-ba/ f. liking, pleasure, favor
oblíbený /ob-lee-be-nee/ adj. popular, favorite
obličej /ob-li-chey/ m. face

obloha /ob-lo-ha/ f. sky
obnos /ob-nos/ m. amount, sum
obnošený /ob-no-she-nee/ adj. worn-out, shabby
obnovit /ob-no-vit/ v. restore, renew, renovate, resume
obočí /o-bo-chee/ n. /eye/brow
obojí /o-bo-yee/ num. both
obout se, si /o-bowt se, si/ v. put on /one's/ shoes
obr /o-br/ m. giant
obrácený /o-brá-tse-nee/ adj. turned-up, upside down, reverse
obrana /ob-ra-na/ f. defence
obrátit /ob-rá-tyit/ v. turn, turn over, turn round
obraz /ob-ras/ m. picture, image
obrazotvornost /ob-ra-zo-tvor-nost/ f. imagination
obrazovka /ob-ra-zof-ka/ f. screen
obrovský /ob-rof-skee/ adj. gigantic
obřad /ob-rzhat/ m. ceremony
obsadit /ob-sa-dyit/ v. occupy, reserve, fill, engage
obsah /ob-sakh/ m. contents, /area/
obsahovat /ob-sa-ho-vat/ v. contain, include, hold

obsluha /ob-slu-ha/ f. service, attendance

obsluhovat /ob-slu-ho-vat/ v. serve, attend, operate /machine/

obstarat /ob-sta-rat/ v. get, provide, obtain, look after

obtěžovat /ob-tye-zho-vat/ v. trouble, annoy, bother

obuv /o-buf/ f. footwear, shoes and boots

obvaz /ob-vas/ m. dressing, bandage

obvinit /ob-vi-nyit/ v. accuse

obyčejně /o-bi-chey-nye/ adv. usually

obyčejný /o-bi-chey-nee/ adj. common, ordinary, usual

obyvatel /o-bi-va-tel/ m. inhabitant

obyvatelstvo /o-bi-va-tel-stvo/ n. inhabitants, population

obzor /ob-zor/ m. horizon

obžaloba /ob-zha-lo-ba/ f. accusation, charge, indictment

obžalovaný /ob-zha-lo-va-nee/ adj. the accused, defendant

ocas /o-tsas/ m. tail

oceán /o-tse-án/ m. ocean

ocel /o-tsel/ f. steel

ocenit /o-tse-nyit/ v. appreciate, value, estimate

ocet /o-tset/ m. vinegar

očekávat /o-che-ká-vat/ v. expect, await

očkování /och-ko-vá-nyee/ n. inoculation

oční /och-nyee/ adj. eye

od /od/ prep. from, since, of, by

odbarvit /od-bar-vit/ v. bleach

odbočka /od-boch-ka/ f. diversion

odboj /od-boy/ m. resistance

odborník /od-bor-nyeek/ m. specialist, expert

odbory /od-bo-ri/ pl. trade unions

odčítat /od-chee-tat/ v. subtract, deduct

oddech /od-dekh/ m. rest, breathing

oddělení /od-dye-le-nyee/ n. department, section, compartment, separation

oddělit /od-dye-lit/ v. separate, detach

odedávna /o-de-dáv-na/ adv. for a long time, since long ago

odehnat /o-de-hnat/ v. drive away

odejít /o-de-yeet/ v. go away, leave, depart, quit

odemknout /o-dem-knowt/ v. unlock

odepsat /o-de-psat/ v. write back, reply, write off

odeslat /o-de-slat/ v. send away, dispatch

oděv /o-dyef/ m. clothes, clothing, dress

odevzdat /o-de-vzdat/ v. give in, return

odhad /od-hat/ m. estimate, judgement

odhadnout /od-had-nowt/ v. assess, estimate

odhalit /od-ha-lit/ v. disclose, reveal, discover

odhodit /od-ho-dyit/ v. throw away

odhodlat se /od-hod-lat se/ v. decide, make up one's mind

odchod /od-khot/ m. departure

odjakživa /od-yak-zhi-va/ adv. ever

odjet /od-yet/ v. leave, depart

odjezd /od-yezd/ m. departure

odkdy /od-kdi/ adv. since when

odklad /od-klat/ m. delay

odkládat /od-klá-dat/ v. delay, postpone, lay aside, put off, leave off, discard

odklidit /od-kli-dyit/ v. remove, take away, put away, clear

odkud /od-kut/ adv. where...from

odlakovač /od-la-ko-vach/ m. varnish remover

odlet /od-let/ m. departure /by plane/, take off

odliv /od-lif/ m. low tide

odměna /od-mnye-na/ f. reward, award, bonus, premium

odměřený /od-mnye-rzhe-nee/ adj. measured, restrained, stiff

odmítat /od-mee-tat/ v. refuse, reject, deny, turn down
odmlouvat /od-mlow-vat/ v. contradict, talk back
odněkud /od-nye-kut/ adv. from some place
odnést /od-nést/ v. take away, carry away
odolat /o-do-lat/ v. resist
odolný /o-dol-nee/ adj. tough, sturdy
odpad /od-pat/ m. waste, scrap, drain
odpadky /od-pat-ki/ pl. trash, refuse, waste, litter, garbage
odplatit /od-pla-tyit/ v. pay back, repay, retaliate
odpočinek /od-po-chi-nek/ m. rest
odpočinout si /od-po-chi-nowt si/ v. have a rest, relax
odpoledne /od-po-led-ne/ n. afternoon, adv. in the afternoon, p. m.
odpor /od-por/ m. resistance, opposition, disgust, antipathy
odporný /od-por-nee/ adj. abominable, disgusting, repulsive
odporovat /od-po-ro-vat/v. resist, contradict, oppose, protest
odpověď /od-po-vyety/ f. answer, reply
odpovědět /od-po-vye-dyet/ v. answer, reply

odpovědnost /od-po-vyed-nost/ f. responsibility

odpovědný /od-po-vyed-nee/ adj. responsible

odpustit /od-pus-tyit/ v. forgive

odrazit /od-ra-zit/ v. knock off, cast off, bounce, reflect

odřený /o-drzhe-nee/ adj. scratched, grazed

odřít /o-drzheet/ v. rub, scrape, scratch off

odsoudit /od-sow-dyit/ v. condemn, sentence

odstranit /od-stra-nyit/ v. remove, put away

odsunout /od-su-nowt/ v. shift aside, displace, postpone, put off

odšroubovat /od-shrow-bo-vat/ v. unscrew, screw off

odtamtud /od-tam-tut/ adv. from there

odtok /od-tok/ m. outlet, drain

odtud /od-tut/ adv. from here

odůvodnit /o-doo-vod-nyit/ v. justify, give reasons

odvaha /od-va-ha/ f. courage

odvážit se /od-vá-zhit se/ v. dare, risk, venture

odvést /od-vést/ v. give back, return, take away, enlist

odvézt /od-vést/ v. take away, carry away

odvléci /od-vlé-tsi/ v. drag off, carry away

odvolat /od-vo-lat/ v. call off, withdraw, cancel, recall, appeal

odvoz /od-vos/ m. pick-up, transport

odzbrojení /od-zbro-ye-nyee/ n. disarmament

odznak /od-znak/ m. badge

ohavný /o-hav-nee/ adj. abominable, hideous

ohebný /o-heb-nee/ adj. flexible

oheň /o-hen[y]/ m. fire

ohled /o-hlet/ m. respect, regard, consideration

ohniště /oh-nyish-tye/ n. fireplace

ohňostroj /oh-nyo-stroy/ m. fireworks

ohnout se /o-hnowt se/ v. bend

oholit /o-ho-lit/ v. shave

ohrada /o-hra-da/ f. fence, enclosure

ohrozit /o-hro-zit/ v. endanger, jeopardize, threaten

ohřát /o-hrzhát/ v. warm up, heat up

ochota /o-kho-ta/ f. willingness, readiness

ochotný /o-khot-nee/ adj. willing, obliging, ready

ochrana /o-khra-na/ f. protection, preservation, safeguard

ochranný /o-khra-nee/ adj. protective, preventive

ojedinělý /o-ye-dyi-nye-lee/ adj. isolated, unique

okamžik /o-kam-zhik/ m. moment, instant, minute

okamžitě /o-kam-zhi-tye/ adv. immediately, at once

okno /ok-no/ n. window

oko /o-ko/ n. eye

okolí /o-ko-lee/ n. surroundings

okolnost /o-kol-nost/ f. circumstance, conditions

okolo /o-ko-lo/ prep., adv. around, about

okořenit /o-ko-rzhe-nyit/ v. season, flavor

okraj /o-kray/ m. margin, edge

okres /o-kres/ m. district, county

okruh /o-krukh/ m. circle, circuit, radius, round

okupace /o-ku-pa-tse/ f. occupation

okurka /o-kur-ka/ f. cucumber, /pickled/ gherkin

olej /o-ley/ m. oil
olejovka /o-le-yof-ka/ f. sardine
olovo /o-lo-vo/ n. lead
oltář /ol-tárzh/ m. altar
omáčka /o-mách-ka/ f. gravy, sauce
omastek /o-mas-tek/ m. fat, grease
omdlít /om-dleet/ v. faint
omeleta /o-me-le-ta/ f. omelet/te/
omezit /o-me-zit/ v. limit, restrict, confine, reduce
omluvit /o-mlu-vit/ v. excuse, apologize
omyl /o-mil/ m. error, mistake
on, ona, ono /on, o-na, o-no/ pron. he, she, it
onen /o-nen/ pron. that
oni, ony /o-nyi, o-ni/ pron. pl., m., f. they
opak /o-pak/ m. contrary, opposite
opakovat /o-pa-ko-vat/ v. repeat, say again, revise
opálit se /o-pá-lit se/ v. get a sun-tan
opar /o-par/ m. mist, haze, herpes
opatrný /o-pa-tr-nee/ adj. carefull, cautious
opatrovat /o-pa-tro-vat/ v. take care of, look after, tend
opatření /o-pa-trzhe-nyee/ n. measure, arrangement, provision, precaution

opatřit /o-pat-rzhit/ v. get, provide
opera /o-pe-ra/ f. opera, opera-house
operace /o-pe-ra-tse/ f. operation
opět /o-pyet/ adv. again
opice /o-pi-tse/ f. monkey, ape
opilý /o-pi-lee/ adj. drunk, intoxicated
opis /o-pis/ m. copy, duplicate
opít se /o-peet se/ v. get drunk
oplatit /o-pla-tyit/ v. repay, pay back
oplatka /o-plat-ka/ f. wafer
opona /o-po-na/ f. curtain
opora /o-po-ra/ f. support
opovrhovat /o-po-vr-ho-vat/ v. despise
opovržení /o-po-vr-zhe-nyee/ n. contempt
opozdit se /o-poz-dyit se/ v. be late
oprava /o-pra-va/ f. correction, repair
opravdový /o-prav-do-vee/ adj. real, true
opravdu /o-prav-du/ adv. indeed, really, actually
opravit /o-pra-vit/ v. correct, repair, mend
oprávněný /o-práv-nye-nee/ adj. authorized, entitled
opřít se /o-przheet se/ v. lean, lean against, oppose
opsat /o-psat/ v. copy, re-write, crib
optimista /op-ti-mis-ta/ m. optimist

opustit /o-pus-tyit/ v. leave, abandon, desert, quit
opuštěný /o-push-tye-nee/ adj. abandoned, desolate
oranžový /o-ran-zho-vee/ adj. orange
orat /o-rat/ v. plough
ordinace /or-di-na-tse/ f. /medical/ office, surgery
orel /o-rel/ m. eagle
organismus /or-ga-niz-mus/ m. organism
organizace /or-ga-ni-za-tse/ f. organization
organizovat /or-ga-ni-zo-vat/ v. organize
orchestr /or-khes-tr/ m. orchestra
orientace /o-ri-yen-ta-tse/ f. orientation
originál /o-ri-gi-nál/ m. original
ořech /o-rzhekh/ m. nut, walnut
ořezávátko /o-rzhe-zá-vát-ko/ n. pencil-sharpener
osa /o-sa/ f. axis, axle
osamělý /o-sa-mnye-lee/ adj. lonely, secluded
osel /o-sel/ m. donkey, ass
osídlení /o-see-dle-nyee/ n. settlement
oslava /o-sla-va/ f. celebration
oslavit /o-sla-vit/ v. celebrate

oslepnout /o-slep-nowt/ v. become blind
oslnit /o-sl-nyit/ v. dazzle
oslovit /o-slo-vit/ v. address, speak to
osm /o-sum/ num. eight
osmdesát /o-sum-de-sát/ num. eighty
osmnáct /o-sum-nátst/ num. eighteen
osoba /o-so-ba/ f. person
osobitý /o-so-bi-tee/ adj. individual
osobní /o-sob-nyee/ adj. personal
osobnost /o-sob-nost/ f. personality
ospalý /o-spa-lee/ adj. sleepy, drowsy
ospravedlnit /o-spra-ve-dl-nyit/ v. justify
ostatně /o-stat-nye/ adv. after all, besides, by the way
ostatní /o-stat-nyee/ adj. pl. the others, the rest
ostrov /os-trof/ m. island
ostružina /os-tru-zhi-na/ f. blackberry
ostrý /os-tree/ adj. sharp, acute
ostuda /o-stu-da/ f. shame, discredit, disgrace
osud /o-sut/ m. fate, destiny, fortune
osudný /o-sud-nee/ adj. fatal
osvědčit se /o-svyed-chit se/ v. prove to be competent
osvětlení /o-svyet-le-nyee/ n. lighting, illumination

osvětlit /o-svyet-lit/ v. light /up/

osvětlený /o-svyet-le-nee/ adj. lit up, floodlit

osvobodit /o-svo-bo-dyit/ v. set free, liberate, release

ošetření /o-shet-rzhe-nyee/ n. treatment

ošetřit /o-shet-rzhit/ v. treat, attend

ošetřovatelka /o-shet-rzho-va-tel-ka/f. nurse

ošklivý /osh-kli-vee/ adj. ugly, nasty

otáčet se /o-tá-chet se/ v. turn /round/, revolve

otázka /o-tás-ka/ f. question, issue, problem

otec /o-tets/ m. father

otéci /o-té-tsi/ v. swell

oteklý /o-tek-lee/ adj. swolen

otevřený /o-te-vrzhe-nee/ adj. open, frank

otevřít /o-te-vrzheet/ v. open

otisk /o-tyisk/ m. print

otop /o-top/ m. heating, fuel

otrava /o-tra-va/ f. poisoning, bore, nuisance

otrávit /o-trá-vit/ v. poison, bore

otravovat se /o-tra-vo-vat se/ v. be bored, be annoyed

otroctví /o-trots-tvee/ n. slavery

otrok /o-trok/ m. slave
otřes /o-trzhes/ m. shock, shake
otužilý /o-tu-zhi-lee/ adj. hardy
otvor /o-tvor/ m. opening, hole, slot
otylý /o-ti-lee/ adj. obese
ovce /of-tse/ f. sheep
ověřit /o-vye-rzhit/ v. verify, check
ovládat /o-vlá-dat/ v. control, have a command, direct
ovlivnit /o-vliv-nyit/ v. influence, affect
ovoce /o-vo-tse/ n. fruit, fruits
ovšem /of-shem/ conj. of course, indeed
ovzduší /o-vzdu-shee/ n. atmosphere
ozbrojený /o-zbro-ye-nee/ adj. armed
ozdoba /o-zdo-ba/ f. decoration, ornament
oznámení /o-zná-me-nyee/ n. announcement, notice
oznámit /o-zná-mit/ v. announce, inform
ozvat se /o-zvat se/ v. sound, be heard
ozvěna /o-zvye-na/ f. echo
oženit se /o-zhe-nyit se/ v. marry/a girl/, get married

- . -

pa,pa /pa, pa/int. bye-bye
pacient, -ka /pa-tsi-yent, -ka/ m., f. patient

pád /pát/ m. fall, drop, downfall, case
padat /pa-dat/ v. fall, drop
padělat /pa-dye-lat/ v. forge
padělek /pa-dye-lek/ m. forgery
padesát /pa-de-sát/ num. fifty
páchnout /pákh-nowt/ v. smell /bad/, reek
pak /pak/ adv. then, after that, later on
palác /pa-láts/ m. palace
palačinka /pa-la-chin-ka/ f. pancake
palec /pa-lets/ m. thumb, big toe, inch
paličatý /pa-li-cha-tee/ adj. stubborn, pig-headed
palička /pa-lich-ka/ f. mallet, hammer
pálit /pá-lit/ v. scorch, burn, fire
palivo /pa-li-vo/ n. fuel
paluba /pa-lu-ba/ f. deck
památka /pa-mát-ka/ f. memory, souvenir, monument
pamatovat si /pa-ma-to-vat si/ v. remember, recall
paměť /pa-mnyet^y/ f. memory
pampeliška /pam-pe-lish-ka/ f. dandelion
pan /pan/ m. Mr./Smith/
pán /pán/ m. man, gentleman, master
panenka /pa-nen-ka/ f. doll, little girl, /eye/ pupil
pánev /pá-nef/ f. pan, frying-pan, pelvis

paní /pa-nyee/ f. woman, lady, madam, Mrs./Smith/, wife, mistress
panna /pa-na/ f. virgin, maiden
panovat /pa-no-vat/ v. rule /a country/, reign, prevail
pánský /pán-skee/ adj. /gentle/man's,
papež /pa-pezh/ m. pope
papír /pa-peer/ m. paper
papírnictví /pa-peer-nyits-tvee/ n. stationer's, stationery
papírový /pa-pee-ro-vee/ adj. paper
papoušek /pa-pow-shek/ m. parrot
paprika /pa-pri-ka/ f. pepper, paprika
paprsek /pa-pr-sek/ m. ray, beam
pár /pár/ m. pair, couple
pára /pá-ra/ f. steam
párátko /pá-rát-ko/ n. toothpick
parcela /par-tse-la/ f. site, lot, allotment
pardon /par-don/ m. sorry, /beg your/ pardon, excuse me
párek /pá-rek/ m. frankfurter, sausage, pair, couple
park /park/ m. park, gardens
parkování /par-ko-vá-nyee/ n. parking
parkovat /par-ko-vat/ v. park
parkoviště /par-ko-vish-tye/ n. parking-lot, car-park

parlament /par-la-ment/ m. parliament, the House
parník /par-nyeek/ m. steamboat, steamship
parno /par-no/ adv. sultry, close
parta /par-ta/ f. team, gang, company
partner /part-ner/ m. partner
partyzán /par-ti-zán/ m. guerilla, partisan
paruka /pa-ru-ka/ f. wig
pas /pas/ m. waist, passport
pás, pásek /pás, pá-sek/ m. belt, tape
páska /pás-ka/ f. tape, ribbon
pásmo /pás-mo/ n. belt, zone
past /past/ f. trap
pasta /pas-ta/ f. paste
pastýř /pas-teerzh/ m. shepherd
pašovat /pa-sho-vat/ v. smuggle
paštika /pash-tyi-ka/ f. pâté
pata /pa-ta/ f. heel, /foot/
pátek /pá-tek/ m. Friday
páteř /pá-terzh/ f. spine, backbone
patnáct /pat-nátst/ num. fifteen
pátrání /pá-trá-nyee/ n. investigation
pátrat /pá-trat/ v. search, investigate
patro /pa-tro/ n. storey, floor
patřit /pat-rzhit/ v. belong, rank

páv /páf/ m. peacock
pavouk /pa-vowk/ m. spider
paže /pa-zhe/ f. arm
pec /pets/ f. stove, furnace, oven
péci /pé-tsi/ v. bake, roast
péče /pé-che/ f. care, attendance
pečeně /pe-che-nye/ f. roast/ed/ meat
pečivo /pe-chi-vo/ n. pastry
pečlivý /pech-li-vee/ adj. careful, particular
pečovat /pe-cho-vat/ v. take care of, tend
pekárna /pe-kár-na/ f. bakery
peklo /pek-lo/ n. hell
pěkně /pyek-nye/ adv. fine
pěkný /pyek-nee/ adj. nice, fine, fair, pretty
pěna /pye-na/ f. foam, lather
peněženka /pe-nye-zhen-ka/ f. purse
peníz /pe-nyees/ m. coin
peníze /pe-nyee-ze/ pl. money
penze /pen-ze/ f. pension, retirement
penzión /pen-zi-yón/ m. guest-house, boarding-house
pepř /peprzh/ m. pepper
perla /per-la/ f. pearl
perník /per-nyeek/ m. gingerbread

péro /pé-ro/ n. pen, feather, spring
personál /per-so-nál/ m. personnel, staff
peří /pe-rzhee/ n. feathers
peřina /pe-rzhi-na/f. eiderdown
pes /pes/ m. dog, hound
pesimista /pe-si-mis-ta/ m. pessimist
pěst /pyest/ f. fist
pěstovat /pyes-to-vat/ v. grow, raise, breed, cultivate, go in for, indulge
pestrý /pest-ree/ adj. colorful, bright
pěšina /pye-shi-na/ f. foothpath
pěšky /pyesh-ki/ adv. on foot,/walk/
pět /pyet/ num. five
pětiletka /pye-tyi-let-ka/ f. Five-Year Plan
petrklíč /pe-tr-kleech/ m. primrose
petrolej /pe-tro-ley/ m. petroleum, kerosene
petržel /pe-tr-zhel/ f. parsley
pevnina /pev-nyi-na/ f. land, mainland, continent
pevnost /pev-nost/ f. fortress, firmness, robustness, stability
pevný /pev-nee/ adj. firm, robust, solid, stable, set, sturdy
piano /pi-yá-no/ n. piano
piha /pi-ha/ f. freckle

píchnout /peekh-nowt/ v. prick, sting
pila /pi-la/ f. saw
piliny /pi-li-ni/ pl. sawdust
pilný /pil-nee/ adj. diligent, hard-working
pilot /pi-lot/ m. pilot /of an aeroplane/
pilulka /pi-lul-ka/ f. pill
pionýr /pi-yo-neer/ m. pioneer
písařka /pee-sarzh-ka/ f. typist
písek /pee-sek/ m. sand, gravel
píseň /pee-sen^y/ f. song
pískat /pees-kat/ v. whistle
písmeno /pees-me-no/ n. letter
písmo /pees-mo/ n. writing, type, hand
pít /peet/ v. drink
pitomý /pi-to-mee/ adj. silly
pivo /pi-vo/ n. beer, lager
plácat /plá-tsat/ v. slap, smack, clap
pláč /plách/ m. cry, weeping, crying
plachetnice /pla-khet-nyi-tse/ f. sail-/ing/ boat, yacht
plachta /plakh-ta/ f. canvas, sail
plakat /pla-kat/ v. cry, weep
plakát /pla-kát/ m. poster, bill
plamen /pla-men/ m. flame, blaze
plán /plán/ m. plan, schedule, design
planeta /pla-ne-ta/ f. planet

plánovat /plá-no-vat/ v. plan, design, arrange
planý /pla-nee/ adj. barren, idle, unfruitful, fruitless
plášť /plásht/ m. coat, raincoat, tire, case
plat /plat/ m. pay, income, salary, wage
plátek /plá-tek/ m. slice
platit /pla-tyit/ v. pay, hold, apply to
plátno /plát-no/ n. linen, cloth, canvas, screen
platnost /plat-nost/ f. validity, force
platný /plat-nee/ adj. valid
plavat /pla-vat/ v. swim
plavčík /plaf-cheek/ m. life-guard
plavec /pla-vets/ m. swimmer
plavky /plaf-ki/ pl. /lady's/ swimsuit, /man's/ trunks
pláž /plázh/ f. beach
plech /plekh/ m. sheet of metal, baking sheet
plechovka /ple-khof-ka/ f. can, tin
plena /ple-na/ f. diaper, napkin
ples /ples/ m. ball
plést /plést/ v. knit, puzzle, make mistakes
plešatý /ple-sha-tee/ adj. baldheaded

pleť /plet^{y}/ f. complexion
plevel /ple-vel/ m. weed
plíce /plee-tse/ f.,pl. lungs
plíseň /plee-sen^{y}/ f. mould
plivat /pli-vat/ v. spit
plnit /pl-nyit/ v. fill, accomplish
plno /pl-no/ n., adv. a lot, plenty
plný /pl-nee/ adj. full
plod /plot/ m. fruit
plodný /plod-nee/ adj. fertile, fruitful
plocha /plo-kha/ f. surface, area
plochý /plo-khee/ adj. flat
plomba /plom-ba/ f. filling, seal
plot /plot/ m. fence
plout /plowt/ v. float, sail
plovárna /plo-vár-na/ f. swimming-pool
plyn /plin/ m. gas
plynně /pli-nye/ adv. fluently
plýtvat /pleet-vat/ v. waste
pneumatika /pnew-ma-ti-ka/ f. tire
po /po/ prep. after, past, for, in, up to, until, over, about, along
pobavit /po-ba-vit/ v. amuse, entertain
pobídnout /po-beed-nowt/ v. invite, urge
pobřeží /po-brzhe-zhee/ n. coast
pobyt /po-bit/ m. stay
pocit /po-tsit/ m. feeling, sensation

pocta /pots-ta/ f. tribute, honor
poctivost /pots-tyi-vost/ f. honesty, fairness
poctivý /pots-tyi-vee/ adj. honest, fair
počasí /po-cha-see/ n. weather
počet /po-chet/ m. number
počítač /po-chee-tach/ m. computer
počítat /po-chee-tat/ v. count, reckon, calculate, compute, charge
počkat /poch-kat/ v. wait
počty /poch-ti/ pl. arithmetic
pod /pot/ prep. under, below, beneath
podat /po-dat/ v. give, hand, pass
podcenit /pod-tse-nyit/ v. underestimate
poděkovat /po-dye-ko-vat/ v. thank
podél /po-dél/ prep. along
podepsat /po-de-psat/ v. sign
podezírat /po-de-zee-rat/ v. suspect
podezřelý /po-dez-rzhe-lee/ adj. suspicious
podezření /po-dez-rzhe-nyee/ n. suspicion
podíl /po-dyeel/ m. share, part, portion
podívat se /po-dyee-vat se/ v. look, have a look, pay a visit
podivný /po-dyiv-nee/ adj. peculiar, odd, queer, strange
podklad /pot-klat/ m. basis

podkolenka /pot-ko-len-ka/ f. knee sock
podkova /pot-ko-va/ f. horseshoe
podkroví /pot-kro-vee/ n. garret, attic
podlaha /po-dla-ha/ f. floor
podle /po-dle/ prep. along, according to
podléhat /pod-lé-hat/ v. be subject, be inferior, succumb, give in
podložka /pod-lozh-ka/ f. /writing/ pad
podmáslí /pod-más-lee/ n. buttermilk
podmínka /pod-meen-ka/ f. condition, term
podnájem /pod-ná-yem/ m. a rented room, lodgings
podnebí /pod-ne-bee/ n. climate
podnět /pod-nyet/ m. stimulation, suggestion, initiation, impulse
podnik /pod-nyik/ m. enterprise, undertaking, business
podnikatel /pod-nyi-ka-tel/ m. contractor, businessman
podniknout /pod-nyik-nowt/ v. undertake, set out
podnos /pod-nos/ m. tray
podoba /po-do-ba/ f. form, shape, resemblance, appearance
podobat se /po-do-bat se/ v. resemble, look like, be similar
podobně /po-dob-nye/ adv. in a similar way, likewise

podobný /po-dob-nee/ adj. similar, /a/li-ke, resembling
podpatek /pod-pa-tek/ m. heel /of the shoe/
podpaží /pod-pa-zhee/ n. armpit
podpírat /pod-pee-rat/ v. prop up, sup-port
podpis /pod-pis/ m. signature
podplácet /pod-plá-tset/ v. bribe, corrupt
podpora /pod-po-ra/ f. support, backing, aid, subsidy, grant, dole
podporovat /pod-po-ro-vat/ v. support, aid, mantain, back, encourage
podprsenka /pod-pr-sen-ka/ f. bras/siere/, bra
podprůměrný /pod-proo-mnyer-nee/ adj. be-low the average
podrážděný /po-drázh-dye-nee/ adj. irri-tated, irritable, edgy, cross
podrážka /po-drázh-ka/ f. sole
podrobit /po-dro-bit/ v. subject
podrobnost /po-drob-nost/ f. detail
podruhé /po-dru-hé/ adv. a second time, next time
podřídit se /pod-rzhee-dyit se/ v. submit
podřadný /pod-rzhad-nee/ adj. inferior
podstata /pod-sta-ta/ f. substance,essence

podšívka /pod-sheef-ka/ f. lining
podvědomí /pod-vye-do-mee/ n. subconsciousness
podvědomý /pod-vye-do-mee/ adj. subconscious
podvést /pod-vést/ v. deceive, cheat, trick, double-cross
podvlékačky /pod-vlé-kach-ki/pl.underwear
podvod /pod-vot/ m. deception, deceipt, cheat, fraud, fake
podvodník /pod-vod-nyeek/ m. cheat, crook, swindler, impostor
podzemí /pod-ze-mee/ n. underground, basement
podzim /pod-zim/ m. fall, autumn
poezie /po-e-zi-ye/ f. poetry
pohádka /po-hát-ka/ f. fairy-tale, story
pohan /po-han/ m. heathen
pohlaví /po-hla-vee/ n. sex
pohlavní /po-hlav-nyee/ adj. sexual
pohled /po-hlet/ m. look, glance, gaze, sight, view
pohlednice /po-hled-nyi-tse/ f. postcard
pohnout /po-hnowt/ v. move
pohnutí /po-hnu-tyee/ n. emotion
pohodlí /po-hod-lee/ n. comfort
pohodlný /po-ho-dl-nee/ adj. comfortable

pohoří /po-ho-rzhee/ n. range of mountains

pohostinnost /po-ho-styi-nost/ f. hospitality

pohotovost /po-ho-to-vost/ f. readiness, promptness, alert, emergency service

pohovka /po-hof-ka/ f. sofa, settee,couch

pohovor /po-ho-vor/ m. talk, chat, interview

pohrdání /po-hr-dá-nyee/ n. contempt

pohrdat /po-hr-dat/ v. despise

pohroma /po-hro-ma/ f. calamity, disaster

pohromadě /po-hro-ma-dye/ adv. gathered, together

pohřbít /po-´rzhbeet/ v. bury

pohřeb /po-´rzhep/ m. funeral, burial

pohyb /po-hip/ m. motion, movement

pochod, -ovat /po-khot, po-kho-do-vat/ m., v. march

pochopení /po-kho-pe-nyee/ n. understanding

pochopit /po-kho-pit/ v. understand, take in

pochybnost /po-khib-nost/ f. doubt

pochybovat /po-khi-bo-vat/ v. doubt

pojem /po-yem/ m. concept, notion, idea

pojistit /po-yis-tyit/ v. insure, secure

pojistka /po-yist-ka/ f. insurence, fuse
pokaždé /po-kazh-dé/ adv. every time, each time
poklad /po-klat/ m. treasure
pokládat /po-klá-dat/ v. lay /down/, take for, consider
pokladna /po-klad-na/ f. box-office, cash-register, safe
pokles /po-kles/ m. fall, drop, decline
poklice /po-kli-tse/ f. lid, cover
pokoj /po-koy/ m. room, peace
pokojská /po-koy-ská/ f. maid
pokolení /po-ko-le-nyee/ n. generation
pokožka /po-kozh-ka/ f. skin
pokračovat /po-kra-cho-vat/ v. go on, go ahead, continue
pokročilý /po-kro-chi-lee/ adj. advanced
pokrok /po-krok/ m. progress, advance
pokrokový /po-kro-ko-vee/ adj. progressive
pokrývka /po-kreef-ka/ f. cover, blanket, spread, quilt
pokus /po-kus/ m. attempt, experiment
pokusit se /po-ku-sit se/ v. attempt, try
pokušení /po-ku-she-nyee/ n. temptation
pokuta /po-ku-ta/ f. penalty, fine
pól /pól/ m. pole /north, south/

pole /po-le/ n. field
poledne /po-led-ne/ n. noon, midday
poledník /po-led-nyeek/ m. meridian
polepšit /po-lep-shit/ v. improve
polévka /po-léf-ka/ f. soup
polibek /po-li-bek/ m. kiss
policie /po-li-tsi-ye/ f. police
polička /po-lich-ka/ f. shelf
politický /po-li-tits-kee/ adj. political
politika /po-li-ti-ka/ f. politics, policy
polobotka /po-lo-bot-ka/ f. shoe
poloha /po-lo-ha/ f. position, situation
pololetí /po-lo-le-tyee/ n. half-year, term
poloostrov /po-lo-os-trof/ m. peninsula
polovina /po-lo-vi-na/ f. half
polštář /pol-shtárzh/ m. cushion, pillow
polykat /po-li-kat/ v. swallow
pomalu /po-ma-lu/ adv. slowly, easy
pomalý /po-ma-lee/ adj. slow
poměr /po-mnyer/m. ratio, proportion, relation, relationship, attitude
pomeranč /po-me-ranch/ m. orange
poměrný/po-mnyer-nee/ adj. relative, comparative, proportional
pomlouvat /po-mlow-vat/ v. slander, libel
pomněnka /po-mnyen-ka/ f. forget-me-not

pomoc /po-mots/ f. help, aid, assistance

pomoci /po-mo-tsi/ v. help, give a hand, assist

pomstít /po-mstyeet/ v. avenge, revenge

pondělí /pon-dye-lee/ n. Monday

poněvadž /po-nye-vach/ conj. because, as, since

ponížený /po-nyee-zhe-nee/ adj. humble

ponížit /po-nyee-zhit/ v. humiliate

ponorka /po-nor-ka/ f. submarine

ponořit /po-no-rzhit/ v. plunge, dip, immerse, dive

ponožka /po-nozh-ka/ f. sock

popel /po-pel/ m. ash, ashes, cinders

popelnice /po-pel-nyi-tse/ f. trash can, dustbin, urn

popelník /po-pel-nyeek/ m. ashtray

popírat /po-pee-rat/ v. deny, dispute

popis /po-pis/ m. description, account

popisovat /po-pi-so-vat/ v. describe, give an account of

poplach /po-plakh/ m. alarm

poplatek /po-pla-tek/ m. charge, fee, tax, toll, duty

poprava /po-pra-va/ f. execution

poprosit /po-pro-sit/ v. ask

poprvé /po-pr-vé/ adv. /for/ the first time
poptávka /po-ptáf-ka/ f. demand, call, inquiry, request
poradit /po-ra-dyit/ v. advise
poranit /po-ra-nyit/ v. hurt, injure
porazit /po-ra-zit/ v.knock down, overthrow, beat, defeat
porážka /po-rázh-ka/ f. defeat, /cattle/ slaughter
porcelán /por-tse-lán/ m. china,porcelain
porod /po-rod/ m. childbirth, delivery
porodit /po-ro-dyit/ v. give birth to
porota /po-ro-ta/ f. jury
poroučet /po-row-chet/ v. order, command
poručník /po-ruch-nyeek/ m. guardian
porucha /po-ru-kha/ f. disorder, failure, defect, breakdown
porušit /po-ru-shit/ v. break, violate, disturb
pořad /po-rzhat/ m. program/me/, agenda
pořádat /po-rzhá-dat/ v. put in order, arrange, sort, organize
pořádek /po-rzhá-dek/ m. order
pořádný /po-rzhád-nee/ adj. orderly, tidy, proper, sound, substantial
pořezat se /po-rzhe-zat se/ v. cut oneself

pořídit si /po-rzhee-dyit si/ v. get, buy
posadit se /po-sa-dyit se/ v. sit down, take a seat
posádka /po-sát-ka/ f. crew, garrison
posel /po-sel/ m. messenger
poschodí /po-skho-dyee/ n. floor
posila /po-si-la/ f. help, encouragement, reinforcement
poskytnout /po-skit-nowt/ v. offer, provide, give
poslanec /po-sla-nets/ m. deputy, representative, member
poslat /po-slat/ v. send
posledně /po-sled-nye/ adv. last time
poslední /po-sled-nyee/ adj. last, latest
poslouchat /po-slow-khat/ v. listen,obey
posluhovačka /po-slu-ho-vach-ka/ f. cleaning woman, domestic help
poslušný /po-slush-nee/ adj. obedient
posmívat se /po-smee-vat se/ v. mock, ridicule
posoudit /po-sow-dyit/ v. pass judgment, judge, review
pospíchat /po-spee-khat/ v. hurry /up/ be in a hurry, haste
postarat se /po-sta-rat se/ v. look after, see about, take care of, provide, see to it

postava /po-sta-va/ f. figure, form, character

postavení /po-sta-ve-nyee/ n. position, post, rank

postavit /po-sta-vit/ v. place, stand, set up, build

postel /po-stel/ f. bed

postoj /po-stoy/ m. posture, attitude

postřeh /po-strzhekh/ m. perception

postřik /po-strzhik/ m. spray

postříkat /po-strzhee-kat/ v. sprinkle, spray, splash

postup /po-stup/ m. advance, method, procedure

postupně /po-stup-nye/ adv. gradually, step by step

postupovat /po-stu-po-vat/ v. advance, act, proceed

posudek /po-su-dek/ m. review, report

posunout /po-su-nowt/ v. shift, move

poškodit /po-shko-dyit/ v. damage, harm

pošta /posh-ta/ f. post, mail, post office

pošťák /posh-tyák/ m. postman, mailman

poštovné /posh-tov-né/ n. postage

pot /pot/ m. perspiration, sweat

potápěč /po-tá-pyech/ m. diver

potěšení /po-tye-she-nyee/ n. pleasure, delight
potěšit /po-tye-shit/ v. please, give pleasure
potichu /po-tyi-khu/ adv. quietly, noiselessly
potíž /po-tyeezh/ f. difficulty, trouble, snag
potkat /pot-kat/ v. meet
potlačit /po-tla-chit/ v. suppress, put down
potlesk /po-tlesk/ m. applause, clapping
potok /po-tok/ m. brook, stream
potom /po-tom/ adv. then, afterwards, later on
potomek /po-to-mek/ m. descendant
potopit se /po-to-pit se/ v. plunge, sink, dive, flunk
potrava /po-tra-va/ f. food
potřeba /po-trzhe-ba/ f. need, necessity
potřebovat /po-trzhe-bo-vat/ v. need,want
potvrdit /po-tvr-dyit/ v. certify, confirm, acknowledge
potvrzení /po-tvr-ze-nyee/ n. certificate, confirmation, acknowledgement
pouhý /pow-hee/ adj. mere, bare
poukaz /pow-kas/ m. voucher, order, reference

poupě /pow-pye/ n. /flower-/bud
poušť /powsht^{y}/ f. desert
pouť /powt^{y}/ f. fair, pilgrimage
pouto /pow-to/ n. tie, bond
pouze /pow-ze/ adv. only
použít /po-u-zheet/ v. use, take, make use of, apply
povaha /po-va-ha/ f. character, nature
považovat /po-va-zho-vat/ v. consider, regard
povědomý /po-vye-do-mee/ adj. familiar
pověra /po-vye-ra/ f. superstition
pověrčivý /po-vyer-chi-vee/ adj. superstitious
pověřit /po-vye-rzhit/ v. charge, delegate, entrust
pověsit /po-vye-sit/ v. hang /up/
pověst /po-vyest/ f. myth, tale, story, reputation
povést se /po-vést se/ v. go off well
povídat /po-vee-dat/ v. talk, tell, chat
povidla /po-vid-la/ pl. jam
povídka /po-veed-ka/ f. /short/ story, tale
povinnost /po-vi-nost/ f. duty
povinný /po-vi-nee/ adj. compulsory, mandatory

povlak /po-vlak/ m. cover, coating, case
povodeň /po-vo-den^y/ f. flood
povolání /po-vo-lá-nyee/ n. occupation, profession
povolení /po-vo-le-nyee/ n. permission, licence
povolit /po-vo-lit/ v. allow, permit, licence, give in, give way, relent, un/do, screw, tie .../
povrch /po-vrkh/ m. surface
povrchní /po-vrkh-nyee/ adj. superficial
povstalec /po-vsta-lets/ m. rebel, mutineer
povstání /po-vstá-nyee/ n. /up/rising
povýšení /po-vee-she-nyee/ n. promotion
povzbudit /po-ˈzbu-dyit/ v. cheer up, encourage
pozadí /po-za-dyee/ n. background
pozadu /po-za-du/ adv. backward/s/, behind
pozdě /poz-dye/ adv. late
pozdrav /po-zdraf/ m. greeting, regards
pozdravit /po-zdra-vit/ v. greet
pozemek /po-ze-mek/ m.piece of land, lot, plot
poznámka /po-znám-ka/ f. remark, note, comment

poznání /po-zná-nyee/ n. knowledge
poznat /po-znat/ v./get to/ know, recognize, find out
pozor /po-zor/ m.,int. attention, care, beware of, look out!
pozornost /po-zor-nost/ f. attention
pozorný /po-zor-nee/ adj. attentive, considerate, thoughtful
pozorovat /po-zo-ro-vat/ v. watch, observe, notice
pozvání /po-zvá-nyee/ n. invitation
pozvat /po-zvat/ v. invite
požádat /po-zhá-dat/ v. ask, demand, claim
požadavek /po-zha-da-vek/ m. requirement, demand, claim
požár /po-zhár/ m. fire
požárník /po-zhár-nyeek/ m. fireman
požitek /po-zhi-tek/ m. enjoyment, pleasure
práce /prá-tse/ f. work, labor, job
prací /pra-tsee/ adj. washable
pracovat /pra-tso-vat/ v. work
pracovitý /pra-tso-vi-tee/ adj. hard-working
pracovník /pra-tsov-nyeek/ m. worker
pračka /prach-ka/ f. washing-machine
prádelna /prá-del-na/ f. laundry

prádlo /prád-lo/ n. underwear, linen, bed-clothes, washing, laundry
práh /prákh/ m. door-step, threshold
Praha /Pra-ha/ f. Prague
prach /prakh/ m. dust, powder
praktický /prak-tits-kee/ adj. practical
pramen /pra-men/ m. spring, source, origin, strand
prapor /pra-por/ m. flag, banner
prase /pra-se/ n. pig, hog
prasknout /prask-nowt/ v. crack, burst, split, break
prášek /prá-shek/ m. powder, speck of dust, pill /aspirin/
prát /prát/ v. wash, do the washing
prát se /prát se/ v. fight
pravda /prav-da/ f. truth
pravděpodobnost /prav-dye-po-dob-nost/ f. probability, likelihood
pravděpodobný /prav-dye-po-dob-nee/ adj. probable, likely
pravdivý /prav-dyi-vee/ adj. true
právě /prá-vye/ adv. just, at this moment
pravidelný /pra-vi-del-nee/ adj. regular
pravidlo /pra-vid-lo/ n. rule
pravítko /pra-veet-ko/ n. ruler
právní /práv-nyee/ adj. legal

právník /práv-nyeek/ m. lawyer
právo /prá-vo/ n. right, law, authority
pravopis /pra-vo-pis/ m. spelling
pravý /pra-vee/ adj. right, true, real, genuine
praxe /pra-xe/ f. practice, experience
prázdniny /prázd-nyi-ni/ pl. vacation/s/, holiday/s/
prázdný /prázd-nee/ adj. empty, vacant
Pražan, -ka /Pra-zhan, -ka/ m., f. inhabitant of Prague
premiéra /pre-mi-yé-ra/ f. first night, first-run
president /pre-zi-dent/ m. president
princ /prints/ m. prince
princezna /prin-tsez-na/ f. princess
princip /prin-tsip/ m. principle
prkno /prk-no/ n. board, plank
pro /pro/ prep. for, because of
problém /prob-lém/ m. problem
probrat /pro-brat/ v. get through, deal with, sift /out/
probudit se /pro-bu-dyit se/ v. wake /up/
procento /pro-tsen-to/ n. percent, percentage
proces /pro-tses/ m. process, trial
proč /proch/adv. why, what ... for

prodávat /pro-dá-vat/ v. sell
prodej /pro-dey/ m. sale
prodejna /pro-dey-na/ f. store, shop
prodělat /pro-dye-lat/ v. lose, experience, go through
prodloužit /pro-dlow-zhit/ v. lengthen, prolong, extend, renew
produkce /pro-duk-tse/ f. production
profesor, -ka /pro-fe-sor, -ka/ m., f. professor
program /pro-gram/ m. program/me/, schedule, itinerary, floor show
prohlásit /pro-hlá-sit/ v. declare, state
prohlášení /pro-hlá-she-nyee/ n. declaration, statement
prohlídka /pro-hleed-ka/ f. examination, sight-seeing, visit, inspection
prohlížet /pro-hlee-zhet/ v. examine, inspect, see
prohrát /pro-hrát/ v. lose
procházet se /pro-khá-zet se/ v. walk, stroll
procházka /pro-khás-ka/ f. walk, stroll
projednat /pro-yed-nat/ v. discuss, negotiate
projev /pro-yef/ m. display, demonstration, address, speech

projímadlo /pro-yee-mad-lo/ n. laxative
projít /pro-yeet/ v. pass, go through
projížďka /pro-yeezh-dyka/ f. /pleasure/ ride, drive
proměnit /pro-mnye-nyit/ v. change
prominout /pro-mi-nowt/ v. excuse, forgive, pardon
promluvit /pro-mlu-vit/ v. talk to, have a word with
promoce /pro-mo-tse/ f. graduation ceremony
promoknout /pro-mok-nowt/ v. get wet
pronásledování /pro-ná-sle-do-vá-nyee/ n. pursuit, persecution
pronásledovat /pro-ná-sle-do-vat/ v. pursue, persecute
pronikavý /pro-nyi-ka-vee/ adj. penetrating, shrill, sweeping, pungent
proniknout /pro-nyik-nowt/ v. penetrate
propadnout /pro-pad-nowt/ v. fall through, sink, fail, flunk, be forfeit, flop
propast /pro-past/ f. abyss
propíchnout /pro-peekh-nowt/ v. pierce, punch, puncture
propustit /pro-pus-tyit/ v. discharge, dismiss, let go, fire, sack, release
propustka /pro-pust-ka/ f. permit

prosadit /pro-sa-dyit/ v. enforce, put through, carry through
prosba /pros-ba/ f. appeal, request
prosinec /pro-si-nets/ m. December
prosím /pro-sím/ please, that´s O.K., that´s all right
prosit /pro-sit/ v. ask, beg, implore
proslov /pro-slof/ m. speech, address
prospěch /pro-spyekh/ m. benefit, advantage, profit, marks /at school/
prospívat /pro-spee-vat/ v. prosper, do well, have /good/ results, succeed, do good, benefit
prostě /pro-stye/ adv. simply, just
prostěradlo /pro-stye-rad-lo/ n. sheet
prostor /pro-stor/ m. space, room
prostorný /pro-stor-nee/ adj. spacious
prostředek /pro-strzhe-dek/ m. middle, facility, tool, means
prostředí /pro-strzhe-dyee/ n. enviroment, setting
prostřední /pro-strzhed-nyee/ adj. middle
prostřít /pro-strzheet/ v. spread, lay the table
prostý /pro-stee/ adj. simple, plain
prošlý /pro-shlee/ adj. overdue
protekce /pro-tek-tse/ f. patronage, influence in a person´s favor

protest /pro-test/ m. protest
proti /pro-tyi/ prep. opposite, against, for, anti- ...
protijed /pro-tyi-yet/ m. antidote
protiklad /pro-tyi-klat/ m. contradiction
protivný /pro-tyiv-nee/ adj. opposite, nasty, mean
protizákonný /pro-tyi-zá-ko-nee/ adj.illegal
proto /pro-to/ adv. therefore, that is why
protokol /pro-to-kol/ m. record
protože /pro-to-zhe/ conj. because, as, since
proud /prowt/ m. flow, stream, current
provaz /pro-vas/ m. rope, cord
prověřit /pro-vye-rzhit/ v. screen, test, sift, check
provést /pro-vést/ v. guide, show around, perform, carry out, execute
provinit se /pro-vi-nyit se/ v. offend
provokovat /pro-vo-ko-vat/ v. provoke
provolání /pro-vo-lá-nyee/ n. proclamation
provoz /pro-vos/ m. traffic, service, operation, working
provozovat /pro-vo-zo-vat/ v. work, run, carry on, practise

prozatím /pro-za-tyeem/ adv. meanwhile, for the time being
prozatimní /pro-za-tyim-nyee/ adj. temporary, provisional
prozradit /pro-zra-dyit/ v. reveal, give away, disclose, betray
prožít /pro-zheet/ v. live through, spend
prs /prs/ m. breast
prst /prst/ m. finger, toe /on foot/
prsten /prs-ten/ ring
pršet /pr-shet/ v. rain
prudký /prut-kee/ adj. vehement, violent, abrupt
pruh /prukh/ m. strip, stripe
průhledný /proo-hled-nee/ adj. transparent
pruhovaný /pru-ho-va-nee/ adj. striped
průchod /proo-khot/ m. passage, pass, way through
průjem /proo-yem/ m. diarrhoea
průkaz /proo-kas/ m. card, I.D. card
průměr /proo-mnyer/ m. average, diameter
průměrný /proo-mnyer-nee/ adj. average
průmysl /proo-mi-sl/ m. industry
průplav /proo-plaf/ m. canal
prut /prut/ m. rod
průvan /proo-van/ m. draught

průvodce /proo-vod-tse/ m. guide, /guide--book/, companion
průvodčí /proo-vod-chee/ m. conductor
průzkum /proos-kum/ m. investigation, probe, exploration
pružný /pruzh-nee/ adj. elastic, flexible
prvek /pr-vek/ m. element
první /prv-nyee/ adj. first
prý /pree/adv. they say
pryč /prich/ adv. away, off, past, gone
přání /przhá-nyee/ n. wish, wishes
přát /przhát/ v. wish
přát si /przhát si/ v. want, wish for, desire
přátelit se /przhá-te-lit se/ v. associate, make friends
přátelský /przhá-tel-skee/ adj. friendly
přátelství /przhá-tel-stvee/ n. friendship
přebrat /przhe-brat/ v. sort, take over, take too much, exceed
pře-bytek /przhe-bi-tek/ m. surplus, excess
přece /przhe-tse/ adv. still, yet, and yet, though in fact
přecenit /przhe-tse-nyit/ v. overestimate
před /przhet/ prep. before, ago,back,prior to, ahead of, in front of

předat /przhe-dat/ v. hand over, pass on, transfer

předčasný /przhed-chas-nee/ adj. premature

předehra /przhe-de-hra/ f. overture, prelude

předek /przhe-dek/ m. ancestor, front

předem /przhe-dem/ adv. in advance, beforehand

předešlý /przhe-de-shlee/ adj. previous

předevčírem /przhe-de-vchee-rem/ adv. the day before yesterday

především /przhe-de-vsheem/ adv. above all, first

předcházet /przhed-khá-zet/ v. precede, prevent

předjet /przhed-yet/ v. overtake

předkrm /przhed-krm/ m. hors d'oeuvre

předložit /przhed-lo-zhit/ v. put forward, present, submit

předměstí /przhed-mnyes-tyee/ n. suburb

předmět /przhed-mnyet/ m. object, article, subject, topic

předmluva /przhed-mlu-va/ f. preface, foreword

přednáška /przhed-násh-ka/ f. lecture

přední /przhed-nyee/ adj. front, prominent

přednost /przhed-nost/ f. priority, preference
předpis /przhed-pis/ m. prescription, recipe, regulation
předpokládat /przhed-po-klá-dat/ v. assume, presume, suppose
předpověď /przhed-po-vyed[y]/ f. prediction, forecast
předprodej /przhed-pro-dey/ m. advance booking, advance sale, ticket-agency
předseda /przhed-se-da/ m. chairman
předsíň /przhed-seen[y]/ f. hall, lobby
představa /przhed-sta-va/ f. idea, conception
představení /przhed-sta-ve-nyee/ n. performance, introduction
představit /przhed-sta-vit/ v. introduce
představit si /przhed-sta-vit si/ v. imagine
předstírat /przhed-styee-rat/ v. pretend, simulate
předtím /przhed-tyeem/ adv. before
předvést /przhed-vést/ v. show, perform, demonstrate
předvídat /przhed-vee-dat/ v. anticipate
předvolat /przhed-vo-lat/ v. call up, summon

přeháněť /przhe-há-nyet/ v. exaggerate
přeháňka /przhe-hán^y-ka/ f. shower /rain/
přehled /przhe-hlet/ m. survey, view, knowledge, summary
přehlédnout /przhe-hléd-nowt/ v. survey, view, overlook, miss
přehlídka /przhe-hleed-ka/ f. parade, show, display
přehrada /przhe-hra-da/ f. barrier, dam
přecházet /przhe-khá-zet/ v. cross, pass, walk up and down
přechod /przhe-khot/ m. passage, crossing
přejet /przhe-yet/ v. run over, cross,pass
překážet /przhe-ká-zhet/ v. obstruct, be in the way
překážka /przhe-kázh-ka/ f. obstacle, obstruction, set-back
překlad /przhe-klat/ m. translation
překvapení /przhe-kva-pe-nyee/ n. surprise
překvapit /przhe-kva-pit/ v. surprise, astonish
přeložit /przhe-lo-zhit/ v. translate, move over, shift, transfer
přemlouvat /przhe-mlow-vat/ v. persuade, talk into
přemýšlet /przhe-meesh-let/ v. think over, think about

přenocovat /przhe-no-tso-vat/ v. stay overnight, stay the night
přenosný /przhe-nos-nee/ adj. transferable, portable
přepadnout /przhe-pad-nowt/ v. assault, attack, hold up
přepsat /przhe-psat/ v. re-write, re-type, copy
přepych /przhe-pikh/ m. luxury
přerušit /przhe-ru-shit/ v. break, interrupt, disconnect
přes /przhes/ prep. over, across, by way of, via, in spite of
přesadit /przhe-sa-dyit/ v. transplant
přeskočit /przhe-sko-chit/ v. jump, skip
přesnost /przhes-nost/ f. accuracy, precision, exactness
přesný /przhes-nee/ adj. accurate, precise, exact, punctual
přestat /przhes-tat/ v. stop, cease, quit
přestávka /przhes-táf-ka/ f. break, interval, intermission, recess
přesto /przhes-to/ conj. in spite of, /al/though
přestože /przhes-to-zhe/ conj. although
přestupek /przhes-tu-pek/ m. offence
přesvědčení /przhes-vyed-che-nyee/ n. conviction, belief

přesvědčit /przhe-svyed-chit/ v. convince, persuade

přetvářka /przhe-tvárzh-ka/ f. hypocrisy

převést /przhe-vést/ v. take over/across, transfer

převládat /przhe-vlá-dat/ v. prevail, dominate

převléci se /przhe-vlé-tsi se/ v. change /one's clohes/

převrátit /przhe-vrá-tyit/ v. turn upside down

přezout se /przhe-zowt se/ v. change /one's shoes/

při /przhi/ prep. at, on, by, near, close to, with

příběh /przhee-byekh/ m. incident, story

přibít /przhi-beet/ v. nail /down/

přibližně /przhi-blizh-nye/ adv. approximately

příboj /przhee-boy/ m. surf, surge

příbor /przhee-bor/ m. knife, fork and spoon, cover, silver

příbuzný /przhee-buz-nee/ m. relative, relation, adj. related

příčina /przhee-chi-na/ f. cause, reason

přidat /przhi-dat/ v. add, throw in

přídavek /przhee-da-vek/ m. addition, bonus, allowance

přidělit /przhi-dye-lit/ v. allocate, assign
přihláška /przhi-hlásh-ka/ f. application, registration form
příhoda /przhee-ho-da/ f. incident, event
přihodit se /przhi-ho-dyit se/ v. happen, occur
příchuť /przhee-khut^y/ f. smack, flavor
příjemný /przhee-yem-nee/ adj. pleasant, nice, agreeable
přijet /przhi-yet/ v. come, arrive at/in
příjezd /przhee-yest/ m. arrival
přijít /przhi-yeet/ v. /on foot/ come, arrive, turn up
příjmení /przheey-me-nyee/ n. surname, last name
přijmout /przhiy-mowt/ v. accept, receive, admit, take up
příklad /przhee-klat/ m. example, instance
příkop /przhee-kop/ m. ditch, drain
příkrm /przhee-krm/ m. two vegetables
přikrýt /przhi-kreet/ v. cover
přílet /przhee-let/ m. arrival /by plane/
příležitost /przhee-le-zhi-tost/ f. opportunity, occasion, chance
příliš /przhee-lish/ adv. too

příliv /przhee-lif/ m. flood, high tide
přiložit /przhi-lo-zhit/ v. put, apply, attach, enclose
přiměřený /przhi-mnye-rzhe-nee/ adj. adequate, reasonable
příměří /przhee-mnye-rzhee/ n. truce, armistice
přímka /przheem-ka/ f. straight line
přimluvit se /przhi-mlu-vit se/ v. put in a good word /for/
přímo /przhee-mo/ adv. direct/ly/,straight
přímý /przhee-mee/ adj. direct, straight, through, upright
přinést /przhi-nést/ v. bring, fetch
případ /przhee-pat/ m. case, event
připadnout /przhi-pad-nowt/ v. fall, hit
připít /przhi-peet/ v. drink, propose a toast
přípitek /przhee-pi-tek/ m. toast, health
připnout /przhi-pnowt/ v. attach, fix, pin, fasten
připojit /przhi-po-yit/ v. attach, affix
připojit se /przhi-po-yit se/ v. join
připomenout/przhi-po-me-nowt/v. remind, recall
připravený /przhi-pra-ve-nee/ adj. prepared, ready

připravit /przhi-pra-vit/ v. prepare, get ready

příroda /przhee-ro-da/ f. nature, /scenery/

přírodní /przhee-rod-nyee/ adj. natural

přirovnání /przhi-rov-ná-nyee/ n. comparison

přirovnat /przhi-rov-nat/ v. compare

příručka /przhee-ruch-ka/ f. handbook, manual

přísada /przhee-sa-da/ f. ingredient

přísaha /przhee-sa-ha/ f. oath

přísahat /przhee-sa-hat/ v. swear, take an oath

přísloví /przhee-slo-vee/ n. proverb

příslušenství /przhee-slu-shen-stvee/ n. accessories, fixtures

příslušný /przhee-slush-nee/ adj. respective, relevant, corresponding

přísný /przhees-nee/ adj. severe, strict

přispět /przhi-spyet/ v. contribute, help

příspěvek /przhee-spye-vek/ m. contribution, allowance

přistát /przhi-stát/ v. land, touch down

přístav /przhee-staf/ m. port, docks

přístavek /przhee-sta-vek/ m. extension, annex

přistěhovalec /przhi-stye-ho-va-lets/ m. immigrant

přistěhovat se /przhi-stye-ho-vat se/ v. move in, immigrate

přístroj /przhee-stroy/ m. apparatus, instrument

přístřeší /przhee-strzhe-shee/ n. shelter

přístup /przhee-stup/ m. access, approach

přišít /przhi-sheet/ v. sew on

příště /przheesh-tye/ adv. next time

příští /przheesh-tyee/ adj. next, following

přít se /przheet se/ v. dispute, argue

přitahovat /przhi-ta-ho-vat/ v. attract

přitažlivý /przhi-tazh-li-vee/ adj. attractive

přítel, -kyně /przhee-tel, -ki-nye/ m., f. friend

přitom /przhi-tom/ adv. at the same time

přítomnost /przhee-tom-nost/ f. presence, present, attendance

přítomný /przhee-tom-nee/ adj. present

přivázat /przhi-vá-zat/ v. tie up

přívěs /przhee-vyes/ m. trailer, caravan

přívěsek /przhee-vye-sek/ m. pendant

přivést /przhi-vést/ v. bring, fetch

přivítání /przhi-vee-tá-nyee/ n. welcome

přívoz /przhee-vos/ m. ferry
přívrženec /przhee-vr-zhe-nets/ m. follower, supporter
příze /przhee-ze/ f. yarn
přízemí /przhee-ze-mee/ n. ground floor, stalls
příznak /przhee-znak/ m. symptom
přiznat /przhi-znat/ v. admit, confess, concede, let on
příznivý /przhee-znyi-vee/ adj. favorable
přizpůsobit /przhi-zpoo-so-bit/ v. adapt, adjust, conform, assimilate
přízvuk /przhee-zvuk/ m. accent, stress
příživník /przhee-zhiv-nyeek/ m. parasite
psaní /psa-nyee/ n. writing, letter
psát /psát/ v. write
psychologie /psi-kho-lo-gi-ye/ f. psychology
pšenice /pshe-nyi-tse/ f. wheat
pták /pták/ m. bird
ptát se /ptát se/ v. ask, inquire
publikovat /pu-bli-ko-vat/ v. publish
pud /put/ m. instinct
půda /poo-da/ f. land, soil, ground
pudr /pu-dr/ m. powder
puchýř /pu-kheerzh/ m. blister

půjčit /pooy-chit/ v. lend, loan
půjčit si /pooy-chit si/ v. borrow
půl /pool/ num. half
půl hodiny /pool ho-dyi-ni/ half an hour
půllitr /poo-li-tr/ m. half a litre
půlnoc /pool-nots/ f. midnight
pult /pult/ m. counter, desk, bar
pumpa /pum-pa/ f. pump, gas/petrol-station, filling station
punčocha /pun-cho-kha/ f. stocking
pusa /pu-sa/ f. mouth, kiss
působit /poo-so-bit/ v. work, function, act, affect, impress
půst /poost/ m. fast/ing/
pustit /pus-tyit/ v. drop, let...fall, let go, let in/out, release
pustý /pus-tee/ adj. desolate, deserted, empty, dreary
puška /push-ka/ f. rifle, shotgun, gun
putovat /pu-to-vat/ v. wander, travel
půvab /poo-vap/ m. grace, charm
půvabný /poo-vab-nee/ adj. graceful, attractive, charming
původ /poo-vot/ m. origin, descent,source
původní /poo-vod-nyee/ adj. original
pýcha /pee-kha/ f. pride
pyšný /pish-nee/ adj. proud

pytel /pi-tel/ m. sack, bag
pyžamo /pi-zha-mo/ n. pyjamas

- . -

racek /ra-tsek/ m. sea-gull
rád /rát/ adj. glad, like, love, enjoy, be fond of
rada /ra-da/ f. advice, counsel
raději /ra-dye-yi/ adv. better, rather
rádio /rá-di-yo/ n. radio, wireless
radit /ra-dyit/ v. advise, counsel, consult
radnice /rad-nyi-tse/ f. city hall, town hall
radost /ra-dost/ f. pleasure, joy, delight
radostný /ra-dost-nee/ adj. cheerful, joyous
radovat se /ra-do-vat se/ v. rejoice, have a pleasure, be glad, be pleased
ráj /ráy/ m. paradise
rajče /ray-che/ n. tomato
raketa /ra-ke-ta/ f. racket/racquet, rocket
rakev /ra-kef/ f. coffin
rakovina /ra-ko-vi-na/ f. cancer
rám /rám/ m. frame

rameno /ra-me-no/ n. shoulder, /arm/
ramínko /ra-meen-ko/ n. coat-hanger
rámus /rá-mus/ m. noise, row
rána /rá-na/ f. blow, stroke, wound, cut
ranit /ra-nyit/ v. wound, injure, hurt
ranní /ra-nyee/ adj. morning
ráno /rá-no/ n. morning, adv. in the morning
rasa /ra-sa/ f. race
ráz /rás/ m. stroke, one,/two,three/, blow, nature, impression
razítko /ra-zeet-ko/ n. /rubber/ stamp, postmark
reagovat /re-a-go-vat/ v. react, response
reakce /re-ak-tse/ f. reaction, response
reálný /re-ál-nee/ adj. real
recepce /re-tsep-tse/ f. reception
recept /re-tsept/ m. prescription, recipe
redaktor, -ka /re-dak-tor, -ka/ m., f. editor
referát /re-fe-rát/ m. report, account
reforma /re-for-ma/ f. reform
rehabilitace /re-ha-bi-li-ta-tse/ f. rehabilitation
reklama /re-kla-ma/ f. advertisement, publicity, neon sign
rekomando /re-ko-man-do/ n. registered letter

rekonstrukce /re-kon-struk-tse/ f. reconstruction
rekreace /re-kre-a-tse/ f. recreation
rentgen /rent-gen/ m. X-ray
reportáž /re-por-tázh/ f. commentary
reportér /re-por-tér/ m. reporter
reprezentant, -ka /re-pre-zen-tant, -ka/ m., f. representative
reprodukce /re-pro-duk-tse/ f. reproduction, print
republika /re-pub-li-ka/ f. republic
respekt /res-pekt/ m. respect
restaurace /res-taw-ra-tse/ f. restaurant, cafeteria, restoration
ret /ret/ m. lip
réva /ré-va/ f. grapevine, vine
revma /rev-ma/ n. rheumatism, arthritis
revoluce /re-vo-lu-tse/ f. revolution
revolver /re-vol-ver/ m. revolver, gun
rez /res/ f. rust
rezavět /re-za-vyet/ v. get rusty
rezervní /re-zer-vnyee/ adj. spare
rezervovat /re-zer-vo-vat/ v. reserve, book
rezignovat /re-zig-no-vat/ v. resign
rezoluce /re-zo-lu-tse/ f. resolution
režim /re-zhim/ m. regime

režisér /re-zhi-zér/ m. stage manager, /film/ director
riskovat /ris-ko-vat/ v. risk, run the risk
robot /ro-bot/ m. kitchen robot, mixer, /machine/
roční /roch-nyee/ adj. annual
rod /rot/ m. genus, race, kin, gender
rodiče /ro-dyi-che/ pl. parents
rodina /ro-dyi-na/ f. family
rodit /ro-dyit/ v. bear, yield, crop, give birth
roh /rokh/ m. horn, corner
rohlík /roh-leek/ m. roll
rohož /ro-hozh/ f. mat
rok /rok/ m. year
rokle /rok-le/ f. gorge
role /ro-le/ f. role, part
rolník /rol-nyeek/ m. farmer
román /ro-mán/ m. novel
romantický /ro-man-tits-kee/ adj. romantic
ropa /ro-pa/ f. crude oil
rosa /ro-sa/ f. dew
rostlina /rost-li-na/ f. plant
roštěná /rosh-tye-ná/ f. stewed steak
roura /row-ra/ f. pipe, tube

rovina /ro-vi-na/ f. plain, flat, level, plane
rovnat /rov-nat/ v. put in order, arrange
rovnat se /rov-nat se/ v. straighten /up/, equal, compare to
rovně /rov-nye/ adv. straight
rovník /rov-nyeek/ m. equator
rovnoprávnost /rov-no-práv-nost/ f. equal rights
rovnováha /rov-no-vá-ha/ f. balance
rovný /rov-nee/ adj. straight, upright, level, equal, even
rozbalit /roz-ba-lit/ v. unpack
rozbít /roz-beet/ v. break, smash
rozbor /roz-bor/ m. analyzis
rozčilení /roz-chi-le-nyee/ n. excitement
rozčilit se /roz-chi-lit se/ v. get excited, lose one's temper, make a fuss
rozdat /roz-dat/ v. give away, distribute
rozdělat /roz-dye-lat/ v. undo, mix, make
rozdělit /roz-dye-lit/ v. distribute, divide
rozdíl /roz-dyeel/ m. difference, distinction
rozebrat /ro-ze-brat/ v. take to pieces, take apart, dismantle, analyze
rozehnat /ro-ze-hnat/ v. dispel, disperse, scatter

rozejít se /ro-ze-yeet se/ v. disperse, split, part, separate
rozeznat /ro-ze-znat/ v. distinguish, make out
rozházet /roz-há-zet/ v. scatter, squander, disarrange
rozhlas /roz-hlas/ m. radio, wireless, broadcasting
rozhled /roz-hlet/ m. view, outlook
rozhodně /roz-hod-nye/ adv. definitely, certainly, by all means
rozhodnout /roz-hod-nowt/ v. decide, determine
rozhodnutí /roz-hod-nu-tyee/ n. decision
rozhovor /roz-ho-vor/ m. talk, conversation, interview
rozchod /roz-khot/ m. separation, parting
rozjet se /roz-yet se/ v. start, get going, go away, set to
rozkaz /roz-kas/ m. order
rozkázat /roz-ká-zat/ v. order
rozklad /roz-klat/ m. decay
rozkoš /roz-kosh/ f. delight, passion
rozkošný /roz-kosh-nee/ adj. lovely, delightful
rozkrájet /roz-krá-yet/ v. cut to pieces
rozkvést /roz-kvést/ v. come into bloom, blossom

rozkvět /roz-kvyet/ m. bloom, prosperity
rozlámat /roz-lá-mat/ v. break
rozlít /roz-leet/ v. spill
rozloučení /roz-low-che-nyee/ n. farewell
rozloučit se /roz-low-chit se/ v. say good-bye, take leave
rozložit /roz-lo-zhit/ v. lay out, spread out, take to pieces, decay
rozluštit /roz-lush-tyit/ v. solve, decipher
rozmach /roz-makh/ m. sway, boom
rozmanitost /roz-ma-nyi-tost/ f. variety, diversity
rozmazlit /roz-maz-lit/ v. spoil
rozměnit /roz-mnye-nyit/ v. change /money/
rozměr /roz-mnyer/ m. dimension
rozmluva /roz-mlu-va/ f. talk, conversation
rozmluvit /roz-mlu-vit/ v. dissuade from, talk out of
rozmnožit /roz-mno-zhit/ v. increase, multiply
rozmrazit /roz-mra-zit/ v. defrost
rozmyslit si /roz-mis-lit si/ v. think over
rozmyslit se /roz-mis-lit se/ v. change one's mind

roznášet /roz-ná-shet/ v. distribute, deliver

rozpačitý /roz-pa-chi-tee/ adj. embarrassed, puzzled, confused

rozpadat se /roz-pa-dat se/ v. crumble, dilapidate, fall down

rozpínavost /roz-pee-na-vost/ f. expansion, expansiveness

rozpočet /roz-po-chet/ m. budget

rozpůlit /roz-poo-lit/ v. cut in half

rozpustilý /roz-pus-tyi-lee/ adj. naughty

rozpustit /roz-pus-tyit/ v. dissolve, dismiss

rozpustný /roz-pust-nee/ adj. soluble

rozruch /roz-rukh/ m. stir, commotion, fuss

rozrušit /roz-ru-shit/ v. upset, perturb, agitate

rozsah /roˊ-sakh/ m. extent, range

rozsekat /roˊ-se-kat/ v. cut, cut up

rozsudek /roˊ-su-dek/ m. judgment, sentence, verdict

rozsvítit /roˊ-svee-tyit/ v. switch/turn on the light

rozsypat /roˊ-si-pat/ v. spill

rozšířit /roz-shee-rzhit/ v. spread, extend, increase

roztát /roz-tát/ v. thaw

roztlouci /roz-tlow-tsi/ v. break to pieces

roztok /roz-tok/ m. solution

roztomilý /roz-to-mi-lee/ adj. sweet, cute, nice

roztrhat /roz-tr-hat/ v. tear up

roztržitý /roz-tr-zhi-tee/ adj. absent-minded

rozum /ro-zum/ m. mind, intellect, reason, understanding, brains

rozumět /ro-zu-mnyet/ v. understand, get, know

rozumný /ro-zum-nee/ adj. reasonable, sensible, rational

rozvázat /roz-vá-zat/ v. undo, untie

rozveselit se /roz-ve-se-lit se/ v. cheer up

rozvést se /roz-vést se/ v. have a divorce

rozvinout /roz-vi-nowt/ v. unfold, develop

rozvod /roz-vot/ m. divorce

rozvoj /roz-voy/ m. development

rozvrh /roz-vrkh/ m. schedule, time-table

rozzlobit /roz-lo-bit/ v. make/get angry

rtěnka /r̂tyen-ka/ f. lipstick

rtuť /řtuť/ f. mercury
rub /rup/ m. wrong side, reverse side
ručit /ru-chit/ v. warant, guarantee, stand for
ručník /ruch-nyeek/ m. towel
rudý /ru-dee/ adj. /dark/ red
ruch /rukh/ m. rush, bustle, traffic
ruka /ru-ka/ f. hand, arm
rukáv /ru-káf/ m. sleeve
rukavice /ru-ka-vi-tse/ f. glove
rukopis /ru-ko-pis/ m. hand/writing/, manuscript
rum /rum/ m. rum
růst /roost/ v. grow, grow up
rušit /ru-shit/ v. interfere, disturb, trouble, jam /broadcast/
rušný /rush-nee/ adj. busy
různý /rooz-nee/ adj. different, various
růže /roo-zhe/ f. rose
růžový /roo-zho-vee/ adj. pink, rosy
rvačka /rvach-ka/ f. fight, brawl
ryba /ri-ba/ f. fish
rybář /ri-bárzh/ m. fisherman
rybník /rib-nyeek/ m. pond, small lake
rýč /reech/ m. spade
rychle /rikh-le/ adv. fast, quickly, quick
rychlost /rikh-lost/ f. speed, gear

rým /reem/ m. rhyme

rýma /ree-ma/ f. cold

rys /ris/ m. feature, trait, outline

rýsovat /ree-so-vat/ v. draw, outline

rýt /reet/ v. dig, engrave, nag

rytíř /ri-tyeerzh/ m. knight

rytmus /rit-mus/ m. rhythm

ryzí /ri-zee/ adj. pure

rýže /ree-zhe/ f. rice

- . -

řád /rzhát/ m. order, rules, regulations

řada /rzha-da/ f. row, series, set, succession

řádek, řádka /rzhá-dek, rzhát-ka/ m., f. line

řadit /rzha-dyit/ v. line up, arrange, order, rank, file, change gear

řádný /rzhád-nee/ adj. proper, upright, honest

řasa /rzha-sa/ f. eyelash, seaweed

řeč /rzhech/ f. language, tongue, speech

ředit /rzhe-dyit/ v. dilute, thin

ředitel /rzhe-dyi-tel/ m. director, manager, /school/ principal, headmaster

řeka /rzhe-ka/ f. river

řemen /rzhe-men/ m. strap, strop, belt

řemeslník /rzhe-me-sl-nyeek/ m. craftsman, artisan

řemeslo /rzhe-mes-lo/ n. /handi/craft

řepa /rzhe-pa/ f. beet, beet-root

řešení /rzhe-she-nyee/ n. solution

řešit /rzhe-shit/ v. work out,/try to/ solve

řetěz /rzhe-tyes/ m. chain

řev /rzhef/ m. roar

řez /rzhes/ m. cut, slash, slice

řezat /rzhe-zat/ v. cut, saw

řezník /rzhez-nyeek/ m. butcher

říci /rzhee-tsi/ v. say, tell

řidič /rzhi-dyich/ m. driver

řidičský průkaz /rzhi-dyich-skee proo-kaz/ m. driving licence

řídit /rzhee-dyit/ v. direct, manage, run, control, drive

řídký /rzheet-kee/ adj. thin, rare, uncommon, scarce

říjen /rzhee-yen/ m. October

říše /rzhee-she/ f. empire

řízek /rzhee-zek/ m. crumbed /veal, pork/ steak/cutlet

řízení /rzhee-ze-nyee/ n. direction, management, procedure, control, steering

řvát /rzhvát/ v. roar, bawl

s, se /s, se/ prep. with, off, and
sáček /sá-chek/ m. bag
sad /sat/ m. orchard
sada /sa-da/ f. set
sádlo /sád-lo/ n. fat, lard
sádra /sád-ra/ f. plaster
sáhnout /sá-hnowt/ v. reach /to, up,down, out, at/, touch, finger, put one's hand
sako /sa-ko/ n. jacket
sál /sál/ m. hall
salám /sa-lám/ m. sausage, salami
salát /sa-lát/ m. salad, lettuce
sám /sám/ pron., adj. alone, on one's own, by oneself, -self /myself, yourself.../ lonely
samec /sa-mets/ m. male
samet /sa-met/ m. velvet
samice /sa-mi-tse/ f. female
samoobsluha /sa-mo-ob-slu-ha/ f. self--service, supermarket
samostatnost /sa-mo-stat-nost/ f. independence
samostatný /sa-mo-stat-nee/ adj. independent
samota /sa-mo-ta/ f. solitude, loneliness
samotný /sa-mot-nee/ adj. alone, lonely
samozřejmě /sa-mo-zrzhey-mnye/ adv. naturally, of course

samozřejmý /sa-mo-zrzhey-mee/ adj. self-evident, obvious
samý /sa-mee/ adj. very, nothing but
sandál /san-dál/ m. sandal
sáně /sá-nye/ pl. sledge
sanitní /sa-nit-nyee/ adj. sanitary
sanitní vůz /sa-nit-nyee voos/ m. ambulance /car/
sardinka /sar-din-ka/ f. sardine
sát /sát/ v. suck, absorb, breathe in
sazba /saz-ba/ f. rate, tariff
sázet /sá-zet/ v. plant, set up, stake, bet
sázka /sás-ka/ f. stake, bet
sběračka /sbye-rach-ka/ f. skimmer, ladle
sběratel, -ka /sbye-ra-tel, -ka/ m., f. collector
sbírat /sbee-rat/ v. collect, gather, skim
sbírka /sbeer-ka/ f. collection
sblížit se /sblee-zhit se/ v. get closer, become friends
sbohem /sbo-hem/ int. good-bye, farewell
sbor /sbor/ m. choir, chorus, staff, corps
scéna /stsé-na/ f. scene, stage
sčítání /schee-tá-nyee/ n. addition

sdělení /sdye-le-nyee/ n. communication, message

sdělit /sdye-lit/ v. inform, let know, notify

sdružení /sdru-zhe-nyee/ n. association

se, si /se, si/ pron. -self, oneself

sebedůvěra /se-be-doo-vye-ra/ f. self-confidence

sebevědomí /se-be-vye-do-mee/ n. self-confidence

sebevědomý /se-be-vye-do-mee/ adj. self-confident

sebevražda /se-be-vrazh-da/ f. suicide

sebrat /seb-rat/ v. pick up, grab, pinch

sečíst /se-cheest/ v. add up, figure

sedadlo /se-dad-lo/ n. seat

sedět /se-dyet/ v. sit

sedlák /sed-lák/ m. farmer, peasant

sedm /se-dum/ num. seven

sedmdesát /se-dum-de-sát/ num. seventy

sedmikrása /sed-mi-krá-sa/ f. daisy

sedmnáct /se-dum-nátst/ num. seventeen

sednout si /sed-nowt si/ v. sit down, take a seat

sehnat /se-hnat/ v. get, raise

sehnout se /se-hnowt se/ bend down,stoop

sejít /se-yeet/ v. walk down, leave the road, grow shabby

sejít se /se-yeet se/ v. meet
sekaná /se-ka-ná/ f. meat-loaf
sekat /se-kat/ v. cut, chop, mow
sekce /sek-tse/ f. section
sekera /se-ke-ra/ f. axe
sekretář, -ka /se-kre-tárzh, -ka/ m., f. secretary
sem /sem/ adv. here
semafor /se-ma-for/ m. semaphore, traffic light/s/
semeno /se-me-no/ n. seed
semestr /se-mes-tr/ m. semester, term
sen /sen/ m. dream
senát /se-nát/ m. senate
seno /se-no/ n. hay
senzace /sen-za-tse/ f. sensation
série /sé-ri-ye/ f. set, series
seriózní /se-ri-yóz-nyee/ adj. respectable, reliable
servírka /ser-veer-ka/ f. waitress
servírovat /ser-vee-ro-vat/ v. serve
servis /ser-vis/ m. service
seřídit /se-rzhee-dyit/ v. adjust, regulate, set
sesadit /se-sa-dyit/ v. take down, remove
sestava /ses-ta-va/ f. group, arrangement
sestavit /se-sta-vit/ v. make up, compile, assamble, arrange, draw up

sestra /ses-tra/ f. sister, /hospital/ nurse

sestřenice /ses-trzhe-nyi-tse/ f. cousin

sestup /ses-tup/ m. descent, fall

sešit /se-shit/ m. notebook, exercise--book

sešlý /se-shlee/ adj. shabby, decrepit

setkání /set-ká-nyee/ n. meeting

setřít /se-trzheet/ v. wipe off

sever /se-ver/ m. north

severní /se-ver-nyee/ adj. north, nothern

sevřít /se-vrzheet/ v. clasp, grip, close, press

sexuální /se-xu-ál-nyee/ adj. sexual

seznam /sez-nam/ m. list

seznámit /se-zná-mit/ v. acquaint,make/get acquainted, introduce

sezóna /se-zó-na/ f. season

shledání /skhle-dá-nyee/ n. meeting again, reunion,

na shledanou /na skhle-da-now/ see you later, so long, bye,bye

shnilý /skhnyi-lee/ adj. rotten

shoda /skho-da/ f. agreement, conformity, coincidence

shodit /skho-dyit/ v. throw down, cast off, shed, lose

shodnout se /skhod-nowt se/ v. agree
shodný /skhod-nee/ adj. identical
shon /skhon/ m. rush
shora /zho-ra/ adv. from above
shořet /skho-rzhet/ v. be/get burnt
shovívavý /skho-vee-va-vee/ adj. indulgent, tolerant
shromáždění /skhro-mázh-dye-nyee/ n. gathering, meeting, rally
scházet /skhá-zet/ v. go/walk down, be missing, be absent
schod /skhot/ m. step, stair
schodiště /skho-dyish-tye/ n. stairs, staircase
schopnost /skhop-nost/ f. ability, competence, capacity
schopný /skhop-nee/ adj. able, capable, competent, fit
schovat /skho-vat/ v. hide, put aside
schránka /skhrán-ka/ f. box,/letter-box/
schůzka /skhoos-ka/ f. meeting, appointment, date
schválit /skhvá-lit/ v. approve, pass, endorse
schválně /skhvál-nye/ adv. on purpose, deliberately
sice /si-tse/ conj. or else, though, it is true, but...

sídliště /see-dlish-tye/ n. housing estate/development
signál /sig-nál/ m. signal, traffic light
síla /see-la/ f. strength, power, force
silnice /sil-nyi-tse/ f. road, highway
silný /sil-nee/ adj. strong, powerful, keen, sturdy, heavy
silvestr /sil-ves-tr/ m. New Year's Eve
síň /seen^y/ f. hall
sirka /sir-ka/ f. match
sirotek /si-ro-tek/ m. orphan
sirup /si-rup/ m. syrup
sít /seet/ v. sow
síť /seet^y/ f. net, network
síto /see-to/ n. sieve
situace /si-tu-a-tse/ f. situation
sjednotit /syed-no-tyit/ v. unite, unify
sjezd /syest/ m. congress, convention
skála /ská-la/ f. rock
skandál /skan-dál/ m. scandal
sklad /sklat/ m. stock
skládat /sklá-dat/ v. fold, compose, stack
skládat se /sklá-dat se/ v. be composed, consist
skladatel /skla-da-tel/ m. composer
skladiště /skla-dyish-tye/ n. warehouse
skleněný /skle-nye-nee/ adj. glass

sklenice /skle-nyi-tse/ f. glass, tumbler, goblet
sklep /sklep/ m. cellar
sklidit /skli-dyit/ v. remove, clear away, gather, harvest
sklizeň /skli-zenʸ/ f. harvest, crop
sklo /sklo/ n. glass
sklon /sklon/ m. slope, slant, inclination, tendency
sklonit /sklo-nyit/ v. bend, recline, bow
skoba /sko-ba/ f. hook
skočit /sko-chit/ v. jump, spring, skip, leap, butt in
skok /skok/ m. jump, spring, skip, leap
skončit /skon-chit/ v. end /up/, be over, finish, be through with
skopové /sko-po-vé/ n. mutton
skoro /sko-ro/ adv. almost, nearly, hardly, rather
skořápka /sko-rzháp-ka/ f. shell
skořice /sko-rzhi-tse/ f. cinnamon
skrčit se /skr-chit se/ v. stoop, duck
skromný /skrom-nee/ adj. modest
skrývat se /skree-vat se/ v. hide
skrze /skr-ze/ adv. through
skříň /skrzheenʸ/ f. wardrobe, case, cabinet, cupboard

skříňka /skrzheen-ka/ f. box, locker
skřivan /skrzhi-van/ m. skylark
skupina /sku-pi-na/ f. group
skutečně /sku-tech-nye/ adv. really, indeed
skutečnost /sku-tech-nost/ f. reality, fact, matter of fact
skutečný /sku-tech-nee/ adj. real, actual
skutek /sku-tek/ m. act, deed
skvělý /skvye-lee/ adj. brilliant, splendid,wonderful
skvrna /skvr-na/ f. stain, spot, patch
slabikovat /sla-bi-ko-vat/ v. spell
slábnout /sláb-nowt/ v. grow weak, weaken
slabost /sla-bost/ f. weakness, indulgence in
slabý /sla-bee/ adj. weak, thin, poor
sladit /sla-dyit/ v. sweeten, put sugar in, harmonize, match /colors/
sladký /slat-kee/ adj. sweet
sláma /slá-ma/ f. straw
slaneček /sla-ne-chek/ m. pickled herring
slanina /sla-nyi-na/ f. bacon
slaný /sla-nee/ adj. salty
sláva /slá-va/ f. fame, glory
slavík /sla-veek/ m. nightingale
slavit /sla-vit/ v. celebrate

slavnost /slav-nost/ f. celebration, ceremony, festival
slavný /slav-nee/ adj. famous, celebrated, glorious
slečna /slech-na/ f. miss, Miss /Smith/, young lady
sledovat /sle-do-vat/ v. watch, follow, pursue
slepice /sle-pi-tse/ f. hen
slepičí polévka /sle-pi-chee po-léf-ka/ f. chicken soup
slepý /sle-pee/ adj. blind
sleva /sle-va/ f. reduction, discount, rebate
slevit /sle-vit/ v. deduct, make a reduction, reduce
slezina /sle-zi-na/ f. spleen
slib /slip/ m. promise
slíbit /slee-bit/ v. make a promise
slina /sli-na/ f. saliva, spittle
slitovat se /sli-to-vat se/ v. have pity, have mercy
slivovice /sli-vo-vi-tse/ f. plum brandy
sloh /slokh/ m. style, composition
slon /slon/ m. elephant
slonovina /slo-no-vi-na/ f. ivory
sloup /slowp/ m. post, pole, column

sloužit /slow-zhit/ v. serve, attend
Slovák /Slo-vák/ m. Slovak
Slovan /Slo-van/ m. Slav
Slovenka /Slo-ven-ka/ f. Slovak woman
Slovensko /Slo-ven-sko/ n. Slovakia
slovník /slov-nyeek/ m. dictionary
slovo /slo-vo/ n. word
složit /slo-zhit/ v. put together, set up, fold up, put/take down, deposit
složitý /slo-zhi-tee/ adj. complicated
sluha /slu-ha/ m. servant, attendant
sluch /slukh/ m. hearing
slunce /slun-tse/ n. sun
sluneční světlo /slu-nech-nyee svyet-lo/ n. sunshine
slunečnice /slu-nech-nyi-tse/ f. sunflower
slunit se /slu-nyit se/ v. sun-bathe, bask
slupka /slup-ka/ f. skin, peel
slušet /slu-shet/ v. suit, fit, become
slušný /slush-nee/ adj. proper, decent, nice, fair
služba /sluzh-ba/ f. service, duty, favor
služebná /slu-zheb-ná/ f. maid
slyšet /sli-shet/ v. hear
slza /sl-za/ f. tear
smát se /smát se/ v. laugh, smile

smazat /sma-zat/ v. wipe off, wipe out
smažený /sma-zhe-nee/ adj. fried
smělý /smye-lee/ adj. daring
směnárna /smye-nár-na/ f. exchange office
směnit /smye-nyit/ v. exchange
směr /smyer/ m. direction, way, trend
směs /smyes/ f. mixture
směšný /smyesh-nee/ adj. ridiculous, absurd, funny
smět /smyet/ v. be allowed to, may
smeták /sme-ták/ m. broom
smetana /sme-ta-na/ f. cream
smetí /sme-tyee/ n. sweepings, garbage, rubbish
smetiště /sme-tyish-tye/ n. dump, junk yard
smích /smeekh/ m. laughter, laughing
smířit /smee-rzhit/ v. reconcile
smíšený /smee-she-nee/ adj. mixed
smlouva /smlow-va/ f. contract, treaty
smlouvat /smlow-vat/ v. bargain, arrange
smrad /smrat/ m. stink, stench
smrk /smrk/ m. spruce, /fir/
smrt /smrt/ f. death
smrtelný /smr-tel-nee/ adj. mortal, fatal, deadly
smůla /smoo-la/ f. pitch, bad luck
smutek /smu-tek/ m. grief, sadness, sorrow, mourning

smutný /smut-nee/ adj. sad
smyk /smik/ m. skid
smysl /smi-sl/ m. sence
snad /snat/adv. perhaps, maybe, possibly
snadný /snad-nee/ adj. easy
snaha /sna-ha/ f. endeavor, effort
snášenlivý /sná-shen-li-vee/ adj.tolerant
snášet /sná-shet/ v. bear, tolerate, endure, stand, lay /eggs/
sňatek /snya-tek/ m. marriage, wedding
snažit se /sna-zhit se/ v. try hard, be anxious, do one's best
sněhový /snye-ho-vee/ adj. snow
sněhulák /snye-hu-lák/ m. snow man
sněmovna /snye-mov-na/ f. the house, parliament
snesitelný /sne-si-tel-nee/ adj. bearable
sněženka /snye-zhen-ka/ f. snowdrop
sněžit /snye-zhit/ v. snow
snídaně /snyee-da-nye/ f. breakfast
snídat /snyee-dat/ v. have breakfast
sníh /snyeekh/ m. snow, /egg white/
sníst /snyeest/ v. eat up, finish eating
snít /snyeet/ v. dream, have dreams
snížit /snyee-zhit/ v. lower, bring down, cut, reduce /price/, humiliate
snoubenec /snow-be-nets/ m. fiancé

snoubenka /snow-ben-ka/ f. fiancée
sobec /so-bets/ m. egoist
sobecký /so-bets-kee/ adj. selfish
sobota /so-bo-ta/ f. Saturday
socialismus /so-tsi-ya-liz-mus/ m. socialism
sociální /so-tsi-yál-nyee/ adj. social
sodovka /so-dof-ka/ f. soda /water/
socha /so-kha/ f. statue
sochař /so-kharzh/ m. sculptor
sok /sok/ m. rival
sokol /so-kol/ m. falcon
solidarita /so-li-da-ri-ta/ f. solidarity
solit /so-lit/ v. salt
sopka /sop-ka/ f. volcano
sosna /sos-na/ f. pine
sotva /sot-va/ adv. hardly, conj. as soon as, no sooner...than
soucit /sow-tsit/ m. pity
soucitný /sow-tsit-nee/ adj. sympathetic
současně /sow-chas-nye/ adv. at the same time
současný /sow-chas-nee/ adj. contemporary, simultaneous, present-day
součást, -ka /sow-chást, -ka/ f. part, component
soud /sowt/ m. trial, court /of law/, judgment

soudce /sowt-tse/ m. judge, magistrate, /sport/ referee, umpire
soudit /sow-dyit/ v. try, put on trial, judge, gather
soudruh /sow-drukh/ m. comrade
souhlas /sow-hlas/ m. consent, agreement, approval, conformity
souhlasit /sow-hla-sit/ v. agree, approve, consent
soukromí /sow-kro-mee/ n. privacy
soukromý /sow-kro-mee/ adj. private
soulad /sow-lat/ m. harmony
soumrak /sow-mrak/ m. dusk, twilight
soupeř /sow-perzh/ m. opponent, rival
souprava /sow-pra-va/ f. set, suite
sourozenci /sow-ro-zen-tsi/ pl. brothers and sisters
soused, -ka /sow-sed, -ka/ m., f. neighbor
sousední /sow-sed-nyee/ adj. neighboring, next-door
soustavný /sow-stav-nee/ adj. systematic
soustrast /sow-strast/ f. sympathy, condolences
soustředit se /sow-strzhe-dyit se/ v. concentrate
souš /sowsh/ f. /dry/ land

soutěž /sow-tyezh/ f. competition, contest

soutěžit /sow-tye-zhit/ v. compete

souviset /sow-vi-set/ v. cohere, be connected

souvislý /sow-vis-lee/ adj. coherent, continuous

sova /so-va/ f. owl

spadnout /spad-nowt/ v. fall down, fall off

spáchat /spá-khat/ v. commit

spála /spá-la/ f. scarlet fever

spálit /spá-lit/ v. burn, cremate

spalničky /spal-nyich-ki/ pl. measles

spánek /spá-nek/ m. sleep

spát /spát/ v. sleep

spatřit /spat-rzhit/ v. see

speciální /spe-tsi-yál-nyee/ adj. special

spěch /spyekh/ m. haste, hurry

spiknutí /spik-nu-tyee/ n. conspiracy

spisovatel, -ka /spi-so-va-tel, -ka/ m., f. writer, author

spíše /spee-she/ adv. rather

spláchnout /splákh-nowt/ v. flush, rinse off

splátka /splát-ka/ f. instalment

splést /splést/ v. confuse, make a mistake

splnit /spl-nyit/ v. fulfil, do, grant
spočítat /spo-chee-tat/ v. count
spodek /spo-dek/ m. bottom
spodky /spot-ki/ pl. briefs, underpants
spodní /spod-nyee/ adj. bottom, lower
spojenec /spo-ye-nets/ m. ally
spojení /spo-ye-nyee/ n. connection, combination, communication
spojený /spo-ye-nee/ adj. united, combined
spojit /spo-yit/ v. connect, link, unite, combine, join
spojka /spoy-ka/ f. /car/ clutch
spokojenost /spo-ko-ye-nost/ f. satisfaction, content
spokojený /spo-ko-ye-nee/ adj. satisfied, content
společenský /spo-le-chen-skee/ adj. social, sociable
společně /spo-lech-nye/ adv. together
společnost /spo-lech-nost/ f. company, community, society, party
společný /spo-lech-nee/ adj. common, joint
spolehlivý /spo-leh-li-vee/ adj. reliable
spolehnout se /spo-leh-nowt/ v. rely, depend on
spolek /spo-lek/ m. club, association

spolu /spo-lu/ adv. together, along
spolubydlící /spo-lu-bid-lee-tsee/ m. room-mate
spolupracovat /spo-lu-pra-tso-vat/ v. co-operate, collaborate
spolužák /spo-lu-zhák/ m. schoolmate
spona /spo-na/ f. clasp, buckle, slide
spor /spor/ m. dispute, argument, contention, controversy
sporák /spo-rák/ m. cooker
sporný /spor-nee/ adj. controversial, contentious, questionable
sport /sport/ m. sport
sportovec /spor-to-vets/ m. sportsman
spořit /spo-rzhit/ v. save /money/
spořitelna /spo-rzhi-tel-na/ f. savings bank
spotřeba /spot-rzhe-ba/ f. consumption
spotřebovat /spot-rzhe-bo-vat/ v. consume, use up
spousta /spow-sta/ f. plenty, lot, abundance
správa /sprá-va/ f. administration, management, repair
správce /spráf-tse/ m. janitor, caretaker, manager
spravedlivý /spra-ved-li-vee/ adj. just, fair

spravedlnost /spra-ve-dl-nost/ f. justice, fairness
spravit /spra-vit/ v. repair, mend
správný /správ-nee/ adj. right, correct
spravovat /spra-vo-vat/ v. repair, mend, manage, be in charge
sprcha /spr-kha/ f. shower
spropitné /spro-pit-né/ n. tip
sprostý /spros-tee/ adj. vulgar, dirty
srazit /sra-zit/ v. knock down, deduct, reduce, shrink /cloth/
srážka /srásh-ka/ f. clash, collision
srdce /srd-tse/ n. heart
srdečný /sr-dech-nee/ adj. cordial, hearty
srovnání /srov-ná-nyee/ n. comparison
srovnat /srov-nat/ v. compare, settle, arrange, level
srozumitelný /sro-zu-mi-tel-nee/ adj. intelligible, understandable
srpen /sr-pen/ m. August
srst /srst/ f. hair, fur
srub /srup/ m. log cabin
stabilní /sta-bil-nyee/ adj. stable
stačit /sta-chit/ v. be enough, be sufficient, keep up, last
stadión /sta-di-yón/ m. stadium

stáhnout /stá-hnowt/ v. pull down, take off, withdraw

stáj /stáy/ f. stable

stále /stá-le/ adv. always, all the time

stálý /stá-lee/ adj. constant, permanent, steady

stan /stan/ m. tent

standard /stan-dart/ m. standard

stánek /stá-nek/ m. stand, stall

stanice /sta-nyi-tse/ f. station, stop

stanovisko /sta-no-vis-ko/ n. standpoint, point of view

stanovit /sta-no-vit/ v. fix, determine, set/lay down

starat se /sta-rat se/ v. care, take care, look after

stárnout /stár-nowt/ v. grow old

starodávný /sta-ro-dáv-nee/ adj. old-time

staromódní /sta-ro-mód-nyee/ adj. old-fashioned

starost /sta-rost/ f. care, worry, anxiety, trouble, sorrow

starosta /sta-ros-ta/ m. mayor

starověký /sta-ro-vye-kee/ adj. ancient

starožitný /sta-ro-zhit-nee/ adj. antique

startovat /star-to-vat/ v. start, take off

starý /sta-ree/ adj. old
stařec /sta-rzhets/ m. old man
stařena /sta-rzhe-na/ f. old woman
stáří /stá-rzhee/ n. age, old age
stát /stát/ m. state, v. stand, stand still, be idle, care for, cost, be
stát se /stát se/ v. become, get, turn, happen, occur
statečnost /sta-tech-nost/ f. bravery, courage
statečný /sta-tech-nee/ adj. brave, courageous
statek /sta-tek/ m. estate, farm
statistika /sta-tis-ti-ka/ f. statistics
státní /stát-nyee/ adj. state
statný /stat-nee/ adj. robust, sturdy
stav /staf/ m. state, condition
stavba /stav-ba/ f. building, construction
stavět /sta-vyet/ v. stand, put, build, construct, stop
stavitel /sta-vi-tel/ m. builder
stávka /stáf-ka/ f. strike
stávkovat /stáf-ko-vat/ v. strike
stehno /steh-no/n. thigh
stěhovat /stye-ho-vat/ v. move, /re/move
stejně /stey-nye/ adv. in the same way, equally

stejný /stey-nee/ adj. the same, like, identical, equal
stěna /stye-na/ f. wall, side
stenografovat /ste-no-gra-fo-vat/ v. shorthand
sterilizovat /ste-ri-li-zo-vat/ v. sterilize
sterilní /ste-ril-nyee/ adj. sterile
stesk /stesk/ m. longing, homesickness
stevardka /ste-vart-ka/ f. air hostess
stezka /stes-ka/ f. path, trail
stěžovat si /stye-zho-vat si/ v. complain
stíhat /styi-hat/ v. prosecute, pursue, follow
stihnout /styih-nowt/ v. catch, catch up, be in time
stín /styeen/ m. shade, shadow
stínidlo /styee-nyid-lo/ n. lamp-shade
stipendium /sti-pen-di-yum/ n. scholarship, grant
stírač /styee-rach/ m. windscreen wiper
stisknout /styisk-nowt/ v. press, squeeze
stížnost /styeezh-nost/ f. complaint, claim
stlačit /stla-chit/ v. compress
stlát /stlát/ v. make the bed
sto /sto/ num. hundred

stočit /sto-chit/ v. roll up, wind up, twist, coil, turn
stodola /sto-do-la/ f. barn
stojan /sto-yan/ m. stand
stolek /sto-lek/ m. /little/ table
století /sto-le-tyee/ n. century
stonat /sto-nat/ v. be sick/ill
stopa /sto-pa/ f. footprint, track, trace, foot /measure/
stopovat /sto-po-vat/ v. trace, track
stoupat /stow-pat/ v. rise, go up
stožár /sto-zhár/ m. mast, pole
strach /strakh/ m. fear, fright, scare
strana /stra-na/ f. side, page, party, direction
straník /stra-nyeek/ m. party member
stránka /strán-ka/ f. page, aspect, respect, point
strašidlo /stra-shid-lo/ n. ghost
strašit /stra-shit/ v. frighten
strašný /strash-nee/ adj. awful, dreadful, terrible, ghastly
strava /stra-va/ f. food, diet
strávit /strá-vit/ v. digest, /time/ pass, spend
stráž /strázh/ f. guard, sentry
strážník /strázh-nyeek/ m. policeman

strhnout /str-hnowt/ v. tear down, pull down, deduct

strkat /str-kat/ v. push, poke, thrust, shove

stroj /stroy/ m. machine, engine

strojírenství /stro-yee-ren-stvee/ n. engineering

strojit se /stro-yit se/ v. dress, get dressed

strojní /stroy-nyee/ adj. machine

strom /strom/ m. tree

strop /strop/ m. ceiling

strouhanka /strow-han-ka/ f. bread-crumbs

strouhat /strow-hat/ v. grate /cheese/

stručný /struch-nee/ adj. brief, concise

struna /stru-na/ f. string

strýc, strýček /streets, stree-chek/ m. uncle

střed /strzhet/ m. center, middle

středa /strzhe-da/ f. Wednesday

středisko /strzhe-dyis-ko/ n. center, /health center/

střední /strzhed-nyee/ adj. central, middle, mean, medium

středověk /strzhe-do-vyek/ m. the Middle Ages

středověký /strzhe-do-vye-kee/ adj. medieval

střecha /strzhe-kha/ f. roof

střela /strzhe-la/ f. bullet, shell, missile, shot

střevíc /strzhe-veets/ m. shoe

střevo /strzhe-vo/ n. intestine /small, large/

stříbro /strzhee-bro/ n. silver

střídat /strzhee-dat/ v. change, alternate, take turns

stříhat /strzhee-hat/ v. cut, trim

stříkat /strzhee-kat/ v. sprinkle, spatter, spray

střílet /strzhee-let/ v. shoot, fire

střízlivý /strzhee-zli-vee/ adj. sober

student, -ka /stu-dent, -ka/ m., f. student

studený /stu-de-nee/ adj. cold

studna /stud-na/ f. well

studovat /stu-do-vat/ v. study

stuha /stu-ha/ f. ribbon, band, bow

stůl /stool/ m. table, desk

stupeň /stu-pen^y/ m. degree, grade, step

stupnice /stup-nyi-tse/ f. scale, dial

stvol /stvol/ m. stalk, stem

stvoření /stvo-rzhe-nyee/ n. creature, creation

stvůra /stvoo-ra/ f. monster

stydět se /sti-dyet se/ v. be ashamed of
stydlivý /sti-dli-vee/ adj. shy, bashful
styk /stik/ m. intercourse, contact, touch
stýkat se /stee-kat se/ v. be in contact, associate, mix
styl /stil/ m. style
stýskat si /stees-kat si/ v. feel lonely, be homesick
sud /sut/ m. barrel
sudý /su-dee/ adj. even /number/
suchar /su-khar/ m. cracker, biscuit
sucho /su-kho/ n. dry /weather/, drought
suchý /su-khee/ adj. dry
sukně /suk-nye/ f. skirt
sůl /sool/ f. salt
suma /su-ma/ f. sum /of money/
sundat /sun-dat/ v. take off/down, undo
sup /sup/ m. vulture
surovina /su-ro-vi-na/ f. raw material
surový /su-ro-vee/ adj. raw, crude, brutal, cruel, severe
sušenka /su-shen-ka/ f. cookie, biscuit
sušit /su-shit/ v. dry
suterén /su-te-rén/ m. basement
svačina /sva-chi-na/ f. snack
svah /svakh/ m. slope

sval /sval/ m. muscle
svalit /sva-lit/ v. roll down, blame
svatba /svat-ba/ f. wedding
svátek /svá-tek/ m. holiday, name-day
svatý /sva-tee/ adj. holy
svaz /svas/ m. federation, union, association
svázat /svá-zat/ v. tie, bind /up/
svazek /sva-zek/ m. bunch, volume, alliance
svědčit /svyed-chit/ v. witness, give evidence, testify, agree
svědectví /svye-dets-tvee/ n. testimony, evidence
svědek /svye-dek/ m. witness
svědomí /svye-do-mee/ n. conscience
svědomitý /svye-do-mi-tee/ adj. conscientious
svěřit /svye-rzhit/ v. confide, entrust
svést /svést/ v. mislead, lead astray, seduce, blame, manage
svět /svyet/ m. world
světadíl /svye-ta-dyeel/ m. continent
světlo /svyet-lo/ n. light
světlý /svyet-lee/ adj. light, bright
světový /svye-to-vee/ adj. world /-wide, -known/

svetr /sve-tr/ m. pullover, jumper, sweater

světský /svyet-skee/ adj. worldly, secular

svézt /svést/ v. bring down, take along, give a ride/lift

svěží /svye-zhee/ adj. fresh

svíce, svíčka /svee-tse, sveech-ka/ f. candle

svíčková /sveech-ko-vá/ f. sirloin /beef/

svislý /svis-lee/ adj. perpendicular

svítání /svee-tá-nyee/ n. dawn

svítilna /svee-tyil-na/ f. lantern, lamp

svítit /svee-tyit/ v. light, shine

svléci /svlé-tsi/ v. take off, strip, undress

svoboda /svo-bo-da/ f. freedom, liberty

svobodný /svo-bod-nee/ adj. free, single, unmarried

svolat /svo-lat/ v. convene, call

svolit /svo-lit/ v. consent, comply, agree

svrhnout /svr-hnowt/ v. throw down, overthrow

svrchovanost /svr-kho-va-nost/ f. sovereignty, supremacy

svůdný /svood-nee/ adj. tempting, seductive

svůj /svooy/ pron. mine, yours, his, hers, its .... , own
symbol /sim-bol/ m. symbol
symfonie /sim-fo-ni-ye/ f. symphony
sympatický /sim-pa-tits-kee/ adj. nice, pleasant
sympatizovat /sim-pa-ti-zo-vat/ v. sympathize, side with
syn /sin/ m. son
synovec /si-no-vets/ m. nephew
sypat /si-pat/ v. shower, sprinkle
sýr /seer/ m. cheese
syrový /si-ro-vee/ adj. raw
systém /sis-tém/ m. system
sytý /si-tee/ adj. replete, full, substantial

- . -

šachy /sha-khi/ pl. chess
šála /shá-la/ f. scarf
šálek /shá-lek/ m. cup
šampon /sham-pon/ m. shampoo
šašek /sha-shek/ m. fool, jester, clown
šátek /shá-tek/ m. scarf
šatna /shat-na/ f. locker room, cloak-room
šatník /shat-nyeek/ m. wardrobe

šaty /sha-ti/ pl. clothes, dress
šedesát /she-de-sát/ num. sixty
šedivý /she-dyi-vee/ adj. grey
šéf /shéf/ m. principal, chief, boss
šek /shek/ m. check
šelma /shel-ma/ f. beast
šeptat /shep-tat/ v. whisper
šerm /sherm/ m. fencing
šero /she-ro/ n. dusk, twilight
šeřík /she-rzheek/ m. lilac
šest /shest/ num. six
šestnáct /shest-nátst/ num. sixteen
šetřit /shet-rzhit/ v. save, put by, economize, spare
šev /shef/ m. seam
šibenice /shi-be-nyi-tse/ f. gallows
šikmý /shik-mee/ adj. oblique, slanting
šikovný /shi-kov-nee/ adj. handy, fit, smart, competent
šílenství /shee-len-stvee/ n. madness, frenzy, insanity
šílený /shee-le-nee/ adj. mad, insane
šilhat /shil-hat/ v. squint
šimrat /shim-rat/ v. tickle, tingle
šíp /sheep/ m. arrow
široký /shi-ro-kee/ adj. wide, broad
šířit se /shee-rzhit se/ v. spread, enlarge

šířka /sheerzh-ka/ f. width, latitude
šiška /shish-ka/ f. cone
šít /sheet/ v. sew
škádlit /shkád-lit/ v. tease
škeble /shkeb-le/ f. shell
škoda /shko-da/ f. damage, harm, /it is / a pity
škodit /shko-dyit/ v. do harm
škola /shko-la/ f. school
školení /shko-le-nyee/ n. training
školka /shkol-ka/ f. nursery, kindergarten
škrábat /shkrá-bat/ v. scratch, scrape
škrob /shkrop/ m. starch
škrtit /shkr-tyit/ v. strangle, choke
škrtnout /shkrt-nowt/ v. strike /a match/, cross out, delete
škytat /shki-tat/ v. hiccup
šlágr /shlá-gr/ m. hit, evergreen
šlapat /shla-pat/ v. tread, trample,pedal
šle /shle/ pl. suspenders, braces
šlehačka /shle-hach-ka/ f. whipped cream
šlehnout /shleh-nowt/ v. whip, lash, flash
šlechta /shlekh-ta/ f. nobility, aristocracy
šlechtic /shlekh-tyits/ m. nobleman

šmelinář /shme-li-nárzh/ m. profiteer
šněrovat /shnye-ro-vat/ v. lace /up/
šňůra /shnyoo-ra/ f. line, cord, string
šofér /sho-fér/ m. driver, chauffeur
šortky /short-ki/ pl. shorts
špaček /shpa-chek/ m. starling, butt,stub
špalek /shpa-lek/ m. log, block
špatně /shpat-nye/ adv. badly, wrong, /feel/ sick
špatný /shpat-nee/ adj. bad, wrong, poor, evil
špehovat /shpe-ho-vat/ v. spy
špenát /shpe-nát/ m. spinach
špendlík /shpen-dleek/ m. pin, safety-pin
šperk /shperk/ m. jewel
špička /shpich-ka/ f. point, tip, peak, toe
špína /shpee-na/ f. dirt, filth
špinavý /shpi-na-vee/ adj. dirty, filthy, soiled
špión, -ka /shpi-yón, -ka/ m., f. spy
špionáž /shpi-yo-názh/ f. espionage
šplhat /shpl-hat/ v. climb, swarm /up/
šroub /shrowp/ m. screw, bolt
šroubovák /shrow-bo-vák/ m. screwdriver
šroubovat /shrow-bo-vat/ v. screw
šťastný /shtyast-nee/ adj. lucky, happy, fortunate

šťáva /shtyá-va/ f. juice, gravy
štědrý /shtyed-ree/ adj. generous
Štědrý večer /Shtyed-ree ve-cher/ m.
  Christmas Eve
štěkat /shtye-kat/ v. bark
štěně /shtye-nye/ n. puppy
štěnice /shtye-nyi-tse/f. bug, bed-bug
štěstí /shtyes-tyee/ n. luck, happiness
štětec /shtye-tets/ m. brush
štětka /shtyet-ka/ f. brush
štíhlý /shtyee-hlee/ adj. slim, slender
štípat /shtyee-pat/ v. split, chop /wood/
štípnout /shtyeep-nowt/ v. pinch
štítit se /shtee-tyit se/ v. detest, take
  aversion to, loathe, shrink from
štvát /shtvát/ v. chase, hunt down, bully
šumět /shu-mnyet/ v. murmur, rustle, fizz
šunka /shun-ka/ f. ham
šváb /shváp/ m. cockroach
švadlena /shvad-le-na/ f. dressmaker,
  seamstress
švagr /shva-gr/ m. brother-in-law
švagrová /shva-gro-vá/ f. sister-in-law
švec /shvets/ m. shoemaker, cobbler
švestka /shvest-ka/ f. plum, prune
švihadlo /shvi-had-lo/ n. jumping/skip-
  ping rope
švihat /shvi-hat/ v. lash

tabák /ta-bák/ m. tobacco

tableta /ta-ble-ta/ f. tablet, pill

tábor /tá-bor/ m. camp

tabule /ta-bu-le/ f. board, panel, sheet, /window-/pane

tác /táts/ m. tray

tady /ta-di/ adv. here

tah /takh/ m. pull, move, draw

táhnout /táh-nowt/ v. pull, draw, tug, move, drag

tajemný /ta-yem-nee/ adj. mysterious

tejemství /ta-yem-stvee/ n. secret

tajný /tay-nee/ adj. secret

tak /tak/ adv. so, that, thus

také /ta-ké/ adv. also, too

takový /ta-ko-vee/ pron. such, like this/ that

takt /takt/ m. tact, /in music/ time, bar

taktní /takt-nyee/ adj. tactful

takto /tak-to/ adv. like this, in this way, thus

talent /ta-lent/ m. talent

talíř /ta-leerzh/ m. plate

talířek /ta-lee-rzhek/ m. dessert plate, saucer

tam /tam/ adv. there

tamhle /tam-hle/ adv. over there

tamten /tam-ten/ pron. that /over there/
tančit /tan-chit/ v. dance
tanec /ta-nets/ m. dance
tanečnice /ta-nech-nyi-tse/ f. dancer
tanečník /ta-nech-nyeek/ m. dancer
tank /tank/ m. tank
tapeta /ta-pe-ta/ f. wallpaper
taška /tash-ka/ f. bag, handbag, wallet
tát /tát/ v. thaw, melt
táta, tatínek /tá-ta, ta-tyee-nek/ m. dad, daddy
taxa /ta-xa/ f. tax, fee, rate, charge
taxi /ta-xi/ n. cab, taxi
taxikář /ta-xi-kárzh/ m. taxi-driver
tázat se /tá-zat se/ v. ask, inquire
téci /té-tsi/ v. flow, run, leak
tečka /tech-ka/ f. point, dot, full stop
teď /ted^y/ adv. now, nowadays, at present
tedy /te-di/ adv. then, so, consequently
tehdy /teh-di/ adv. at that time, in those days, then
těhotná /tye-hot-ná/f.adj. pregnant
technický /tekh-nits-kee/ adj. technical
technik /tekh-nik/ m. engineer, technician
tekutina /te-ku-tyi-na/ f. liquid, fluid
tele /te-le/ n. calf

telecí /te-le-tsee/ n. veal /roast/
telefon /te-le-fon/ m. telephone
telefonovat /te-le-fo-no-vat/ v. phone, call, ring up
telegrafovat /te-le-gra-fo-vat/ v. telegraph, wire, cable
telegram /te-le-gram/ m. telegram, cable, wire
tělesný /tye-les-nee/ adj. physical, bodily, manual /labor/
televize /te-le-vi-ze/ f. television, TV
televizor /te-le-vi-zor/ m. television set, TV set
tělo /tye-lo/ n. body
tělocvik /tye-lo-tsvik/ m. physical education, P.E., physical training, P.T.
téma /té-ma/ n. subject, topic
téměř /té-mnyerzh/ adv. almost, nearly
temperament /tem-pe-ra-ment/ m. temperament, disposition
tempo /tem-po/ n. pace, beat, tempo
ten, ta, to /ten, ta, to/ m. f. n. pron. the , that
tenis /te-nis/ m. tennis
tenkrát /ten-krát/ adv. at that time,then
tenký /ten-kee/ adj. thin
tento /ten-to/ pron. this, the latter

teorie /te-o-ri-ye/ f. theory
tep /tep/ m. pulse, beat
tepelný /te-pel-nee/ adj. heat, thermal
teplo /tep-lo/ n. warmth, heat
teploměr /tep-lo-mnyer/ m. thermometer
teplota /tep-lo-ta/ f. temperature
teplý /tep-lee/ adj. warm
teprve /te-pr-ve/ adv. only, not...till
termín /ter-meen/ m. term, deadline
teror /te-ror/ m. terror
tesař /te-sarzh/ m. carpenter
těsnopis /tyes-no-pis/ m. shorthand
těsný /tyes-nee/ adj. close, tight
test /test/ m. test
těsto /tyes-to/ n. dough, paste
těšit /tye-shit/ v. please, make happy
těšit se /tye-shit se/ v. enjoy, look forward to
teta, tetička /te-ta, te-tyich-ka/ f. aunt, auntie
texasky /te-xas-ki/ pl. /blue/ jeans
též /tézh/adv. also, too
těžký /tyezh-kee/ adj. heavy, difficult, hard
tchán /tkhán/ m. father-in-law
tchyně /tkhi-nye/ f. mother-in-law
ticho /tyi-kho/ n. silence, quiet

tichý /tyi-khee/ adj. silent, quiet, low, soft /voice/

tíseň /tyee-sen^y/ f. pressure, stress, distress

tisíc /tyi-seets/ num. thousand

tisk /tyisk/ m. print/ing/, press

tisknout /tyisk-nowt/ v. press, squeeze, print

titul /ti-tul/ m. title

tíže /tyee-zhe/ f. weight, heaviness, gravity

tkanička /tka-nyich-ka/ f. shoe-lace

tkanina /tka-nyi-na/ f. fabric, tissue

tkát /tkát/ v. weave

tlačenka /tla-chen-ka/ f. headcheese

tlačit /tla-chit/ v. press, push, pinch

tlačítko /tla-cheet-ko/ n. button

tlak /tlak/ m. pressure

tleskat /tles-kat/ v. applaud, clap

tlouci /tlow-tsi/ v. beat, strike, knock

tloustnout /tlowst-nowt/ v. get fat, put on weight

tlumočit /tlu-mo-chit/ v. interpret

tlumočník /tlu-moch-nyeek/ m. interpreter

tlustý /tlus-tee/ adj. thick, fat, stout, plump

tma /tma/ f. dark, darkness

tmavý /tma-vee/ adj. dark
to /to/ pron. it, that, /the thing, the stuff/
toaleta /to-a-le-ta/ f. toilet, robe
točit /to-chit/ v. turn, wind, roll, shoot /film/
tok /tok/ m. flow, stream
tolik /to-lik/ adv. so much, so/as many
tolikrát /to-li-krát/ adv. so many times, so often
tón /tón/ m. tone, shade
topení /to-pe-nyee/ n. heating
topinka /to-pin-ka/ f. toast
topit /to-pit/ v. heat
topit se /to-pit se/ v. be drowning
totiž /to-tyizh/ adv. namely, that is to say
totožnost /to-tozh-nost/ f. identity
totožný /to-tozh-nee/ adj. identical
touha /tow-ha/ f. longing, desire
toulat se /tow-lat se/ v. wander, stroll, ramble, go astray
toužit /tow-zhit/ v. long for
továrna /to-vár-na/ f. factory, plant
továrník /to-vár-nyeek/ m. manufacturer
tradice /tra-di-tse/ f. tradition
trafika /tra-fi-ka/ f. tobacconist's

tragédie /tra-gé-di-ye/ f. tragedy
tragický /tra-gits-kee/ adj. tragic
traktor /trak-tor/ m. tractor
trám /trám/ m. beam
tramvaj /tram-vay/ f. tram, street-car
transport /tran-sport/ m. transport
trápit /trá-pit/ v. trouble, worry,bother
trapný /trap-nee/ adj. painful, awkward
trať /trat^y/ f. track, line, route
tráva /trá-va/ f. grass
trávit /trá-vit/ v. digest, spend /time/
trávník /tráv-nyeek/ m. lawn
trefit /tre-fit/ v. hit, find one's way, guess right, choose well
tréma /tré-ma/ f. stage fright
trenér /tre-nér/ m. coach
treska /tres-ka/ f. cod, haddock
trest /trest/ m. punishment, penalty
trestanec /tres-ta-nets/ m. convict
trestat /tres-tat/ v. punish
trezor /tre-zor/ m. safe
trh /trkh/ m. market, fair
trhat /tr-hat/ v. tear, rip, pick /flowers, fruit/, break up/ down/ off, pull at, jerk
tričko /trich-ko/ n. top, T-shirt, vest
trik /trik/ m. trick

trn /trn/ m. thorn
trnka /trn-ka/ f. blackthorn, sloe /berry/
trochu /tro-khu/ adv. a little, a bit, slightly
trojúhelník /tro-yoo-hel-nyeek/ m. triangle
trolejbus /tro-ley-bus/ m. trolley bus
tropický /tro-pits-kee/ adj. tropical
trosky /tros-ki/ pl. ruins, debris, wreckage
trouba /trow-ba/ f. oven, m. fool, blockhead
troufat si /trow-fat si/ v. dare, be bold
trpaslík /tr-pas-leek/ m. dwarf, midget
trpělivost /tr-pye-li-vost/ f. patience
trpělivý /tr-pye-li-vee/ adj. patient
trpět /tr-pyet/ v. suffer, sustain, tolerate, stand for
trubka /trup-ka/ f. trumpet, tube, pipe
truchlit /trukh-lit/ v. mourn, grieve
trumf /trumf/ m. trump
trůn /troon/ m. throne
trvalý /tr-va-lee/ adj. lasting, permanent, persistent
trvat /tr-vat/ v. last, take, continue, insist on
tržnice /trzh-nyi-tse/ f. market hall, market place

třaskavina /trzhas-ka-vi-na/ f. explosive
třást /trzhást/ v. shake
třeba /trzhe-ba/ adv., conj. if necessary, perhaps, may be, though, although
třešeň /trzhe-shen^{y}/ f. cherry
tři /trzhi/ num. three
třicet /trzhi-tset/ num. thirty
třída /trzhee-da/ f. class, grade, form, class-room, avenue
třídit /trzhee-dyit/ v. sort, classify, grade
třináct /trzhi-nátst/ num. thirteen
tříska /trzhees-ka/ f. splinter, chip
třít /trzheet/ v. rub
tu /tu/ adv. here
tucet /tu-tset/ m. dozen
tučňák /tuch-nyák/ m. penguin
tučný /tuch-nee/ adj. fat
tudy /tu-di/ adv. this way
tuhý /tu-hee/ adj. stiff, solid, tough, severe /winter/
tuk /tuk/ m. fat, grease
ťukat /tyu-kat/ v. tap, knock
tulák /tu-lák/ m. tramp, hobo
tuleň /tu-len^{y}/ m. seal
tulipán /tu-li-pán/ m. tulip
tuna /tu-na/ f. ton

tunel /tu-nel/ m. tunnel

tupý /tu-pee/adj. blunt, dull, slow-witted

turista /tu-ris-ta/ m. tourist

tušit /tu-shit/ v. anticipate, suspect

tužka /tush-ka/ f. pencil

tvar /tvar/ m. form, shape

tvaroh /tva-rokh/ m. curd, cottage-cheese

tvář /tvárzh/ f. cheek, face

tvářit se /tvá-rzhit se/ v. look, make a face

tvor /tvor/ m. creature

tvořit /tvo-rzhit/ v. create, form, make

tvrdit /tvr-dyit/ v. assert, affirm, allege, claim

tvrdohlavý /tvr-do-hla-vee/ adj. obstinate, headstrong, pig-headed

tvrdý /tvr-dee/ adj. hard

tvůj /tvooy/ pron. your, yours

ty /ti/ pron. you /familiar/

tyč /tich/ f. bar, rod, pole

týden /tee-den/ m. week

tygr /ti-gr/ m. tiger

tykat si /ti-kat si/ v. be on familiar terms with somebody

týkat se /tee-kat se/ v. concern, refer, apply /to/

typ /tip/ m. type
typický /ti-pits-kee/ adj. typical
týrat /tee-rat/ v. ill-treet, maltreat

- . -

u /u/ prep. at, by, with, in
uběhnout /ubyeh-nowt/ v. pass, fly, expire
ublížit /ublee-zhit/ v. hurt, injure
ubohý /u-bo-hee/ adj. poor, miserable
ubrousek /u-brow-sek/ m. napkin, serviette
ubýt /u-beet/ v. decrease
ubytování /u-bi-to-vá-nyee/ n. accommodation
úcta /oots-ta/ f. respect
uctívat /uts-tyee-vat/ v. worship
uctivý /uts-tyi-vee/ adj. respectful
účast /oo-chast/ f. part, share, participation, attendance, sympathy
účastnit se /oo-chast-nyit se/ v. take part, attend, be engaged
učebnice /u-cheb-nyi-tse/ f. textbook
účel /oo-chel/ m. purpose
učeň /u-chen^y/ m. apprentice
učení /u-che-nyee/ n. teaching, study, apprenticeship

účes /oo-ches/ m. hair-do, hair-style
učesat /u-che-sat/ v. comb
účet /oo-chet/ v. account, bill, invoice
účetní /oo-chet-nyee/ m. accountant, book-keeper, adj. accounting, book-keeping
účinek /oo-chi-nek/ m. effect
učinit /u-chi-nyit/ v. do, make
učit /u-chit/ v. teach, instruct
učit se /u-chit se/ v. learn, study
učitel, -ka /uchi-tel, -ka/ m., f. teacher, school-master
účtovat /ooch-to-vat/ v. account, keep records/books, charge
úd /oot/ m. limb
údaj /oo-day/ m. datum, a piece of information
událost /u-dá-lost/ f. event, happening
udat /u-dat/ v. state, tell, denounce, inform
udavač /u-da-vach/ m. informer
udělat /u-dye-lat/ v. make, do
udeřit /u-de-rzhit/ v. strike, hit
udice /u-dyi-tse/ f. fishing rod, fish-hook
údiv /oo-dyif/ m. astonishment
udivit /u-dyi-vit/ v. astonish, amaze
údobí /oo-do-bee/ n. period, era

údolí /oo-do-lee/ n. valley
údržba /oo-drzh-ba/ f. maintenance
udržovat /u-dr-zho-vat/ v. keep, maintain
udusit /u-du-sit/ v. stifle, smother, suffocate
úhel /oo-hel/ m. angle
úhledný /oo-hled-nee/ adj. neat, tidy
uhlí /uh-lee/ n. coal
uhnout se /uh-nowt se/ v. swerve, turn off/aside
uhodit /u-ho-dyit/ v. strike, hit
uhradit /u-hra-dyit/ v. settle, cover
ucházet se /u-khá-zet se/ v. apply for, court /a person/
ucho /u-kho/ n. ear, handle, /needle/ eye
uchovat /u-kho-vat/ v. retain, keep, preserve
ujasnit /u-yas-nyit/ v. make clear
ujednání /u-yed-ná-nyee/ n. arrangement, settlement
ujet /u-yet/ v. leave, go away
ujistit /u-yis-tyit/ v. assure
ujít /u-yeet/ v. be fairly good, miss something
ujmout se /uy-mowt se/ v. take up, take charge/possession, set about

ukázat /u-ká-zat/ v. show, point, indicate, display
ukázat se /u-ká-zat se/ v. show, appear, turn up, come out, prove to be
ukazatel /u-ka-za-tel/ m. roadsign, signpost, indicator
ukázka /u-kás-ka/ f. sample, specimen, show-piece
uklidit /u-kli-dyit/ v. clean, tidy up
uklidnit se /u-klid-nyit se/ v. calm down
uklízečka /u-klee-zech-ka/ f. cleaning woman
uklonit se /u-klo-nyit se/ v. bow
uklouznout /u-klowz-nowt/ v. slip
úkol /oo-kol/ m. task, homework
ukolébavka /u-ko-lé-baf-ka/ f. lullaby
ukrojit /u-kro-yit/ v. cut off
úkryt /oo-krit/ m. hiding place, shelter
ukrýt /u-kreet/ v. conceal, hide
ukvapit se /u-kva-pit se/ v. be hasty, rush things
úl /ool/ m. /bee-/hive
úleva /oo-le-va/ f. relief, concession
ulice /u-li-tse/ f. street
ulička /u-lich-ka/ f. alley, lane, aisle
úloha /oo-lo-ha/ f. exercise, /school/ work, part, role

úlomek /oo-lo-mek/ m. fragment

uložit /u-lo-zhit/ v. put away, set aside, deposit

umělec /u-mnye-lets/ m. artist

umělecký /u-mnye-lets-kee/ adj. artistic

umělý /u-mnye-lee/ adj. artificial, synthetic, plastic, man-made

umění /u-mnye-nyee/ n. art

umět /u-mnyet/ v. know, know how, can, be good at

umíněný /u-mee-nye-nee/ adj. obstinate

umínit si /u-mee-nyit si/ v. set one´s mind on, determine

umírněný /u-meer-nye-nee/ adj. moderate

umístit /u-mees-tyit/ v. place, situate, fix

úmluva /oo-mlu-va/ f. agreement, arrangement

umožnit /u-mozh-nyit/ v. make it possible, enable

úmrtí /oo-mr-tyee/ n. death

umřít /u-mrzheet/ v. die

úmysl /oo-mi-sl/ m. intention, meaning

úmyslný /oo-mi-sl-nee/ adj. intentional, deliberate

umýt /u-meet/ v. wash

umyvadlo /u-mi-vad-lo/ n. wash-bowl, wash-basin

umyvárna /u-mi-vár-na/ f. washroom, lavatory

únava /oo-na-va/ f. fatigue

unavený /u-na-ve-nee/ adj. tired

unavit /u-na-vit/ v. tire, wear down/out

únavný /oo-nav-nee/ adj. tiresome, tedious, tiring

unést /u-nést/ v. be able to carry, take away, kidnap

uniforma /u-ni-for-ma/ f. uniform

uniknout /u-nyik-nowt/ v. escape, flee, evade, leak

universita /u-ni-ver-si-ta/ f. university, college

únor /oo-nor/ m. February

úpadek /oo-pa-dek/ m. failure, bankruptcy, decline

upadnout /u-pad-nowt/ v. fall down, decline, deteriorate

úpal /oo-pal/ m. sunstroke

upálit /u-pá-lit/ v. burn to death

upéci /u-pé-tsi/ v. bake, roast /meat/

upevnit /u-pev-nyit/ v. fasten, fix, strengthen

upír /u-peer/ m. vampire

úplatek /oo-pla-tek/ m. bribe

uplatnit /u-plat-nyit/ v. put into practice, assert, exert, win through

úplně /oo-pl-nye/ adv. fully, completely, absolutely
úplněk /oo-pl-nyek/ m. full moon
úplný /oo-pl-nee/ adj. complete, entire, total, full, absolute
upomenout /u-po-me-nowt/ v. remind, claim
upozornění /u-po-zor-nye-nyee/ n. notice, warning
upozornit /u-po-zor-nyit/ v. call attention, warn
úprava /oo-pra-va/ f. arrangement, form, set up
upravený /u-pra-ve-nee/ adj. trim, tidy, neat
upravit /u-pra-vit/ v. arrange, adjust, adapt, fix, make up, tidy, dress, trim
uprchlík /u-prkh-leek/ m. fugitive, refugee, runaway
uprchnout /u-prkh-nowt/ v. fly, run away, escape
uprostřed /u-pros-trzhet/ adv. in the middle/center
upřímný /u-przheem-nee/ adj. sincere, frank
upustit /u-pus-tyit/ v. drop, give up
úraz /oo-ras/ m. accident, injury
urazit /u-ra-zit/ v. knock off, insult, offend

urážka /u-rázh-ka/ f. insult, offence
určit /ur-chit/ v. determine, appoint
určitě /ur-chi-tye/ adv. certainly, surely
určitý /ur-chi-tee/ adj. certain, definite, specific
úroda /oo-ro-da/ f. crop, harvest
úrodný /oo-rod-nee/ adj. fertile
úrok /oo-rok/ m. interest
úroveň /oo-ro-ven^y/ f. level, standard
urychlit /u-rikh-lit/ v. speed up, accelerate
úřad /oo-rzhat/ m. office, authority
úřední /oo-rzhed-nyee/ adj. official
úřednice /oo-rzhed-nyi-tse/ f. official, clerk
úředník /oo-rzhed-nyeek/ m. official, clerk
uříznout /u-rzheez-nowt/ v. cut off
usadit se /u-sa-dyit se/ v. sit down, take a seat, settle /down/, establish
úsek /oo-sek/ m. section, segment, stretch
úschova /oo-skho-va/ f. safekeeping, custody, left-luggage office, deposit
úsilí /oo-si-lee/ n. effort, endeavor
usilovat /u-si-lo-vat/ v. endeavor, make an effort, strive, aim at

uskladnit /u-sklad-nyit/ v. store
uskutečnit /u-sku-tech-nyit/ v. realize, materialize, bring about, come true
úsměv /oos-mnyef/ m. smile
usmívat se /us-mee-vat se / v. smile
usnadnit /us-nad-nyit/ v. facilitate, make something easy
usnesení /us-ne-se-nyee/ n. resolution
usnout /us-nowt/ v. fall asleep, doze off
úspěch /oo-spyekh/ m. success, achievement
úspěšný /oo-spyesh-nee/ adj. successful
uspokojení /u-spo-ko-ye-nyee/ n. satisfaction, gratification
uspokojit /u-spo-ko-yit/ v. satisfy
uspokojivý /u-spo-ko-yi-vee/ adj. satisfactory
úspora /oo-spo-ra/ f. saving, cut, reduction
úsporný /oo-spor-nee/ adj. economical
uspořádat /u-spo-rzhá-dat/ v. arrange, put in order, give
ústa /oo-sta/ pl. mouth
ustanovit /u-sta-no-vit/ v. appoint, determine, order, assign, provide
ústav /oo-staf/ m. institute
ústava /oo-sta-va/ f. constitution

ustlat /u-stlat/ v. make the bed
ústní /oos-tnyee/ adj. oral, mouth
ustoupit /u-stow-pit/ v. step back/aside, yield, give in, retreat
ústraní /oo-stra-nyee/ n. retirement, seclusion
ústrojí /oo-stro-yee/ n. organ
ústředí /oo-strzhe-dyee/ n. headquarters
ústřední /oo-strzhed-nyee/ adj. central
ústřice /oo-strzhi-tse/ f. oyester
ústup /oo-stup/ m. retreat
ústupek /oo-stu-pek/ m. concession
úsudek /oo-su-dek/ m. judgment, opinion
ušít /u-sheet/ v. sew, make
ušní /ush-nyee/ adj. ear
ušpinit /u-shpi-nyit/ v. soil, get soiled
utajit /u-ta-yit/ v. keep secret, conceal
útěcha /oo-tye-kha/ f. comfort, consolation
útěk /oo-tyek/ m. flight, escape
utěrka /u-tyer-ka/ f. wash-cloth, duster
úterý /oo-te-ree/ n. Tuesday
utěsnit /u-tyes-nyit/ v. pack, seal
utíkat /u-tyee-kat/ v. run away
utiskovat /u-tyis-ko-vat/ v. oppress
utišit /u-tyi-shit/ v. soothe, calm down
utkání /ut-ká-nyee/ n. match, fight, contest

útočiště /oo-to-chish-tye/ n. refuge, resort

útočit /oo-to-chit/ v. attack

útok /oo-tok/ m. attack, charge

utopit /u-to-pit/ v. drown

utrácet /u-trá-tset/ v. squander, spend /money/

utrpení /u-tr-pe-nyee/ n. suffering

utřít /u-trzheet/ v. wipe, dry

útulek /oo-tu-lek/ m. shelter

útulný /oo-tul-nee/ adj. cosy, homely

uvaděč, -ka /u-va-dyech, -ka/ m.,f. usher

uvádět /u-vá-dyet/ v. state, set out, introduce, put on

úvaha /oo-va-ha/ f. consideration, account

uvařit /u-va-rzhit/ v. cook, boil, make

uvázat /u-vá-zat/ v. tie, bind

uvažovat /u-va-zho-vat/ v. consider, think over, take into account, meditate

uvědomit /u-vye-do-mit/ v. inform, notify

uvědomit si /u-vye-do-mit si/ v. realize, be aware of

úvěr /oo-vyer/ m. credit

uvést /u-vést/ v. bring/take in, usher, introduce, show, put on, state, set out

uvidět /u-vi-dyet/ v. see, see each other

uvítání /u-vee-tá-nyee/ n. welcome
uvnitř /u-vnyitrzh/ adv. inside, within
úvod /oo-vot/ m. introduction, preface
úvodní /oo-vod-nyee/ adj. introductory, opening
uvolnění /u-vol-nye-nyee/ n. relaxation, release
uvolnit /u-vol-nyit/ v. loosen, release, relax, ease
uzávěr /u-zá-vyer/ m. cap, stopper, closure, cover
uzavírat /u-za-vee-rat/ v. close down, conclude, take out, shut /up/
uzdravit /u-zdra-vit/ v. cure, restore to health
uzdravit se /u-zdra-vit se/ v. get well, recover
uzel /u-zel/ m. knot
území /oo-ze-mee/ n. territory
uzenáč /u-ze-nách/ m. kipper, red herring
uzené /u-ze-né/ n. smoked/cured meat
uzeniny /u-ze-nyi-ni/ pl. smoked salami and sausages
úzkost /oos-kost/ f. anxiety
úzký /oos-kee/ adj. narrow, close, tight
uznání /u-zná-nyee/ n. acknowledgement, recognition

uznat /u-znat/ v. acknowledge, admit, recognize

už /uzh/ adv. already, now,yet

úžas /oo-zhas/ m. astonishment, amazement

úžasný /oo-zhas-nee/ adj. amazing, marvellous, astonishing

užít /u-zheet/ v. use, enjoy

užitečný /u-zhi-tech-nee/ adj. useful

užitek /u-zhi-tek/ m. use, profit, benefit

uživit /u-zhi-vit/ v. maintain, keep up, make a living

- . -

v, ve /v, ve/ prep. in, at, into, on

vada /va-da/ f. defect, fault

vadit /va-dyit/ v. hamper, mind

vadnout /vad-nowt/ v. wither, fade

vagón /va-gón/ m. wagon, car

váha /vá-ha/ f. weight, scales, balance

váhat /vá-hat/ v. hesitate

valčík /val-cheek/ m. waltz

válčit /vál-chit/ v. be at war, make war

válet /vá-let/ v. roll

válet se /vá-let se/ v. lie about, roll, lounge

válka /vál-ka/ f. war

valuty /va-lu-ti/ pl. foreign exchange
vana /va-na/ f. bath, bath-tub
vánice /vá-nyi-tse/ f. snowstorm, blizzard
vánoce /vá-no-tse/ pl. Christmas
vánočka /vá-noch-ka/ f. Christmas cake
vápno /váp-no/ n. lime
varhany /var-ha-ni/ pl. organ
varovat /va-ro-vat/ v. warn, caution
vařečka /va-rzhech-ka/ f. wooden spoon
vařený /va-rzhe-nee/ adj. boiled
vařič /va-rzhich/ m. cooker
vařit /va-rzhit/ v. boil, cook, make
váš /vásh/ pron. your, yours
vášeň /vá-shen^y/ f. passion
vášnivý /vásh-nyi-vee/ adj. passionate
vata /va-ta/ f. cotton wool, absorbent cotton
váza /vá-za/ f. vase
vázanka /vá-zan-ka/ f. tie, neck-tie
vázat /vá-zat/ v. bind
vážit /vá-zhit/ v. weigh
vážit si /vá-zhit si/ v. regard, respect, esteem, appreciate
vážně /vázh-nye/ adv. seriously, in earnest
vážný /vázh-nee/ adj. serious, composed, earnest

včas / fchas/ adv. in time, on time

včela /fche-la/ f. /honey/ bee

včera /fche-ra/ adv. yesterday

včetně /fchet-nye/prep. including

vdát se /vdát se/ v. marry /a boy/, get married

vděčnost /vdyech-nost/ f. gratitude, gratefulness

vděčný /vdyech-nee/ adj. grateful

vdova /vdo-va/ f. widow

vdovec /vdo-vets/ m. widower

věc /vyets/ f. thing, matter, affair, cause, business

večer /ve-cher/ m. evening, adv. in the evening

večerní /ve-cher-nyee/ adj. evening

večeře /ve-che-rzhe/ f. dinner, supper

večeřet /ve-che-rzhet/ v. have dinner/supper, dine

večírek /ve-chee-rek/ m. /evening/ party

věčnost /vyech-nost/ f. eternity, perpetuity, ages

věčný /vyech-nee/ adj. eternal, perpetual

věda /vye-da/ f. science

vědec /vye-dets/ m. scientist, scholar

vedení /ve-de-nyee/ n. lead, leadership, management, /electric/ circuit vědět /vye-dyet/ v. know

vedle /ved-le/ prep. beside, next to, in addition to, adv. by the side,next door

vedlejší /ve-dley-shee/ adj. adjacent, adjoining, next-door, side

vědomí /vye-do-mee/ n. consciousness

vědomost /vye-do-most/ f. knowledge

vědomý /vye-do-mee/ adj. conscious

vedoucí /ve-dow-tsee/ adj. leading, m.manager, head, chief

vedro /ved-ro/ n. heat, sultry weather

vegetace /ve-ge-ta-tse/ f. vegetation

vegetarián /ve-ge-ta-ri-yán/ m. vegetarian

vejce /vey-tse/ n. egg

vějíř /vye-yeerzh/ m. fan

vejít /ve-yeet/ v. enter, walk in, come, get in

vejít se /ve-yeet se/ v. go to, get in, hold

věk /vyek/ m. age, era

velbloud /vel-blowt/ m. camel

velet /ve-let/ v. command, be in command

veletrh /ve-le-trkh/ m. /trade/ fair

velice /ve-li-tse/ adv. very, much, most, greatly

velikonoce /ve-li-ko-no-tse/ pl. Easter

velikost /ve-li-kost/ f. size, greatness

veliký, velký /ve-li-kee, vel-kee/ adj. large, big, great, tall

velmi /vel-mi/ adv. very, much, most, greatly, a lot

velryba /vel-ri-ba/ f. whale

velvyslanec /vel-vis-la-nets/ m. ambassador

velvyslanectví /vel-vis-la-nets-tvee/ n. embassy

ven /ven/ adv. out, out/ward/

věnec /vye-nets/ m. wreath

venkov /ven-kof/ m. the country/side/

venkovan /ven-ko-van/ m. countryman, peasant

venku /ven-ku/ adv. outside, in the open

věno /vye-no/ n. dowry

věnovat /vye-no-vat/ v. devote, dedicate

ventilace /ven-ti-la-tse/ f. ventilation

vepřové /vep-rzho-vé/ n. pork /roast/

věrnost /vyer-nost/ f. faithfulness, fidelity, loyalty

věrný /vyer-nee/ adj. faithful, loyal

verš /versh/ m. verse, line

veřejný /ve-rzhey-nee/adj. public

věřit /vye-rzhit/ v. believe, trust

veselý /ve-se-lee/ adj. merry, gay

veslo /ves-lo/ n. oar
veslovat /ves-lo-vat/ v. row
vesmír /ves-meer/ m. the universe
vesnice /ves-nyi-tse/ f. village
vespod /ves-pot/ adv. below, underneath
vést /vést/ v. lead, keep, run /a business/, conduct, direct
vesta /ves-ta/ f. vest, waistcoat
veš /vesh/ f. louse
věšák /vye-shák/ m. rack, peg, stand
věšet /vye-shet/ v. hang /up/
věta /vye-ta/ f. sentence
větev /vye-tef/ f. branch
větrat /vyet-rat/ v. air, ventilate
větrovka /vyet-rof-ka/ f. wind-jacket, anorak
většina /vyet-shi-na/ f. majority
veverka /ve-ver-ka/ f. squirrel
vězeň /vye-zenʸ/ m. prisoner
vězení /vye-ze-nyee/ n. prison, jail
vézt /vést/ v. carry /on wheels/, drive
věž /vyezh/ f. tower
vhodný /vhod-nee/ adj. suitable, suited, useful, convenient, eligible
vchod /fkhot/ m. entrance, entry
více /vee-tse/ adv. more
vidět /vi-dyet/ v. see

viditelnost /vi-dyi-tel-nost/ f. visibility
vidlička /vi-dlich-ka/ f. fork
vichřice /vikh-rzhi-tse/ f. windstorm, gale
víko /vee-ko/ n. lid, cover
vila /vi-la/ f. villa, family house
víla /vee-la/ f. nymph, fairy
vina /vi-na/ f. guilt, fault, blame
vinárna /vi-nár-na/ f. wine cellar, wine restaurant
vinit /vi-nyit/ v. blame, accuse
vinný /vi-nee/ adj. guilty, wine /cellar/, vine
víno /vee-no/ n. wine,/grapes/
víra /vee-ra/ f. belief, faith
virus /vi-rus/ m. virus
vířit /vee-rzhit/ v. whirl, spin
viset /vi-set/ v. hang
višně /vish-nye/ f. morello cherry
vitamin /vi-ta-min/ m. vitamin
vítat /vee-tat/ v. welcome
vítěz /vee-tyes/ m. winner, conqueror
vítězit /vee-tye-zit/ v. win
vítězství /vee-tyes-tvee/ n. victory
vítr /vee-tr/ m. wind
vízum /vee-zum/ n. visa

vjezd /vyest/ m. gateway, entrance,driveway
vklad /fklat/ m. deposit
vkus /fkus/ m. taste
vkusný /fkus-nee/ adj. tasteful
vláda /vlá-da/ f. government, administration, rule, control
vládnout /vlád-nowt/ v. govern, rule, dominate
vlajka /vlay-ka/ f. flag
vlak /vlak/ m. train
vlákno /vlák-no/ n. fibre
vlas, vlasy /vlas, vla-si/ m.,pl. hair
vlast /vlast/ f. home/native/mother country
vlastenec /vlas-te-nets/ m. patriot
vlastně /vlast-nye/ adv. as a matter of fact
vlastní /vlast-nyee/ adj. own, proper
vlastník /vlast-nyeek/ m. owner
vlastnost /vlast-nost/ f. quality, characteristic
vlaštovka /vlash-tof-ka/ f. swallow
vléci /vlé-tsi/ v. drag, tow
vlevo /vle-vo/ adv. to /on the left
vlhkost /vlkh-kost/ f. dampness, moisture, humidity

vlhký /vlkh-kee/ adj. damp, moist, humid
vlídný /vleed-nee/ adj. kindly, friendly
vliv /vlif/ m. influence
vlk /vlk/ m. wolf
vlna /vl-na/ f. wool, wave
vloni /vlo-nyi/ adv. last year
vloupat se /vlow-pat se/ v. break in, burgle
vložit /vlo-zhit/ v. put in/to/, insert, deposit, invest
vložka /vlozh-ka/ f. enclosure, insert, inset, pad, refill
vměšovat se /vmnye-sho-vat se/ v. interfere, meddle in
vnější /vnyey-shee/ adj. outer, outward, outside
vniknout /vnyik-nowt/ v. penetrate
vnímat /vnyee-mat/ v. perceive, take in
vnitřek /vnyit-rzhek/ m. interior, inside
vnitřní /vnyit-rzhnyee/ adj. inner, inward, inside, internal
vnitřnosti /vni-trzhnos-tyi/ pl. bowels
vnučka /vnuch-ka/ f. granddaughter
vnuk /vnuk/ m. grandson
voda /vo-da/ f. water
vodík /vo-dyeek/ m. hydrogen
vodní /vod-nyee/ adj. water

vodník /vod-nyeek/ m. water sprite/elf
vodopád /vo-do-pát/ m. waterfall
vodorovný /vo-do-rov-nee/ adj. horizontal
vodotrysk /vo-do-trisk/ m. fountain
vodovod /vo-do-vot/ m. water-supply
voják /vo-yák/ m. soldier
vojenský /vo-yen-skee/ adj. military
vojna /voy-na/ f. war, /military/ service
vojsko /voy-sko/ n. army, troops
volant /vo-lant/ m. driving/steering wheel
volat /vo-lat/ v. call, call up
volba /vol-ba/ f. choice, option, election
volit /vo-lit/ v. choose, vote, go to the polls, elect
volno /vol-no/ n. free/spare time, leisure
volný /vol-nee/ adj. free, loose, vacant
voňavka /vo-nyaf-ka/ f. perfume, scent
vonět /vo-nyet/ v. smell good/sweet
vosa /vo-sa/ f. wasp
vosk /vosk/ m. wax
vous, vousy /vows, vow-si/ m.,pl. beard
vozidlo /vo-zid-lo/ n. vehicle

vpád /fpát/ m. invasion
vpadnout /fpad-nowt/ v. invade, burst in
vpravo /fpra-vo/ adv. to /on the right
vpřed /fprzhet/ adv. forward, ahead
vpředu /fprzhe-du/ adv. in front, ahead
vrabec /vra-bets/ m. sparrow
vrah /vrakh/ m. murderer
vrána /vrá-na/ f. crow
vráska /vrás-ka/ f. wrinkle
vrata /vra-ta/ pl. gate
vrátit /vrá-tyit/ v. return, give/hand back, put back, come back
vrátný /vrát-nee/ m. porter, janitor, doorman
vrazit /vra-zit/ v. thrust, bump, knock, burst
vražda /vrazh-da/ f. murder, assassination
vrba /vr-ba/ f. willow
vrhnout /vr-hnowt/ v. vomit, throw
vrch /vrkh/ m. hill
vrchní /vrkh-nyee/ adj. top, upper, m. headwaiter
vrchol /vr-khol/ m. summit, peak
vrstva /vrst-va/ f. layer, section
vrtat /vr-tat/ v. dig into, drill, bore
vrzat /vr-zat/ v. creak, squeak

vřed /vrzhet/ m. ulcer
vřes /vrzhes/ m. heather
vsadit /fsa-dyit/ v. put in, fix, implant, stake, bet on
vstát /fstát/ v. get up, stand up, rise
vstoupit /fstow-pit/ v. enter, step/walk in, get into, join
vstup /fstup/ m. entrance, admittance, admission
vstupenka /fstu-pen-ka/ f. ticket
vstupné /fstup-né/ n. admission, fee
však /fshak/ conj. however, but
všední /fshed-nyee/ adj. ordinary, everyday, workaday
všechno /fshekh-no/ n. all, everything
všelijak /fshe-li-yak/ adv. in all sort of ways
všeobecně /fshe-o-bets-nye/ adv. generally, in general
všímat si /fshee-mat si/ v. notice, take notice
všude /fshu-de/ adv. everywhere, all over
vteřina /fte-rzhi-na/ f. second
vtip /ftyip/ m. joke, wit
vtom /ftom/ adv. at that moment, suddenly
vůbec /voo-bets/ adv. in general, not at all

vůdce /vood-tse/ m. leader, /guide/
vůl /vool/ m. ox
vůle /voo-le/ f. will
vulgární /vul-gár-nyee/ adj. vulgar
vůně /voo-nye/ f. /sweet/ smell, scent, odor
vuřt /vurzht/ m. hot dog
vůz /voos/ m. car, wagon
vy /vi/ pron. you /not familiar/
vybalit /vi-ba-lit/ v. unpack
vybavení /vi-ba-ve-nyee/ n. equipment
vybavit /vi-ba-vit/ v. equip, furnish
výběr /vee-byer/ m. selection, choice
výbor /vee-bor/ m. committee
výborně /vee-bor-nye/ adv. excellent,fine
výborný /vee-bor-nee/ adj. excellent
vybraný /vi-bra-nee/ adj. choice, exquisite
vybrat /vi-brat/ v. choose, select, collect, withdraw
výbuch /vee-bukh/ m. explosion, outburst
vybuchnout /vi-bukh-nowt/ v. explode,erupt
výbušnina /vee-bush-nyi-na/ f. explosive
výcvik /vee-tsvik/ m. training, drill
vyčerpaný /vi-cher-pa-nee/ adj. exhausted
vyčerpat /vi-cher-pat/ v. exhaust, empty
vyčistit /vi-chis-tyit/ v. clean, dry-clean

vyčítat /vi-chee-tat/ v. reproach, nag
vydání /vi-dá-nyee/ n. expenses, publication
vydat /vi-dat/ v. give out/away, surrender, give up, spend, publish
vydat se /vi-dat se/ v. set out, start, expose oneself
vydělat /vi-dye-lat/ v. earn, make money
výdělek /vee-dye-lek/ m. earnings
vydírat /vi-dyee-rat/ v. blackmail, extort
vydra /vid-ra/ f. otter
vydržet /vi-dr-zhet/ v. hold out, bear, stand, endure, last
vydržovat /vi-dr-zho-vat/ v. keep /up/, support, maintain
výfuk /vee-fuk/ m. exhaust
výherce /vee-her-tse/ m. winner
vyhlásit /vi-hlá-sit/ v. declare, proclaim
vyhláška /vi-hlásh-ka/ f. notice
vyhlídka /vi-hleed-ka/ f. outlook, view, prospect
vyhlížet /vi-hlee-zhet/ v. look out, look
vyhnanství /vi-hnan-stvee/ n. exile
vyhnat /vi-hnat/ v. expel, turn out, drive out, evict

vyhnout se /vi-hnowt se/ v. avoid, evade
výhoda /vee-ho-da/ f. advantage
vyhodit /vi-ho-dyit/ v. throw out/away, sack, fire, throw up, toss
vyhovět /vi-ho-vyet/ v. comply, accommodate
vyhovující /vi-ho-vu-yee-tsee/ adj. suitable, convenient
výhra /vee-hra/ f. winning, prize
vyhradit /vi-hra-dyit/ v. reserve
výhradní /vee-hrad-nyee/ adj. exclusive
vyhrát /vi-hrát/ v. win, gain
vyhrazený /vi-hra-ze-nee/ adj. reserved
vyhrožovat /vi-hro-zho-vat/ v. threaten
výhrůžka /vee-hroozh-ka/ f. threat
vyhubovat /vi-hu-bo-vat/ v. scold
vychladnout /vi-khlad-nowt/ v. cool, get cold
východ /vee-khot/ m. exit, east, sunrise
východisko /vee-kho-dyis-ko/ n. way out
východní /vee-khod-nyee/ adj. east, eastern
výchova /vee-kho-va/ f. education, upbringing
vychovat /vi-kho-vat/ v. bring up, breed, educate, raise
vychovaný /vi-kho-va-nee/ adj. well-mannered

vychovatel, -ka /vi-kho-va-tel, -ka/ m. tutor, f. governess

vyjádřit /vi-yád-rzhit/ v. express

vyjednávat /vi-yed-ná-vat/ v. negotiate

vyjímečný /vi-yee-mech-nee/ adj. exceptional

výjimka /vee-yim-ka/ f. exception

vyjít /vi-yeet/ v. go out, come out, appear, rise, get out, make both ends meet

vyjmout /viy-mowt/ v. take out, remove

vykat /vi-kat/ v. not be on familiar terms with somebody

výklad /vee-klat/ m. explanation, interpretation, window-display, shop/store window

vyklonit se /vi-klo-nyit se/ v. lean out

vykloubit si /vi-klow-bit si/ v. dislocate

výkon /vee-kon/ m. performance, accomplishment, feat, achievement, output

vykonat /vi-ko-nat/ v. execute, perform, discharge, accomplish

výkonný/vee-ko-nee/ adj. efficient

vykopávka /vi-ko-páf-ka/ f. excavation

vykořisťovat /vi-ko-rzhis-tyo-vat/ v. exploit

vykoupat se /vi-kow-pat se/ v. have/take a bath, bathe

výkřik /vee-krzhik/ m. scream, shout, exclamation

výkupné /vee-kup-né/ n. ransom

vyléčit /vi-lé-chit/ v. cure

výlet /vee-let/ m. trip, outing, excursion

výlevka /vee-lef-ka/ f. sink

vylézt /vi-lést/ v. creep out, climb up

vylít /vi-leet/ v. pour out, spill

výloha /vee-lo-ha/ f. cost, expense, window display

vylosovat /vi-lo-so-vat/ v. draw

vyloučit /vi-low-chit/ v. expel, exclude, eliminate

vyložit /vi-lo-zhit/ v. unload, discharge, display, explain, inlay

vymazat /vi-ma-zat/ v. erase, wipe out

výměna /vee-mnye-na/ f. exchange, swap

vyměnit /vi-mnye-nyit/ v. exchange, swap, trade, convert

vyměřit /vi-mnye-rzhit/ v. survey, define, allocate

výmluva /vee-mlu-va/ f. excuse

vymluvit se /vi-mlu-vit se/ v. make an excuse, blame

vymoženost /vi-mo-zhe-nost/ f. achievement

výmysl /vee-mi-sl/ m. invention, fabrication

vymyslit /vi-mis-lit/ v. devise, think out, make up, invent

vynadat /vi-na-dat/ v. tell somebody off, abuse

vynahradit /vi-na-hra-dyit/ v. make it up

vynález /vi-ná-les/ m. invention

vynálezce /vi-ná-les-tse/ m. inventor

vynalézt /vi-na-lést/ v. invent

vyndat /vin-dat/ v. take out, remove

vynechat /vi-ne-khat/ v. leave out, omit, skip

vynést /vi-nést/ v. take out, carry out, pass

vynikající /vi-nyi-ka-yee-tsee/ adj. excellent, superior, outstanding

vynikat /vi-nyi-kat/ v. excel

vynořit se /vi-no-rzhit se/ v. emerge

výnosný /vee-nos-nee/ adj. lucrative, profitable

vynucovat /vi-nu-tso-vat/ v. enforce

vypadat /vi-pa-dat/ v. look

vypadnout /vi-pad-nowt/ v. fall out

vypařit se /vi-pa-rzhit se/ v. evaporate

vypátrat /vi-pát-rat/ v. detect, find out
vypětí /vi-pye-tyee/ n. strain
vypínač /vi-pee-nach/ m. switch
vypínat /vi-pee-nat/ v. switch off
vypít /vi-peet/ v. drink up, drink off
výplata /vee-pla-ta/ f. payment, salary
vyplatit se /vi-pla-tyit se/ v. pay, pay off
vyplnit /vi-pl-nyit/ v. fill up/in/out, fulfil, comply
vypočítat /vi-po-chee-tat/ v. calculate
výpomoc /vee-po-mots/ f. aid, help
vypořádat se /vi-po-rzhá-dat se/ v. settle, get even with, dispose
výpověď /vee-po-vyet^y/ f. statement, testimony, notice
vypovědět /vi-po-vye-dyet/ v. state, declare, cancel, give notice, denounce, banish
výprask /vee-prask/ m. thrashing, hiding
vyprat /vi-prat/ v. wash, do laundry
výprava /vee-pra-va/ f. expedition, excursion, setting, scenery
vypravit /vi-pra-vit/ v. dispatch, set out
vypravovat /vi-pra-vo-vat/ v. tell /a story/, narrate

vyprázdnit /vi-prázd-nyit/ v. empty
vyprodáno /vi-pro-dá-no/ adv. sold out, full house
výprodej /vee-pro-dey/ m. /clearance/ sale
vyprovázet /vi-pro-vá-zet/ v. see somebody to.../out/off
vypůjčit si /vi-pooy-chit si/ v. borrow
vyrábět /vi-rá-byet/ v. make, manufacture, produce, turn out
výraz /vee-ras/ m. expression
vyrazit /vi-ra-zit/ v. knock out, shoot, sprout, set out, start
vyrážka /vi-rásh-ka/ f. rash
výroba /vee-ro-ba/ f. production, make, output
výrobek /vee-ro-bek/ m. product, make
výročí /vee-ro-chee/ n. anniversary
vyrovnat /vi-rov-nat/ v. balance, smooth, settle, level
vyrůst /vi-roost/ v. grow up
vyrušit /vi-ru-shit/ v. disturb
vyřadit /vi-rzha-dyit/ v. set aside, discard
vyřešit /vi-rzhe-shit/ v. solve, sort out
vyřezat /vi-rzhe-zat/ v. carve

vyřídit /vi-rzhee-dyit/ v. carry out, execute, tell

vysavač /vi-sa-vach/ m. vacuum cleaner

vysílání /vi-see-lá-nyee/ n. broadcasting, transmission

vysílat /vi-see-lat/ v. transmit, broadcast, send over

vyslanec /vi-sla-nets/ m. minister

vyslanectví /vi-sla-nets-tvee/ n. legation

výsledek /vee-sle-dek/ m. result, outcome

výslech /vee-slekh/ m. interrogation, examination

vyslovit /vi-slo-vit/ v. pronounce, express, utter

výslovnost /vee-slov-nost/ f. pronunciation

vyslýchat /vi-slee-khat/ v. examine, question

výsměch /vee-smnyekh/ m. mockery

vysmívat se /vi-smee-vat se/ v. laugh at, mock

vysokoškolák /vi-so-ko-shko-lák/ m. undergraduate

vysoký /vi-so-kee/ adj. high, tall

vyspat se /vi-spat se/ v. have a sleep, sleep off

výstava /vee-sta-va/ f. exhibition
vystavit /vi-sta-vit/ v. display, exhibit, expose, make out
vystěhovalec /vi-stye-ho-va-lets/ m. emigrant
vystěhovat /vi-stye-ho-vat/ v. evict, move out, emigrate
vystihnout /vi-styi-hnowt/ v. grasp, hit, choose
vystoupení /vi-stow-pe-nyee/ n. performance
vystoupit /vi-stow-pit/ v. get out/off, mount, rise, appear, stand up, perform
výstraha /vee-stra-ha/ f. warning
výstřední /vee-strzhed-nyee/ adj. eccentric
výstřel /vee-strzhel/ m. shot
výstup /vee-stup/ m. climb, appearance, scene
vystydnout /vi-stid-nowt/ v. get cold
vysvědčení /vi-svyed-che-nyee/ n. report, certificate
vysvětlit /vi-svyet-lit/ v. explain, make clear
vysvobodit /vi-svo-bo-dyit/ v. set free, rescue
výše /vee-she/ adv. high up, up/wards/, above

vyšetření /vi-shet-rzhe-nyee/ n. examination

vyšetřit /vi-shet-rzhit/ v. examine, get into, probe, look into, investigate

vyšetřování /vi-shet-rzho-vá-nyee/ n. investigation

vyšít /vi-sheet/ v. embroider

výška /veesh-ka/ f. heith, altitude

výtah /vee-takh/ m. elevator, lift, abstract, summary

vytáhnout /vi-tá-hnowt/ v. pull out, take out

výtažek /vee-ta-zhek/ m. extract

výtečný /vee-tech-nee/ adj. excellent, delicious

výtěžek /vee-tye-zhek/ m. proceeds

výtisk /vee-tyisk/ m. copy

vytrvalý /vi-tr-va-lee/ adj. persistent, constant

výtržnost /vee-trzh-nost/ f. riot, disturbance

výtvarník /vee-tvar-nyeek/ m. artist

vytýkat /vi-tee-kat/ v. rebuke

vyučený /vi-u-che-nee/ adj. skilled

vyučování /vi-u-cho-vá-nyee/ n. teaching, classes, lessons

vyučovat /vi-u-cho-vat/ v. teach, give lessons

využít /vi-u-zheet/ v. use, make the most of, take advantage of

vývar /vee-var/ m. broth, stock

vývěska /vee-vyes-ka/ f. notice board, wall poster

vyvést /vi-vést/ v. take/bring out

vyvézt /vi-vést/ v. export

vývoj /vee-voy/ m. development, evolution

vyvolat /vi-vo-lat/ v. call up, develop, excite, raise

vývoz /vee-vos/ m. export

vyvrcholit /vi-vr-kho-lit/ v. culminate

vývrtka /vee-vrt-ka/ f. corkscrew

výzdoba /vee-zdo-ba/ f. decoration, décor

vyzdobit /vi-zdo-bit/ v. decorate, dress

výzkum /vee-skum/ m. research

význačný /vee-znach-nee/ adj. prominent, distinguished

význam /vee-znam/ m. meaning, sense, importance, significance

vyznamenání /vi-zna-me-ná-nyee/ n. distinction, honors

významný /vee-znam-nee/ adj. important, significant, outstanding

vyznat /vi-znat/ v. confess, declare, be good at

výzva /veez-va/ f. call, challenge

vyzvědač, -ka /vi-zvye-dach, -ka/ m.,f. spy

vyzvednout /vi-zved-nowt/ v. lift, heave, stress, emphasize, withdraw, collect

vyzvídat /vi-zvee-dat/ v. pump information

vyzývavý /vi-zee-va-vee/ adj. provocative

vyžehlit /vi-zheh-lit/ v. iron

výživa /vee-zhi-va/ f. nourishment, support

vzácný /vzáts-nee/ adj. rare, precious

vzadu /vza-du/ adv. at the back, behind

vzájemně /vzá-yem-nye/ adv. mutually, one another

vzbudit /ˈzbu-dyit/ v. wake /up/, arouse

vzdálenost /vzdá-le-nost/ f. distance

vzdát se /vzdát se/ v. surrender, give up, abandon

vzdělání /vzdye-lá-nyee/ n. education

vzdělaný /vzdye-la-nee/ adj. educated

vzdor /vzdor/ m. defiance

vzduch /vzdukh/ m. air

vzdychnout si /vzdikh-nowt si/ v. sigh

vzhled /vzhlet/ m. looks, appearance

vzhůru /ˈzhoo-ru/ adv. up/wards/

vzít /vzeet/ v. take

vzkaz /fskas/ m. message

vzmáhat se /ˊzmá-hat se/ v. grow, increase, improve

vznešený /vzne-she-nee/ adj. noble

vznik /vznyik/ m. rise, origin

vzor /vzor/ m. model, example, pattern, design

vzorek /vzo-rek/ m. sample, pattern

vzpamatovat se /ˊzpa-ma-to-vat se/ v. come to one's senses, recover

vzpomenout si /ˊzpo-me-nowt si/ v. remember, recollect

vzpomínka /ˊzpo-meen-ka/ f. memory /of/

vzpoura /ˊzpow-ra/ f. mutiny, rebellion

vzrušení /vzru-she-nyee/ n. excitement, thrill

vzrušený /vzru-she-nee/ adj. excited, upset

vzrušit /vzru-shit/ v. excite, upset

vztah /fstakh/ m. relation/ship/

vztek /ˊstek/ m. rage, fury, anger

vzteklý /ˊstek-lee/ adj. furious,mad /dog/

vždy, vždycky /vzhdi, vzhdits-ki/ adv. always, at all times

- . -

z, ze /z, ze/ prep. from, out of, out, of

za /za/ prep. behind, beyond, after, for, during, in

zabalit /za-ba-lit/ v. pack up, wrap up
zábava /zá-ba-va/ f. amusement, entertainment, pastime
zabavit /za-ba-vit/v. seize, confiscate
zabít /za-beet/ v. kill, slay
zabloudit /za-blow-dyit/ v. lose one's way
zábradlí /zá-brad-lee/ n. railing/s/, banisters
zabránit /za-brá-nyit/ v. prevent
zabrat /za-brat/ v. occupy, take up
zabývat se /za-bee-vat se/ v. engage, occupy with
záclona /zá-tslo-na/ f. curtain
zácpa /záts-pa/ f. constipation, traffic jam
začátečník /za-chá-tech-nyeek/ m. beginner
začátek /za-chá-tek/ m. beginning
začít /za-cheet/ v. begin, start
záda /zá-da/ pl. back
zadek /za-dek/ m. rear, rump, buttocks
zadní /zad-nyee/ adj. back, rear, hind
záhada /zá-ha-da/ f. mystery, puzzle
záhadný /zá-had-nee/ adj. mysterious
zahájit /za-há-yit/ v. open, launch
zahálet /za-há-let/ v./be/ idle
zahnat /za-hnat/ v. drive away, repel

zahodit /za-ho-dyit/ v. throw out/away
zahojit se /za-ho-yit se/ v. heal
záhon /zá-hon/ m. /flower-/bed
zahrada /za-hra-da/ f. garden, orchard
zahradník /za-hrad-nyeek/ m. gardener
zahraničí /za-hra-nyi-chee/ n. foreign countries
záhyb /zá-hip/ m. bend, fold, crease
zacházet /za-khá-zet/ v. deal with,enter, handle
záchod /zá-khot/ m. lavatory, W.C., toilet
zachovat /za-kho-vat/ v. preserve, maintain, keep
záchrana/zá-khra-na/ f. rescue, salvage
zachránit /za-khrá-nyit/ v. rescue, save
záchvat /zá-khvat/ m. attack, fit, stroke
zajatec /za-ya-tets/ m. captive, prisoner
zájem /zá-yem/ m. interest
zájezd /zá-yest/ m. trip, tour
zajíc /za-yeets/ m. hare
zajímat /za-yee-mat/ v. interest
zajímavý /za-yee-ma-vee/ adj. interesting
zajistit /za-yis-tyit/ v. secure, ensure
zajít /za-yeet/ v. go to, call, set, perish
zákaz /zá-kas/ m. ban, prohibition

zakázat /za-ká-zat/ v. forbid, prohibit, ban

zákazník /zá-kaz-nyeek/ m. customer, client

základ /zá-klat/ m. basis, foundation

základna /zá-klad-na/ f. base

základní /zá-klad-nyee/ adj. basic, fundamental

zákon /zá-kon/ m. law

zákonný /zá-ko-nee/ adj. legal, legitimate, lawful

zakopat /za-ko-pat/ v. bury

zakopnout /za-kop-nowt/ v. stumble, trip

zakročit /za-kro-chit/ v. intervene

zákusek /zá-ku-sek/ m. sweet, dessert

záležet /zá-le-zhet/ v. matter, count, depend

záležitost /zá-le-zhi-tost/ f. matter, affair

záliba /zá-li-ba/ f. liking, fancy, hobby

zalít /za-leet/ v. water

záloha /zá-lo-ha/ f. reserve, deposit, advance

založit /za-lo-zhit/ v. found, establish

zámek /zá-mek/ m. lock, castle

zamést /za-mést/ v. sweep

zaměstnanec /za-mnyes-tna-nets/ m. employee

zaměstnání /za-mnyes-tná-nyee/ n. employment, job
zaměstnat /za-mnyes-tnat/ v. employ, occupy, keep busy
zaměstnavatel /za-mnyes-tna-va-tel/ m. employer, boss
zamilovaný /za-mi-lo-va-nee/ adj. in love
zamilovat se /za-mi-lo-vat se/ v. fall in love with
záminka /zá-min-ka/ f. pretext, excuse
zamítnout /za-meet-nowt/ v. reject, refuse
zamknout /zam-knowt/ v. lock /up/
zamluvit si /za-mlu-vit si/ v. book, reserve
zamrznout /za-mrz-nowt/ v. freeze over, get frozen
zamyslit se /za-mis-lit se/ v. think, be lost in thought
zanedbat /za-ned-bat/ v. neglect
zánět /zá-nyet/ m. inflammation
zaniknout /za-nyik-nowt/ v. become extinct, cease
západ /zá-pat/ m. west, sunset
západní /zá-pad-nyee/ adj. west, western
zapadnout /za-pad-nowt/ v. sink, set, fit in

zápach /zá-pakh/ m. /bad/ smell, stink
zapáchat /za-pá-khat/ v. smell /bad/, stink
zapálit /za-pá-lit/ v. light, set fire
zápalka /zá-pal-ka/ f. /safety/ match
zapalovač /za-pa-lo-vach/ m. lighter
zápas /zá-pas/ m. fight, struggle, contest, match
zápasit /zá-pa-sit/ v. fight, struggle, compete
zápasník /zá-pas-nyeek/ m. wrestler
zápis /zá-pis/ m. entry, record, registration, minutes
zápisník /zá-pis-nyeek/ m. notebook
záplata /zá-pla-ta/ f. patch
zaplatit /za-pla-tyit/ v. pay
zapnout /za-pnowt/ v. button up, fasten, start, switch on
zapomenout /za-po-me-nowt/ v. forget
záporný /zá-por-nee/ adj. negative
zaprášený /za-prá-she-nee/ adj. dusty
zapřít /za-przheet/ v. deny
zapsat /za-psat/ v. write down, put down, record, register
zarazit /za-ra-zit/ v. stop, check, pause, puzzle
zármutek /zár-mu-tek/ m. grief

zároveň /zá-ro-ven^{y}/ adv. along with, at the same time

zaručit /za-ru-chit/ v. warrant, guarantee

záruka /zá-ru-ka/f. assurance, guarantee, warranty

zařadit /za-rzha-dyit/ v. class, classify, file

záře /zá-rzhe/ f. glare, shine, light

září /zá-rzhee/ n. September

zařídit /za-rzhee-dyit/ v. arrange, fix, furnish

zářit /zá-rzhit/ v. shine, flare, glare, beam

zařízení /za-rzhee-ze-nyee/ n. equipment, feature, facilities, device, furnishings

zásada /zá-sa-da/ f. principle

zasadit /za-sa-dyit/ v. plant, put in

zásah /zá-sakh/ m. hit, intervention

zase /za-se/ adv. again, on the other hand

zasedání /za-se-dá-nyee/ n. session, sitting, meating

zásilka /zá-sil-ka/ f. parcel, consignment, shipment

zasloužit si /za-slow-zhit si/ v. deserve

zásluha /zá-slu-ha/ f. merit, credit

zasnoubit se /za-snow-bit se/ v. get engaged

zásoba /zá-so-ba/ f. reserve, supply, stock

zásobit /zá-so-bit/ v. supply

zaspat /za-spat/ v. oversleep

zastat se /za-stat se/ v. stand up /for

zastavit /za-sta-vit/ v. stop, cease, turn off, pledge, pawn

zastávka /za-stáf-ka/ f. stop

zástěra /zá-stye-ra/ f. apron

zástrčka /zá-strch-ka/ f. plug, bolt

zastřelit /za-strzhe-lit/ v. shoot

zástup /zá-stup/ m. crowd

zástupce /zá-stup-tse/ m. representative, agent, delegate

zastupovat /za-stu-po-vat/ v. represent, defend

zásuvka /zá-suf-ka/ f. drawer, power point, socket

zásyp /zá-sip/ m. talcum powder

zašít /za-sheet/ v. sew up

záškrt /zásh-krt/ m. diphtheria

zatáčka /za-tách-ka/ f. bend, turning

zatáhnout /za-tá-hnowt/ v. pull, draw

zatím /za-tyeem/ adv. meanwhile, in the meantime, by then

zátka /zát-ka/ f. stopper, cork

zatknout /zat-knowt/ v. arrest, seize

zatlouci /za-tlow-tsi/ v. drive /a nail/

zato /za-to/ adv. in return, on the other hand

zatopit /za-to-pit/ v. make fire, flood

zaujmout /za-uy-mowt/ v. occupy, take, attract, catch

závada /zá-va-da/ f. defect, trouble

zavařenina /za-va-rzhe-nyi-na/ f. preserve, jam, marmelade

zavazadlo /za-va-zad-lo/ n. luggage, baggage

zavázat /za-vá-zat/ v. bind, tie, oblige, engage

závazek /zá-va-zek/ m. commitment, obligation

závěr /zá-vyer/ m. finish, close, conclusion, deduction

zavést /za-vést/ v. take, lead, introduce, install

zavézt /za-vést/ v. take /by car/, drive

závidět /zá-vi-dyet/ v. envy

závin /zá-vin/ m. apple strudel/pie

zavinit /za-vi-nyit/ v. cause, be guilty of

záviset /zá-vi-set/ v. depend

závislý /zá-vis-lee/ adj. dependent
závist /zá-vist/ f. envy
závod /zá-vot/ m. race, contest, competition, establishment, plant, concern
závodit /zá-vo-dyit/ v. race, contest, compete
závoj /zá-voy/ m. veil
zavolat /za-vo-lat/ v. call, give a call
zavřít /za-vrzheet/ v. shut, close, turn off
zazpívat /za-spee-vat/ v. sing
zázrak /zá-zrak/ m. miracle
zažívání /za-zhee-vá-nyee/ n. digestion
zbabělec /zba-bye-lets/ m. coward
zbavit /zba-vit/ v. deprive, get rid of
zbít /zbeet/ v. beat up
zbláznit se /zbláz-nyit se/ v. go mad, be crazy
zboží /zbo-zhee/ n. goods, wares
zbraň /zbran^y/ f. weapon
zbraně /zbra-nye/ pl. arms
zbrojit /zbro-yit/ v. arm
zbýt /zbeet/ v. be left, remain
zbytečný /zbi-tech-nee/ adj. unnecessary, useless
zcela /ztse-la/ adv. quite, entirely
zdarma /zdar-ma/ adv. free /of charge/

zdát se /zdát se/ v. seem, appear, dream
zde /zde/ adv. here
zdokonalit /zdo-ko-na-lit/ v. improve
zdraví /zdra-vee/ n. health
zdravit /zdra-vit/ v. greet
zdravotnictví /zdra-vo-tnyits-tvee/ n. National Health Service
zdravý /zdra-vee/ adj. healthy, sound, wholesome /food/
zdražit /zdra-zhit/ v. raise the price
zdroj /zdroy/ m. source
zdržet /zdr-zhet/ v. detain, delay, hold back
zdůraznit /zdoo-raz-nyit/ v. stress, emphasize
zdvořilý /zdvo-rzhi-lee/ adj. polite
zebra /zeb-ra/ f. zebra
zeď /zet^y/ f. wall
zedník /zed-nyeek/ m. bricklayer
zelenina /ze-le-nyi-na/ f. vegetables
zelený /ze-le-nee/ adj. green
zelí /ze-lee/ n. cabbage, /sauerkraut/
zelinářství /ze-li-nárzh-stvee/ n. greengrocer's, greengrocery
země /ze-mnye/ f. country, land, soil, ground, earth
zemědělec /ze-mnye-dye-lets/ m. farmer, agriculturist

zemědělský /ze-mnye-dyel-skee/ adj. farming, agricultural
zeměkoule /ze-mnye-kow-le/ f. globe
zeměpis /ze-mnye-pis/ m. geography
zemětřesení /ze-mnye-trzhe-se-nyee/ n. earthquake
zeptat se /ze-ptat se/ v. ask
zesílit /ze-see-lit/ v. intensify, amplify, strengthen
zeslabit /ze-sla-bit/ v. weaken, reduce
zestátnit /ze-stát-nyit/ v. nationalize
zeť /zet^y/ m. son-in-law
zezadu /ze-za-du/ adv. from behind
zhasnout /zhas-nowt/ v. go out, switch off, turn off
zhoršit /zhor-shit/ v. deteriorate,worsen
zhroutit se /zhrow-tyit se/ v. collapse, break down
zhubnout se /zhub-nowt se/ v. lose weight
zima /zi-ma/ f. winter, cold
zinek /zi-nek/ m. zinc
zip /zip/ m. zipper, zip/-fastener/
zisk /zisk/ m. profit, gain
získat /zees-kat/ v. obtain, gain, win
zítra /zeet-ra/ n. tomorrow
zívat /zee-vat/ v. yawn
zjev /zyef/ m. appearance, phenomenon

zjistit /zyis-tyit/ v. find out, discover, ascertain
zkáza /ská-za/ f. destruction, ruin
zkazit /ska-zit/ v. spoil
zkazit se /ska-zit se/ v. go bad
zklamaný /skla-ma-nee/ adj. disappointed
zklamat /skla-mat/ v. disappoint, let down
zkoušet /skow-shet/ v. examine, test, rehearse, try on
zkouška /skowsh-ka/ f. examination, test, rehearsal
zkusit /sku-sit/ v. try, try out, suffer
zkušenost /sku-she-nost/ f. experience
zlato /zla-to/ n. gold
zlatý /zla-tee/ adj. gold, golden
zlepšit /zlep-shit/ v. improve
zlevnit /zlev-nyit/ v. reduce the price
zlo /zlo/ n. evil, wrong, ill
zlobit /zlo-bit/ v. annoy, irritate, be angry, be cross
zločin /zlo-chin/ m. crime
zločinec /zlo-chi-nets/ m. criminal
zloděj /zlo-dyey/ m. thief
zlomit /zlo-mit/ v. break
zlost /zlost/ f. anger, annoyance
zlý /zlee/ adj. evil, bad, vicious
zmatek /zma-tek/ m. confusion, mess

změna /zmnye-na/ f. change, alteration
změnit /zmnye-nyit/ v. change, modify
zmenšit /zmen-shit/ v. diminish, decrease
zmeškat /zmesh-kat/ v. miss, lose
zmetek /zme-tek/ m. reject
zmije /zmi-ye/ f. viper
zmínit se /zmee-nyit se/ v. mention,refer
zmizet /zmi-zet/ v. disappear, vanish
zmoknout /zmok-nowt/ v. get wet
zmrzlina /zmrz-li-na/ f. ice/-cream/
zmrzlý /zmrz-lee/ adj. frozen
značka /znach-ka/ f. mark, sign, brand
znak /znak/ m. sign, mark, symbol
znalost /zna-lost/ f. knowledge, familia-
rity
znamenat /zna-me-nat/ v. mean, stand for
znamení /zna-me-nyee/ n. sign, signal
známka /znám-ka/ f. stamp, sign, mark,
grade
známost /zná-most/ f. acquaintance, con-
nexion, courtship
známý /zná-mee/ adj. well-known, m.friend,
acquaintance
znárodnit /zná-rod-nyit/ v. nationalize
znásilnit /zná-sil-nyit/ v. rape, violate
znát /znát/ v. know
znečistit /zne-chis-tyit/ v. pollute

znemožnit /zne-mozh-nyit/ v. make impossible
zneužít /zne-u-zheet/ v. abuse
zničit /znyi-chit/ v. destroy, damage
znít /znyeet/ v. sound, ring
znova /zno-va/ adv. again, once more
zobák /zo-bák/ m. beak, bill
zodpovědný /zod-po-vyed-nee/ adj. responsible
zotavit se /zo-ta-vit se/ v. recover
zoufalství /zow-fal-stvee/ n. despair
zoufalý /zow-fa-lee/ adj. desparate
zout se /zowt se/ v. take off shoes
zpaměti /spa-mnye-tyi/ adv. by heart
zpátky /spát-ki/ adv. back/wards/
zpěv /spyef/ m. singing
zpěvák /spye-vák/ m. singer
zpívat /spee-vat/ v. sing
zpotit se /spo-tyit se/ v. perspire, sweat
zpověď /spo-vyet^y/ f. confession
zpracovat /spra-tso-vat/ v. work, process
zpráva /sprá-va/ f. news, report
zpravidla /spra-vid-la/ adv. as a rule
zpronevěra /spro-ne-vye-ra/ f. embezzlement
zprostit /spros-tyit/ v. acquit
způsob /spoo-sop/ m. way, method, manner

způsobit /spoo-so-bit/ v. cause, bring about

způsobný /spoo-sob-nee/ adj. well-mannered, well-behaved

zpustlý /spust-lee/ adj. dilapidated, dissolute

zrada /zra-da/ f. betrayal, treachery, treason

zrádce /zrád-tse/ m. traitor

zradit /zra-dyit/ v. betray

zrádný /zrád-nee/ adj. treacherous

zrak /zrak/ m. sight, eyesight, vision

zralý /zra-lee/ adj. ripe, mature

zranění /zra-nye-nyee/ n. injury, wound

zranit /zra-nyit/ v. injure, hurt, wound

zrazovat /zra-zo-vat/ v. betray, dissuade, discourage

zrcadlo /zr-tsad-lo/ n. mirror, /looking/-glass

zrní /zr-nyee/ n. corn, grain

zrovna /zrov-na/ adv. just, as much as, all but

zrušit /zru-shit/ v. abolish, cancel

zrychlit /zrikh-lit/ v. accelerate, speed up, quicken

zrzavý /zr-za-vee/ adj. red-haired

zřejmý /zrzhey-mee/ adj. obvious, evident

zřetel /zrzhe-tel/ m. respect, regard, consideration
zřícenina /zrzhee-tse-nyi-na/ f. ruin
zříci se /zrzhee-tsi se/ v. renounce
zřídit /zrzhee-dyit/ v. establish, set up
zřídka /zrzheet-ka/ adv. seldom, rarely
zřízenec /zrzhee-ze-nets/ m. attendant
zřízení /zrzhee-ze-nyee/ n. establishment, system
ztloustnout /stlowst-nowt/ v. get fat, put on weight
ztráta /strá-ta/ f. loss, waste, casualty
ztratit /stra-tyit/ v. lose, waste /time/
zub /zup/ m. tooth
zubní /zub-nyee/ adj. dental, tooth
zubní kaz /zub-nyee kas/ m. dental decay
zubní pasta /zub-nyee pas-ta/ f. tooth-paste
zuřit /zu-rzhit/ v. rage, be furious
zůstat /zoos-tat/ v. stay, remain
zvát /zvát/ v. invite
zvědavý /zvye-da-vee/ adj. curious
zvednout /zved-nowt/ v. raise, lift, pick up
zvěřina /zvye-rzhi-na/ f. game, venison
zvětšit /zvyet-shit/ v. increase, enlarge
zvíře /zvee-rzhe/ n. animal, beast

zvládnout/zvlád-nowt/ v. cope, manage
zvlášť /zvlásht^y/ adv. particularly, separately, extra, especially
zvláštní /zvlásht-nyee/ adj. special, particular, separate, extra, strange, extraordinary, peculiar
zvon /zvon/ m. bell
zvonit /zvo-nyit/ v. ring, ring the bell, ring up
zvracet /zvra-tset/ v. vomit
zvuk /zvuk/ m. sound
zvyk /zvik/ m. habit, routine, custom
zvyknout si /zvik-nowt si/ v. get used to
zvýšit /zvee-shit/ v. increase, raise

- Ž -

žába /zhá-ba/ f. frog, /schoolgirl/
žádat /zhá-dat/ v. ask, request, demand, apply
žádný /zhád-nee/ pron. no, none, neither, nobody, no one
žádost /zhá-dost/ f. request, application
žák, -yně /zhák, -inye/ m., f. pupil
žalář /zha-lárzh/ m. jail, prison
žaloba /zha-lo-ba/ f. accusation, charge
žalovat /zha-lo-vat/ v. complain, accuse, make charges, sneak /at school/

žaludek /zha-lu-dek/ m. stomach, tummy
žár /zhár/ m. glow, heat
žárlit /zhár-lit/ v. be jealous
žárlivost /zhár-li-vost/ f. jealousy
žárovka /zhá-rof-ka/ f. bulb
žasnout /zhas-nowt/ v. be astonished
ždímačka /zhdyee-mach-ka/ f. spin drier, wringer
ždímat /zhdyee-mat/ v. wring, squeeze
že /zhe/ conj. that
žebrák /zheb-rák/ m. beggar
žebrat /zheb-rat/ v. beg
žebro /zheb-ro/ n. rib
žebřík /zheb-rzheek/ m. ladder
žehlička /zheh-lich-ka/ f. /flat-/iron
žehlit /zheh-lit/ v. iron, press
želé /zhe-lé/ n. jelly
železnice /zhe-lez-nyi-tse/ f. railroad, railway
železný /zhe-lez-nee/ adj. iron
železo /zhe-le-zo/ n. iron
želva /zhel-va/ f. tortoise
žemle /zhem-le/ f. roll
žemlovka /zhem-lof-ka/ f. apple pudding
žena /zhe-na/ f. woman, female, wife
ženich /zhe-nyikh/ m. bridegroom
ženit se /zhe-nyit se/ v. marry /a girl/, get married

ženský /zhen-skee/ adj. female, feminine, womanly

žert /zhert/ m. fun, joke

žertovat /zher-to-vat/ v. joke

žid /zhit/ m. Jew

židle /zhid-le/ f. chair

žihadlo /zhi-had-lo/ n. sting

žíla /zhee-la/ f. vein

žiletka /zhi-let-ka/ f. razor-blade

žínka /zheen-ka/ f. face-cloth

žirafa /zhi-ra-fa/ f. giraffe

žít /zheet/ v. live

žito /zhi-to/ n. rye

živel /zhi-vel/ m. element

živit /zhi-vit/ v. feed, nourish, maintain, support

živobytí /zhi-vo-bi-tyee/ n. living, subsistence

živočich /zhi-vo-chikh/ m. animal

živořit /zhi-vo-rzhit/ v. vegetate, live a wretched life

život /zhi-vot/ m. life

životní /zhi-vot-nyee/ adj. vital

životopis /zhi-vo-to-pis/ m. biography

živý /zhi-vee/ adj. live, living, lively, active, agile, vivid

žízeň /zhee-zen^y/ f. thirst

žížala /zhee-zha-la/ f. earthworm
žláza /zhlá-za/ f. gland
žloutek /zhlow-tek/ m. yolk
žluč /zhluch/ f. gall, bile
žlučník /zhluch-nyeek/ m. gall-bladder
žlutý /zhlu-tee/ adj. yellow
žně /zhnye/ pl. crop, harvest
žralok /zhra-lok/ m. shark
žrát /zhrát/ v. devour, eat up
žula /zhu-la/ f. granite
župan /zhu-pan/ m. bath-robe, dressing-gown
žurnalista /zhur-na-lis-ta/ m. journalist, reporter
žvanit /zhva-nyit/ v. gibber, prattle
žvýkačka /zhvee-kach-ka/ f. chewing-gum
žvýkat /zhvee-kat/ v. chew

Part II

English–Czech

a, an /e, ej, en, aen/ art. člen neurčitý, jeden, nějaký
abandon /e'baenden/ v. opustit, vzdát se
abbreviation /e-brívi'ejšn/ s. zkratka
abdomen /'aebdemen/ s. břicho
ability /e'bility/ s. schopnost, způsobilost
able /'ejbl/ adj. schopný, nadaný
aboard /e'bórd/ adv. na palubě lodi, letadla, v. nastupovat
abolish /e'boliš/ v. zrušit
abominable /e'bominebl/ adj. odporný, ohavný
about /e'baut/ prep. kolem, na, o, po, adv. asi, sem a tam
above /e'bav/ prep. nad, adv. nahoře, shora, výše
abroad /e'bród/ adv. v cizině, do ciziny
abrupt /e'brapt/ adj. náhlý, prudký, neočekávaný, strohý, trhaný
absence /'aebsens/ s. nepřítomnost, nedostatek, absence
absent /'aebsent/ adj. nepřítomný, roztržitý
absolute /'aebselút/ adj. naprostý, úplný, absolutní
absolutely /'aebselútly/ adv. naprosto, úplně, absolutně, určitě, samozřejmě

absorb /eb´sórb/ v. pohltit, sát, vstřebat, upoutat

absurd /eb´sérd/ adj. nesmyslný, nemožný, směšný

abundance /e´bandens/ s. hojnost, nadbytek

abuse /e´bjúz/ s. zneužití, nadávky, v. zneužít, týrat

abyss /e´bys/ s. propast

accelerate /aek´selerejt/ v. zrychlit

accelerator /aek´selerejter/ s. plynový pedál

accent /´aeksent/ s. přízvuk, způsob výslovnosti

accept /ek´sept/ v. příjmout, uznat

access /´aekses/ s. přístup

accessories /aek´seseriz/ s.pl. příslušenství, doplňky

accident /´aeksident/ s. náhoda, nehoda

accommodate /e´komedejt/ v. ubytovat, umístit, přizpůsobit, vyhovět

accommodation /e,kome´dejšn/ s. ubytování, přizpůsobení

accompany /e´kampeny/ v. doprovázet

accomplish /e´kompliš/ v. dokončit, provést, dokázat

accord /e´kórd/ s. souhlas, shoda, v. udělit, souhlasit

according /e´kórdyng/ prep. podle
accordingly /e´kórdyngly/ adv. podle toho, proto
account /e´kaunt/ s. účet, konto, zpráva, případ, důvod, úvaha, v. považovat, vylíčit, vysvětlit
accountant /e´kauntent/ s. účetní
accumulate /e´kjúmjulejt/ v. nahromadit
accuracy /´aekjuresy/ s. přesnost
accurate /´aekjuryt/ adj. přesný, správný, pečlivý
accuse /e´kjúz/ v. obvinit, obžalovat
accustom /e´kastem/ v. zvyknout si na
ache /ejk/ s. bolest, bolení, v. bolet
achieve /e´čív/ v. dosáhnout, dokázat
achievement /e´čívment/ s. dosažení, výkon, úspěch, vymoženost
acid /´aesid/ adj. kyselý, s. kyselina
acknowledge /ek´nolidž/ v. přiznat, uznat, potvrdit
acorn /´ejkórn/ s. žalud
acquaintance /e´kwejntens/ s. znalost, známost, známý
across /e´kros/ prep. přes, napříč, křížem, adv. na druhé straně
act /aekt/ s. čin, skutek, zákon, akt, dějství hry, v. jednat, působit, dělat, hrát /roli/

action /'aekšn/ s. činnost, jednání, čin, akce, postup, působení
active /'aektyv/ adj. činný, aktivní, čilý, živý
activity /aek'tyvity/ s. činnost, aktivita, ruch
actor /'aekter/ s. herec
actress /'aektris/ s. herečka
actual /'aekčuel/ adj. skutečný, nynější
actually /'aekčuely/ adv. skutečně, vlastně
acute /e'kjút/ adj. ostrý, náhlý, akutní, bystrý, pronikavý
adapt /e'daept/ v. přizpůsobit, upravit
add /aed/ v. přidat, přičíst, dodat,sečíst
address /e'dres/ s. adresa, proslov, oslovení, v. adresovat, oslovit, mít projev
adequate /'aedekwet/ adj. přiměřený, dostatečný
adhesive /ed'hísiv/ adj. lepkavý, lepicí, s. lepidlo
adjust /e'džast/ v. přizpůsobit /se/, upravit, seřídit
adjustment /e'džastment/ s. přizpůsobení, úprava, seřízení
administration /ed,minys'trejšn/ s. správa, řízení, vláda, podání /léku/

admiration /ˌaedmi´rejšn/ s. obdiv
admire /ed´majer/ v. obdivovat se
admission /ed´mišn/ s. přístup, vstup, vstupné, přiznání, přijetí
admit /ed´mit/ v. vpustit, přijmout, připustit, uznat
admittance /ed´mitens/ s. vstup, přístup
adopt /e´dopt/ v. adoptovat, přijmout
adult /´aedalt/ adj.,s. dospělý
advance /ed´váns/ s. postup, pokrok, zvýšení, záloha, v. postoupit, pokročit, povýšit, zvýšit /ceny/
advantage /ed´vántydž/ s. výhoda, užitek, prospěch, zisk
adventure /ed´venčer/ s. dobrodružství
advertise /´aedvertajz/ v. inzerovat, oznámit
advertisement /ed´vértysment/ s. inzerát, reklama
advice /ed´vajs/ s. rada, zpráva
advise /ed´vajz/ v. /po/radit, doporučit
aeroplane /´eereplejn/ s. letadlo
affair /e´fér/ s. záležitost, věc,pletka
affect /e´fekt/ v. působit, ovlivnit, dojmout, postihnout, předstírat
affectation /ˌaefek´tejšn/ s. přetvářka, afektovanost

affection /e´fekšn/ s. náklonnost, láska, onemocnění

afford /e´fórd/ v. dopřát si, dovolit si, poskytnout

afraid /e´frejd/ adj. úzkostlivý, /be.../ bát se, obávat se

after /´áfter/ prep. po, za, podle, adv. potom, později

after all /´áfter ól/ prep. přesto, přece jenom, konec konců

afternoon /´áfternún/ s. odpoledne

afterwards /´áfterwerdz/ adv. později, potom

again /e´gen/ adv. opět, zase, ještě jednou, znovu

against /e´genst/ prep. proti, vůči

age /ejdž/ s. věk, stáří, v. stárnout

aged /´ejdžd/ adj. starý, velmi starý

agency /´ejdžensy/ s. agentura, zastoupení, působení

agent /´ejdžent/ s. zástupce, agent, činitel

aggression /e´grešn/ s. útok, přepadení, agrese

aggressive /e´gresiv/ adj. útočný, průbojný, agresivní

ago /e´gou/ adv. před /jen o čase/

agree /e'grí/ v. souhlasit, dohodnout se, dělat dobře, svědčit

agreement /e'gríment/ s. souhlas, shoda, dohoda

agricultural /,aegri'kalčurel / adj. zemědělský, hospodářský

agriculture /'aegrikalčer/ s. zemědělství

ahead /e'hed/ adv. vpřed/u/, dopředu,před

aid /ejd/ s. pomoc, pomocník, pomůcka, v. pomáhat, podporovat

aim /ejm/ s. míření, cíl, účel, v. mířit, zaměřit, usilovat

air /eer/ s. vzduch, ovzduší, výraz, chování, nápěv, v. /pro/větrat

airlines/'eerlajns/ pl. aerolinie

airplane /'eerplejn/ s. letadlo

airport /'eerpórt/ s. letiště

air ticket /'eer 'tykyt/ s. letenka

alarm /e'lárm/ s. poplach, neklid, leknutí, v. polekat, znepokojit

alarm-clock /e'lárm-'klok/ s. budík

alcohol /'aelkehol/ s. alkohol

alert /e'lert/ adj. ostražitý, bdělý, čilý, s. poplach, pohotovost

alien /'ejljen/ adj. cizí, s. cizinec

alike /e'lajk/ adj. podobný, stejný, adv. podobně, stejně

alive /e´lajv/ adj. žijící, naživu,zaživa
all /ól/ adj.,pron. celý, všechen, veškerý, všechno, adv. úplně, docela
all of us /ól of´as/ my všichni
all at once /ól et´wans/ současně, najednou, náhle
all right /ól´rajt/ dobře, v pořádku
alley /´aely/ s. alej, ulička
alliance /e´lajens/ s. spojení, svazek, spojenectví
allocate /´aelekejt/ v. přidělit
allow /e´lau/ v. dovolit, povolit, uznat
allowance /e´lauens/ s. příspěvek, přídavek, příděl, sleva
ally /e´laj/ s. spojenec, v. spojit, připojit se
almond /´ámend/ s. mandle
almost /´ólmoust/ adv. skoro, téměř
aloft /e´loft/ adv. vzhůru, ve výši
alone /e´loun/ adj. sám, osamělý
along /e´long/ prep. podél, podle, po, kolem, adv. dále, vpřed, spolu, s sebou
alongside /e´long´sajd/ prep.,adv. u, vedle, po straně, po boku
aloud /e´laud/ adv. nahlas, hlasitě
already /ól ´redy/ adv. již, už
also /´ólsou/ adv. také, též

altar /'ólter/ s. oltář
alter /'ólter/ v. změnit, přešít
alternate /'óltérnejt/ v. střídat /se/, adj. střídavý
although /ól'dzou/ conj. ačkoli
altitude /'aeltytjúd/ s. výška
altogether /,ólte'gedzer/ adv. naprosto, úplně, dohromady, celkem
always /'ólwez/ adv. vždycky, stále
am /aem, em/ v. jsem /I am/
a.m. /'ej 'em/ adv. ráno, dopoledne, 0-12hod.
amaze /e'mejz/ v. udivit, ohromit
amazement /e'mejzment/ s. úžas
ambassador /aem'baeseder/ s. velvyslanec
ambition /aem'bišn/ s. ctižádost, touha, ambice
ambitious /aem'bišes/ adj. ctižádostivý
ambulance /'aembjulens/ s. sanitní vůz
America /e'merike/ s. Amerika
American /e'meriken/ s. Američan/ka/, adj. americký
among /e'mang/ prep. mezi
amount /e'maunt/ s. částka, množství, suma, význam, v. činit, obnášet
amuse /e'mjúz/ v. bavit /se/
amusement /e'mjúzment/ s. pobavení,zábava

ancestor /'aensister/ s. předek
anchor /'aenker/ s. kotva, v. /za/kotvit
ancient /'ejnšent/ adj. starý, starobylý, starověký, starodávný
and /aend, end/ conj. a, i
angel /'ejndžel/ s. anděl
anger /'aenger/ s. zlost, vztek, v. rozzlobit, rozhněvat
angle /'aengl/ s. úhel, roh, hledisko, v. chytat ryby na udici
angry /'aengry/ adj. rozzlobený, zlostný
animal /'aenymel/ s. živočich, zvíře, adj. živočišný, zvířecí
ankle /'aenkl/ s. kotník /na noze/
annex /'aeneks/ s. přístavek, doložka, v. připojit
anniversary /,aeny'vérsery/ s. výročí
announce /e'nauns/ v. oznámit, ohlásit
announcement /e'naunsment/ s. oznámení, hlášení
annoy /e'noj/ v. obtěžovat, zlobit, trápit, dráždit
annoyance /e'nojens/ s. trápení, zlost, nepříjemnost, obtíž
annoying /e'nojing/ adj. mrzutý, nepříjemný
annual /'aenjuel/ adj. roční,každoroční

another /e´nadzer/ pron., adj. jiný, druhý, ještě jeden

answer /´ánser/ s. odpověď, výsledek, v. odpovědět, odpovídat, vyhovět

ant /aent/ s. mravenec

anticipate /aen´tysipejt/ v. očekávat, předvídat, předejít

anticipation /aen·tysi´pejšn/ s. očekávání, předtucha

antidote /´aentydout/ s. protijed,protilék

antique /aen´týk/ adj. starodávný, antický, s. starožitnost

anxiety /aeng´zajety/ s. úzkost, starost, touha

anxious /´aenkšes/ adj. znepokojený, starostlivý, dychtivý

any /´eny/ adj., pron. jakýkoli, kterýkoli, každý, nějaký, některý, adv. trochu

anybody, anyone /´eny·body, ´enywan/ pron. kdokoli, každý, někdo

anyhow /´enyhau/ adv. jakkoli, nějak, stejně, v každém případě, všelijak

anything /´enySing/ pron. cokoli, všechno, něco

anyway /´enywej/ adv. v každém případě, stejně, vůbec

anywhere /´enywér/ adv. kdekoli, kamkoli, všude, někde, někam

apart /e'párt/ adv. stranou, zvlášť, odděleně
apartment /e'pártment/ s. byt, pokoj
apologize /e'poledžajz/ v. omluvit se
apology /e'poledži/ s. omluva, obrana
apparatus /,aepe'rejtes/ s. aparát, přístroj, zařízení
apparent /e'paerent/ adj. zřejmý, jasný, zjevný, zdánlivý
apparently /e'paerently/ adv. zřejmě, jak se zdá, podle všeho
appeal/e'píl/ s. žádost, prosba, odvolání, půvab, přitažlivost, v. odvolat se, obrátit se /na koho/, působit, líbit se
appear /e'pier/ v. objevit se, dostavit se, vystoupit, vyjít /tiskem/, zdát se, vypadat
appearance /e'pierens/ s. zjev, vzhled, zdání, vystoupení, objevení
appetite /'aepitajt/ s. chuť
appetizer /'aepitajzer/ s. aperitiv, předkrm
applaud /e'plód/ v. tleskat, schvalovat
applause /e'plóz/ s. potlesk
apple /'aepl/ s. jablko
appliance /e'plajens/ s. zařízení, přístroj, spotřebič

application /·aepli'kejšn/ s. žádost, přihláška, použití, obklad
apply /e'plaj/ v. přiložit, žádat, použít, týkat se
appoint /e'pojnt/ v. určit, stanovit, jmenovat, dosadit
appointment /e'pojntment/ s. jmenování, ustanovení, určení, schůzka, setkání, místo, úřad
appreciate /e'príšiejt/ v. ocenit, hodnotit, vážit si, uznávat
apprentice /e'prentys/ s. učeň
approach /e'prouč/ s. přiblížení, příchod, přístup, poměr, v. přiblížit se, přistoupit, obrátit se /na koho/
approval /e'průvl/ s. souhlas, schválení
approve /e'prův/ v. souhlasit, schválit
approximate /e'proksimit/ adj. přibližný
apricot /'ejprykot/ s. meruňka
April /'ejprel/ s. duben
apron /'ejpren/ s. zástěra, rampa
arch /árč/ s. oblouk, v. pře-, vy-, klenout, adj. šelmovský
archaeology /·árki'oledži/ s. archeologie
architecture /'árkitekčer/ s. architektura, stavitelství

are /ár/ v. jsi, jsme...
area /'eerie/ s. plocha, prostor, oblast
argue /'árgjú/ v. přít se, dokazovat, tvrdit, argumentovat, přemluvit
argument /'árgjument/ s. důvod, debata, spor, tvrzení, argument
arise, arose, arisen /e'rajz, e'rouz, e'ryzn/ v. povstat, vzniknout, vycházet
aristocracy /ˌaeris'tokrasy/ s. šlechta, aristokracie
arithmetic /e'rismetyk/ s. počty, aritmetika
arm /árm/ s. paže, ruka, náručí, rámě, opěradlo,
arm, arms /árm, ármz/ s., pl. zbraň, zbraně, zbrojení, v. o-, vy-, zbrojit
armpit /'ármpit/ s. podpaží
army /'ármy/ s. vojsko, armáda
around /e'raund/ prep., adv. kolem, okolo, dokola
arouse /e'rauz/ v. vzbudit /se/, vyburcovat
arrange /e'rejndž/ v. uspořádat, zařídit, sjednat, dohodnout, urovnat, upravit
arrangement /e'rejndžment/ s. uspořádání, úprava, dohoda, úmluva
arrest /e'rest/ v. zastavit, zadržet, zatknout, s. zatčení, vazba

arrival /e'rajvl/ s. příjezd, příchod, došlá zásilka

arrive /e'rajv/ v. přijet, přijít, dospět, dosáhnout

arrogant /'aeregent/ adj. povýšený, domýšlivý, arogantní

arrow /'aerou/ s. šíp, šipka

art /árt/ s. umění, zručnost, dovednost

article /'ártykl/ s. článek, stať, bod, předmět, kus

artificial /·ártyfišl/ adj. umělý, falešný, strojený

artist /'ártyst/ s. umělec, malíř

artistic /ár'tystyk/ adj. umělecký

as /aez, ez/ adv., conj., pron. jak, což, tak, jako, když, protože, ačkoli

as for /ez'fór/ co se týče, pokud jde o

as well /ez'wel/ rovněž, také

ash /aeš/ s. popel

ashamed /e'šejmd/ adj. zahanbený, /be.../ stydět se

ashtray /'aeštrej/ s. popelník

aside /e'sajd/ adv. stranou, na stranu

ask /ásk/ v. ptát se, žádat, prosit,pozvat

asleep /e'slíp/ adv. ve spaní, /be.../ spát

aspect /'aespekt/ s. stránka, hledisko, vzhled, vyhlídka

aspirin /ˊaesprin/ s. prášek proti bolení hlavy, aspirin
ass /aes/ s. osel
assassinate /eˊsaesinejt/ v. zavraždit
assassination /e·saesiˊnejšn/ s. vražda
assault /eˊsólt/ s. útok, přepadení, v. přepadnout, útočit na
assembly /eˊsembly/ s. shromáždění, sněm, montáž
assert /eˊsért/ v. tvrdit, prosazovat
assess /eˊses/ v. odhadnout, stanovit
assign /eˊsajn/ v. přidělit, určit
assignment /eˊsajnment/ s. úkol, přidělování, stanovení
assimilate /eˊsimilejt/ v. přizpůsobit se, asimilovat
assist /eˊsist/ v. pomáhat, přispět
assistance /eˊsistens/ s. pomoc, podpora
assistant /eˊsistent/ s. pomocník, asistent
associate /eˊsoušiejt/ v. sdružovat /se/, stýkat se, s. společník, spolupracovník
association /e·sousiˊejšn/ s. spojení, sdružení, společnost, styk
assume /eˊsjúm/ v. předpokládat, usuzovat, domnívat se, přijmout, převzít, předstírat

assumption /e´sampšn/ s. domněnka, předpoklad, přijetí

assurance /e´šuerens/ s. ujištění, pojištění, jistota, důvěra, sebedůvěra

assure /e´šuer/ v. ujistit, zaručit, pojistit

astonish /es´tonyš/ v. udivit, překvapit

astonishment /es´tonyšment/ s. úžas, údiv

astray /es´trej/ adv. z cesty, /go.../ zabloudit, ztratit se

astronaut /´aestrenót/ s. kosmonaut

astronomy /es´tronemy/ s. astronomie

asylum /e´sajlem/ s. útočiště, azyl, /blázinec/

at /aet, et/ prep. u, v, ve, při, na, o, k, ke, za

athletics /aeS´letyks/ s. /lehká/atletika

atmosphere /´aetmesfier/s. atmosféra, ovzduší

atom /´aetem/ s. atom

atomic /e´tomik/ adj. atomový

attach /e´taeč/ v. připojit, připevnit, přilepit, přikládat, připisovat, být spojen, lpět /na/

attack /e´taek/ s. útok, záchvat, v. napadnout, zaútočit, postihnout

attempt /e´tempt/ s. pokus, /atentát/, v. pokusit se, zkusit,spáchat atentát attend /e'tend/ v. navštěvovat, účastnit se, věnovat se, obsluhovat, léčit, pečovat, ošetřovat

attendance /e'tendens/ s. návštěva /školy/, účast, doprovod, obsluha, péče, ošetření

attendant /e'tendent/ s. sluha, zřízenec, uváděč

attention /e'tenšn/ s. pozornost, péče, pozor!

attic /'aetyk/ s. podkroví, mansarda

attitude /'aetytjúd/ s. postoj, poměr

attorney /e'térny/ s. právní zástupce

attract /e'traekt/ v. přitahovat, vábit

attractive /e'traektyv/ adj. přitažlivý, půvabný, /hezký/

auction /'ókšn/ s. dražba

audience /'ódyens/ s. obecenstvo, publikum, posluchači, audience

auditorium /,ódytóriem/ s. hlediště, posluchárna

August /'ógest/ s. srpen

aunt /ánt/ s. teta

authentic /ó'Sentyk/ adj. pravý, věrohodný, spolehlivý

author /'óSer/ s. spisovatel/ka/, autor

authority /ó'Sority/ s. autorita, moc, právo

authorize/'óSerajz/ v. oprávnit, schválit
autobiography /·ótoubaj'ogrefy/ s. vlastní životopis
automatic /·óte'maetyk/ adj. automatický, samočinný
autumn /'ótem/ s. podzim, adj. podzimní
available /e'vejlebl/ adj. dostupný, platný, k dispozici
avalanche /'aeveláně/ s. lavina
avenge /e'vendž/ v. pomstít
avenue /'aevenjú/ s. alej, třída /městská/
average /'aeverydž/ s. průměr, adj. průměrný, v. průměrně činit
avoid /e'vojd/ v. vyhnout se, varovat se
awake, awoke, awoke /e'wejk, e'wouk, e'wouk/ v. probudit /se/, uvědomit si, adj. bdící, vzhůru
awaken /e'wejkn/ v. vzbudit /se/
award /e'wórd/ s. rozhodnutí, odměna, cena, v. přiřknout, udělit /cenu/
aware /e'wer/ adj. vědom /si/, /be.../ být si vědom
away /e'wej/ adv. pryč, venku, nepřítomen, daleko
awful /'óful/ adj. hrozný, strašný
awkward /'ókwed/ adj. nevhodný, nešikovný, nepříjemný, trapný

ax /aeks/ s. sekera
axis /ˈaeksis/ s. osa
azalea /eˈzejlje/ s. azalka

- . -

baby /ˈbejby/ s. dětátko, nemluvně
baby sitter /ˈbejby ˈsiter/ s. dozor u dítěte
back /baek/ s. záda, hřbet, opěradlo, zadní strana, adj. zadní, prošlý, adv. vzadu, dozadu, zpět, zpátky, v. ustoupit, couvat
back up /baek ap/ v. podporovat, protěžovat, stát za
background /ˈbaekgraund/ s. pozadí, minulost
backward /ˈbaekwed/ adv. dozadu, zpět, obráceně
bacon /ˈbejkn/ s. slanina
bad /baed/ adj. špatný, zlý, ošklivý
badge /baedž/ s. odznak
bag /baeg/ s. pytel, vak, taška, kabela v. plnit
baggage /ˈbaegidž/ s. zavazadla
bake /bejk/ v. péci, pálit /cihly/
bakery /ˈbejkery/ s. pekařství, pekárna
balance /ˈbaelens/ s. váha, rovnováha, zůstatek, v. vyrovnat, balancovat

balcony /ˈbaelkeny/ s. balkón
bald /bóld/ adj. holý, lysý, holohlavý, plešatý
ball /ból/ s. míč, koule, ples
ballet /ˈbaelej/ s. balet
balloon /beˈlún/ s. balón, v. vzdouvat
ban /baen/ s. zákaz, v. zakázat, vypovědět, vyhnat
banana /beˈnáne/ s. banán
band /baend/ s. pás/ek/, stuha, řemen, pruh, tlupa, kapela
bandage /ˈbaendydž/ s. obvaz, v. obvázat
bang /baeng/ s. rána, úder, v. tlouci, uhodit, bouchnout, prásknout
banish /ˈbaenyš/ v. vypovědět, vyhostit
banisters /ˈbaenysterz/ s. pl. zábradlí
bank /baenk/ s. břeh, násep, banka, v. uložit, ukládat /peníze/
bank-bill /baenk-bil/ s. bankovka
bankruptcy /ˈbaenkrapsy/ s. úpadek
baptize /baepˈtajz/ v. /po/křtít
bar /bár/ s. tyč, mříž, závora, takt, výčep, bar, v. přehradit, uzavřít
barber /ˈbárber/ s. holič
bare /beer/ adj. holý, nahý, prostý, pouhý, v. obnažit, odhalit
barefoot /ˈbeerfut/ adj. bos

barely /ˈbeerly/ adv. sotva, stěží

bargain /ˈbárgin/ s. výhodná koupě, obchod, v. smlouvat, dohadovat se

bark /bárk/ s. kůra, v. štěkat

barley /ˈbárly/ s. ječmen

barn /bárn/ s. stodola

barrel /ˈbaerel/ s. sud, hlaveň /zbraně/

barren /ˈbaeren/ adj. neplodný, neúrodný

barrier /ˈbaerier/ s. ohrada, přehrada, překážka

barter /ˈbárter/ v. směnit, vyměnit

base /bejs/ s. základ, základna, adj.nízký, podlý, v. zakládat, zakládat se

basement /ˈbejsment/ s. suterén

bashful /ˈbaešful/ adj. stydlivý, ostýchavý

basic /ˈbejsik/ adj. základní

basin /ˈbejsn/ s. umyvadlo, nádrž, bazén, mísa, povodí

basis /ˈbejsis/ s. pl. základ/na/

basket /ˈbáskyt/ s. koš/ík/

bath /báS/ s. koupel, lázeň, /have, take .../ vykoupat se

bathe /bejdz/ v. /vy/koupat se /venku/

bathing-suit /ˈbejdzing sjút/ s. plavky

bathroom /ˈbáSrum/ s. koupelna

bath-tub /ˈbáStab/ s. vana

battery /ˈbaetery/ s. baterie
battle /ˈbaetl/ s. bitva
be, was, been /bí, woz, bín/ v. být, znamenat, stát /kolik/
beach /bíč/ s. pláž
bead /bíd/ s. korálek, zrnko, kapka
beak /bík/ s. zobák
beam /bím/ s. trám, paprsek, v. zářit
bean /bín / s. fazole, bob, zrno
bear, bore, borne /beer, bór, bórn/ v. nést, snášet, vydržet, /po/rodit, chovat se, vést
bear /beer/ s. medvěd
beard /bierd/ s. vousy
beast /bíst/ s. zvíře, šelma, bestie
beat, beat, beaten /bít, bít, bítn/ v. bít, tlouci, bušit, šlehat /vejce/, porazit, s. úder, tlukot, rytmus
beautiful /ˈbjútyful/ adj. krásný
beauty /ˈbjúty/ s. krása, kráska
beaver /ˈbíver/ s. bobr
because /byˈkóz/ conj. protože, poněvadž, kvůli
beckon /ˈbekn/ v. /po/kynout
become, became, become /byˈkam, byˈkejm, byˈkam/ v. stát se, slušet
bed /bed/ s. postel, lůžko, záhon

bedroom /ˊbedrum/ s. ložnice, pokoj /v hotelu/
bedside table /ˊbedsajdˊtejbl/ s. noční stolek
bedspread /ˊbedspred/ s. pokrývka,přehoz
bee /bí/ s. včela
beef /bíf/ s. hovězí maso
beefsteak /ˊbífˊstejk/ s. biftek, roštěná
beehive /ˊbíhajv/ s. úl
beer /bier/ s. pivo
beet /bít/ s. řepa
beetle /ˊbítl/ s. brouk
before /byˊfór/ prep., adv. před, dříve, předtím, vpředu
beforehand /byˊfórhaend/ adv. předem
beg /beg/ v. žebrat, žádat, prosit, dovolit si, omluvit se
beggar /ˊbeger/ s. žebrák
begin, began, begun /byˊgin, byˊgaen, byˊgan/ v. začít
beginner /byˊginer/ s. začátečník
beginning /byˊginyng/ s. začátek, počátek
behave /byˊhejv/ v. chovat se, pracovat /o stroji/
behavior /byˊhejvjer/ s. chování, způsoby
behind /byˊhajnd/ prep. za, adv. vzadu, pozadu, zpět

being /ˊbíing/ s. bytí, bytost
belief /byˊlíf/ s. víra, důvěra
believe /byˊlív/ v. věřit, domnívat se, myslit
bell /bel/ s. zvon/ek/
belly /ˊbely/ s. břicho, žaludek
belong /byˊlong/ v. náležet, patřit
below /byˊlou/ prep. pod, adv. dole,níže
belt /belt/ s. pás, opasek, řemen v. opásat, vroubit, spráskat /páskem/
bench /benč/ s. lavice
bend, bent, bent /bend, bent, bent/ v. ohnout /se/, shýbnout se, zahýbat s. ohyb, zatáčka
beneath /byˊnýS/ prep. pod, adv. dole
benefit /ˊbenefit/ s. užitek, prospěch, podpora, dobrodiní
benevolence /beˊnevelens/ s. laskavost, shovívavost, dobročinnost
berry /ˊbery/ s. bobule
beside /byˊsajd/ prep. vedle, u, při
besides /byˊsajdz/ prep. kromě, mimo, adv. mimoto, kromě toho, ještě
best /best/ adj. nejlepší, adv. nejlépe, nejvíc
bet, bet, bet /bet, bet, bet/ v. sázet, vsadit /peníze/, s. sázka

betray /by´trej/ v. zradit, oklamat, prozradit
betrayal /by´trejel/ s. zrada, prozrazení
better /´beter/ adj. lepší, adv. lépe, raději, v. zlepšit, zdokonalit
between /by´twín/ prep. mezi, adv. uprostřed, mezitím
beverage /´beverydž/ s. nápoj
beware /by´wer/ v. dát si pozor, varovat se
bewilder /by´wilder/ v. vyvést z míry, zmást
beyond /by´jond/ prep., adv. za, nad, na druhé straně
bicycle, bike /´bajsikl, bajk/ s. jízdní kolo, v. jezdit na kole
big /big/ adj. velký, silný, ad. hodně, pořádně
bile /bajl/ s. žluč
bill /bil/ s. účet, oznámení, plakát, bankovka, návrh zákona
bind, bound, bound /bajnd, baund, baund/ v./s/vázat, zavázat, spojit
binoculars /bi´nokjulerz/s. pl. dalekohled
biography /baj´ogrefy/ s. životopis
biology /baj´oledži/ s. biologie

birch /bérč/ s. bříza
bird /bérd/ s. pták
birth /bérS/ s. narození, vznik, původ
birthday /'bérSdej/ s. narozeniny
biscuit /'biskyt/ s. suchar, sušenka
bit /bit/ s. kousek, trocha, chvilka, ostří, udidlo
bite, bit, bitten /bajt, bit, 'bitn/ v. kousat, štípat, leptat, s. sousto,kousnutí, štípnutí
bitter /'biter/ adj. hořký, trpký
black /blaek/ adj. černý, tmavý, s. čerň, černoch
blackberry /'blaekbery/ s. ostružina
blackbird /'blaekbérd/ s. kos
blackboard /'blaekbórd/ s. školní tabule
blackmail /'blaekmejl/ s. vydírání, v.vydírat
blackout /'blaekaut / s. ztráta vědomí, zatemnění
blacksmith /'blaeksmiS/ s. kovář
bladder /'blaeder/ s. měchýř
blade /blejd/ s. čepel, ostří, žiletka, stéblo
blame /blejm/ v. obviňovat, dávat vinu, s. vina, hana
blank /blaenk/ adj. prázdný, nevyplněný, bezvýrazný, s. prázdné místo, formulář

blanket /ˈblaenkyt/ s. /vlněná/ přikrývka, pokrývka
blast /blást/ s. proud vzduchu, závan, výbuch, zvuk /trubky,.../
blaze /blejz/ s. plamen, požár, záře, výbuch, v. plápolat, hořet
blazer /ˈblejzer/ s. sportovní sako
bleach /blíč/ v. bílit, odbarvit
bleed, bled, bled /blíd, bled, bled/ v. krvácet
bless /bles/ v. /po/žehnat, velebit
blind /blajnd/ adj. slepý, s. roleta, v. oslepit
blister /ˈblister/ s. puchýř
blizzard /ˈblizerd/s. vánice, sněhová bouře
block /blok/ s. špalek, blok, kvádr, v. zatarasit, blokovat
blond/e/ /blond/ adj. plavý, světlovlasý, blond, s. blondýn, blondýnka
blood /blad/ s. krev, adj. krevní
blood-vessel /ˈblad-vesl/ s. céva
bloody /ˈblady/ adj. krvácející, krvavý
bloom /blúm/ s. květ, rozkvět, pel, půvab
blossom /ˈblosem/ s. květ/y/, v. kvést, rozkvést
blouse /blauz/ s. blúza, halenka

blow /blou/ s. rána, úder

blow, blew, blown /blou, blú, bloun/ v. foukat, dout, vanout, zhasit, vybuchnout, vyhodit

blue /blú/ adj. modrý, smutný

blueprint /ˊblúˊprynt/ s. modrotisk, plán

blues /blúz/ s.pl. melancholická nálada

blunder /ˊblandər/ s. chyba, omyl, v. /hrubě/ chybit, zmýlit se

blunt /blant/ adj. tupý, nevybíravý, v. otupit

blush /blaš/ v. červenat se, stydět se

board /bórd/ s. prkno, deska, lepenka, kartón, tabule, stůl, výbor, komise, paluba, strava, v. stravovat se, nastoupit /na loď.../

boarding-house /bórdyng-haus/ s. penzión

boarding-school /bórdyng-skúl/ s. internátní škola

boast /boust/ s. vychloubání, chvástání, v. chlubit se

boat /bout/ s. člun, loď

body /ˊbody/ s. tělo, mrtvola, těleso, trup

Bohemia /bouˊhímje/ s. Čechy

Bohemian /bouˊhímjen/ adj. bohémský, český

boil /bojl/ v. vařit /se/, vřít, s. vřed

boiler /ˊbojlər/ s. kotel, bojler

bold /bould/ adj. odvážný, smělý, výrazný, drzý
bomb /bom/ s. bomba, puma, v. bombardovat
bond /bond/ s. závazek, smlouva, pouto
bone /boun/ s. kost, v. vykostit
bonus /'bounes/ s. prémie, přídavek
book /buk/ s. kniha, sešit, v. zapsat, zaznamenat, předplatit si, rezervovat
bookcase /'bukkejs/ s. knihovna
book-keeper /'buk-kíper/ s. účetní
book-keeping /'buk-kíping/ s. účetnictví
booklet /'buklit/ s. knížečka, brožura
boom /búm/ s. rozmach, konjunktura
boot /bút/ s. bota, holinka
booth /búdz/ s. bouda, budka, stánek
border /'bórder/ s. okraj, hranice, v. obroubit, ohraničit
bore /bór/ v. nudit, s. nudná osoba,nuda
boredom /'bórdem/ s. nuda
born /bórn/ adj. narozen
borrow /'borou/ v. vypůjčit si
bosom /'buzem/ s. ňadra, prsa
boss /bos/ s. šéf, pán, v. rozkazovat, poroučet
both /bouS/ pron.,adj. oba /dva/, obojí
bother /'bodzer/ v. obtěžovat, zlobit, trápit, s. obtíž, nesnáz

bottle /ˈbotl/ s. láhev, v. plnit lahve
bottom /ˈbotəm/ s. dno, spodek, zadek, adj. spodní, dolní
bounce /bauns/ v. skákat, vyskočit, vřítit se, narazit, vychloubat se
boundary /ˈbaundəry/ s. hranice
bow /bou/ s. luk, smyčec, oblouk, smyčka, stuha, motýlek /kravata/
bow /bau/ v. uklonit se, ohnout, ohýbat se, s. poklona, úklona
bowels /ˈbauəlz/ s.pl. vnitřnosti, střeva
bowl /boul/ s. mísa, miska, číše v. hrát kuželky
box /boks/ s. krabice, bedna, kazeta, schránka, budka, v. balit do krabice
boxing /ˈboksing/ s. box
box-office /ˈboks·ofis/ s. pokladna /divadelní/
boy /boj/ s. chlapec, hoch
boy-friend /boj-frend/ s. mládenec, milý
bra /brá/ s. podprsenka
bracelet /ˈbrejslit/ s. náramek
braces /brejsiz/ s. pl. šle
brain /brejn/ s. mozek, rozum
brake /brejk/ s. brzda, v. brzdit
branch /bránč/ s. větev, odvětví, pobočka, v. rozvětvovat, rozbíhat se

brand /braend/ s. /vypálené/ znamení, značka, druh, v. označit
brass /brás/ s. mosaz
brave /brejv/ adj. statečný, odvážný, v. vzdorovat /čemu/
bread /bred/ s. chléb
breadcrumbs /'bredkramz/ s.pl. strouhaná houska
breadth /bredS/ s. šíře, velkorysost
break, broke, broken /brejk, brouk, 'brouken/ v. zlomit, rozbít, prasknout, porušit, nedodržet, přerušit, s. přerušení, přestávka, změna, šance
breakdown /'brejkdaun/ s. zhroucení, havárie
breakfast /'brekfest/ s. snídaně, v. snídat
breast /brest/ s. prs, prsa, hruď
breath /breS/ s. dech, šepot
breathe /brídz/ v. dýchat, oddechnout si
breed, bred, bred /bríd, bred, bred/ v. plodit, množit se, pěstovat, chovat, s. plemeno, rod, rasa, druh
brew /brú/ v. vařit pivo
bribe /brajb/ s. úplatek, v. podplácet
brick /bryk/ s. cihla, adj. cihlový, zděný

bricklayer /ˈbryklejer/ s. zedník

bride /ˈbrajd/ s. nevěsta

bridegroom /ˈbrajdgrum/ s. ženich

bridge /brydž/ s. most, lávka, přemostit, překlenout

brief /bríf/ adj. krátký, stručný, s. výtah /z knihy.../, souhrn

brief-case /bríf-kejs/ s. aktovka

bright /brajt/ adj. jasný, světlý, veselý, bystrý, chytrý

brilliant /ˈbriljent/ adj. zářivý, skvělý

brim /brym/ s. okraj

bring, brought, brought /bryng, brót, brót/ v. přinést, přivést, přimět, vynášet /kolik/

Britain /ˈbritn/ s. Británie

British /ˈbrityš/ adj. britský

broad /bród/ adj. široký, širý, obsáhlý, úplný, všeobecný, hrubý, velkorysý, tolerantní

broadcast /ˈbródkást/ s. vysílání, přenos, v. vysílat rozhlasem

broil /brojl/ v. péci na rožni, pražit

broken /ˈbrouken/ adj. rozbitý, zlomený

bronze /bronz/ s. bronz, adj. bronzový

brooch /brouč/ s. brož

brook /bruk/ s. potok

broom /brúm/ s. koště
broth /broS/ s. masový vývar
brother /ˊbradzer/ s. bratr
brother-in-law /ˊbradzer-in-ló/ s. švagr
brow /brau/ s. obočí, čelo
brown /braun/ adj. hnědý, /opálený/
bruise /brúz/ s. modřina, podlitina, v. pohmoždit /se/
brunch /branč/ s. snídaně a oběd dohromady
brunet, brunette /brúˊnet/ s. brunet, bruneta, adj. tmavovlasý
brush /braš/ s. kartáč, štětec, štětka, v. kartáčovat, oprášit
brutal /ˊbrútl/ adj. surový, brutální
bubble /ˊbabl/ s. bublina, v. bublat
bucket /ˊbakyt/ s. vědro, kbelík
buckle /ˊbakl/ s. přezka, spona, v. zapínat, sepnout
bud /bad/ s. poupě, pupen, zárodek, v. pučet, klíčit, roubovat
budget /ˊbadžit/ s. rozpočet
bug /bag/ s. štěnice, hmyz
build, built, built /byld, bylt, bylt/ v. stavět, budovat
builder /ˊbylder/ s. stavitel, budovatel
building /ˊbyldyng/ s. budova, stavba, adj. stavební

bulb /balb/ s. hlíza, žárovka
bulk /balk/ s. /velký/ objem, hromada
bull /bul/ s. býk
bullet /'bulit/ s. kulka, střela
bully /'buly/ s. rváč, surovec, v. tyranizovat
bump /bamp/ s. rána, náraz, boule, v. uhodit, narazit
bumper /'bamper/ s. nárazník /auta/
bun /ban/ s. žemle, malý bochánek
bunch /banč/ s. svazek, chomáč, kytice
bundle /'bandl/ s. ranec, uzel, balík, v. svázat do rance, nacpat
burden /'bérdn/ s. břemeno, přítěž, v.obtížit, naložit
burglar /'bérgler/ s. /bytový/ lupič
burglary /'bérglery/ s. vloupání
burial /'beriel/ s. pohřeb
burn, burnt, burnt /bérn, bérnt, bérnt/ v. /s/pálit, /s/hořet, propálit, s. popálenina
burst, burst, burst /bérst, bérst, bérst/ v. prasknout, puknout, roztrhnout, prorazit, vrazit, propuknout, s. výbuch
bury /'bery/ v. pohřbít, pochovat, zakopat
bus /bas/ s. autobus

bush /buš/ s. keř, křoví
business /ˊbyznys/ s. zaměstnání, povolání, záležitost, řízení, obchod, úkol
businessman /ˊbyznysmen / s. obchodník
bus-stop /bas-stop/ s. stanice autobusu
busy /ˊbyzy/ adj. zaměstnaný, zaneprázdněný, živý, rušný, čilý
but /bat, bet/ conj., prep. ale, avšak, kromě, jenom, jen, aspoň
butcher /ˊbučer/ s. řezník
butter /ˊbater/ s. máslo, v. namazat máslem
butterfly /ˊbaterflaj/ s. motýl
buttermilk /ˊbatermilk/ s. podmáslí, kyselé mléko
button /ˊbatn/ s. knoflík, tlačítko, v. zapnout
buy, bought, bought /baj, bót, bót/ v. koupit /si/, nakupovat, s. koupě
buyer /ˊbajer/ s. kupující, kupec
buzz /baz/ v. bzučet, hučet, s. bzukot
by /baj/ prep. vedle, u, blízko, pomocí, do, podle, za, po, kolem
bye-bye /ˊbajˊbaj/ int. sbohem, nashledanou
by-pass /ˊbaj-pás/ s. objížďka, v. objet

cab /kaeb/ s. taxík, drožka

cabbage /ˈkaebydž/ s. hlávkové zelí, kapusta

cabin /ˈkaebin/ s. kabina, kajuta, chata

cabinet /ˈkaebinet/ s. skříň, skříňka, kabinet

cable /ˈkejbl/ s. lano, kabel, telegram, v. telegrafovat

cactus /ˈkaektes/ s. kaktus

café /ˈkaefej/ s. kavárna

cafeteria /ˌkaefiˈtyerje/ s. automat, restaurace /se samoobsluhou/

cage /kejdž/ s. klec, v. zavřít do klece

cake /kejk/ s. dort, koláč, buchta

calamity /keˈlaemity/ s. pohroma,neštěstí

calculate /ˈkaelkjulejt/ v. /vy/počítat, kalkulovat

calculation /ˌkaelkjuˈlejšn/ s. počítání, uvažování, výpočet

calendar /ˈkaelinder/ s. kalendář

calf /káf/ s. tele, lýtko

call /kól/ v. volat, zavolat, nazývat, jmenovat /se/, svolat, telefonovat, přijít /kam/, s. volání, rozhovor, návštěva

calm /kám / adj. tichý, klidný, s. ticho, klid, v. uklidnit se, utišit se

calorie /ˈkaelery/ s. kalorie
camel /ˈkaeml/ s. velbloud
camera /ˈkaemere/ s. kamera, fotoaparát
camp /kaemp/ s. tábor, v. tábořit
can, could /kaen, kud/ v. moci, smět, umět
can /kaen/ s. plechovka, konzerva, konev, v. konzervovat
canal /keˈnael/ s. kanál, průplav
cancel /ˈkaensl/ v. odvolat, zrušit, přeškrtnout
cancer /ˈkaenser/ s. rakovina
candle /ˈkaendl/ s. svíčka
candy /ˈkaendy/ s. cukroví
cane /kejn/ s. třtina, rákos, rákoska
cannon /ˈkaenen/ s. dělo, kanón
cap /kaep/ s. čepice, čepec, víčko, přikrýt, zavřít /víčkem/
capable /ˈkejpebl/ adj. schopný, způsobilý
capacity /keˈpaesity/ s. kapacita, obsah, objem, chápavost, schopnost, postavení
cape /kejp/ s. kapuce, pláštěnka, mys
capital /ˈkaepitl/ adj. hlavní, důležitý, velký /u písmene/, s. hlavní město, kapitál, velké písmeno
capitalism /ˈkaepitelizm/ s. kapitalismus

captain /'kaeptyn/ s. kapitán
captive /'kaeptyv/ adj. zajatý, s. zajatec
capture /'kaepčer/ v. zajmout, dopadnout, dobýt, zaujmout, s. zajetí, dobytí, kořist
car /kár/ s. auto, vůz
caravan /·kaere'vaen/ s. přívěs, karavana
caraway /'kaerewej/ s. kmín
card /kárd/ s. karta, lístek, pohlednice, průkaz
care /keer/ s. péče, opatrnost, dohled, starost, pozor, v. pečovat, starat se, dbát, zajímat se o
career /ke'rier/ s. povolání, zaměstnání, kariéra
careful /'keerful/ adj. opatrný, pečlivý
careless /'keerles/ adj. neopatrný, nedbalý,
caretaker /'keertejker/ s. správce domu, domovník, hlídač
carnation /kár'nejšn/ s. karafiát
carol /'kaerel / s. koleda
carp /kárp/ s. kapr
carpenter /'kárpenter/ s. tesař, truhlář
carpet /'kárpit/ s. koberec, v. pokrýt /kobercem/

carriage /ˈkaerydž/ s. vůz, kočár, vagón
carrier /ˈkaerier/ s. nosič, nositel, dopravce
carrot /ˈkaeret/ s. mrkev
carry /ˈkaery/ v. nést, nosit, vézt, dopravit, prosadit, provést, odnést,unést
cart /kárt/ s. vozík, kára
cartridge /ˈkártrydž/ s. náboj, náplň do pera
carve /kárv/ v. vyřezávat, krájet /maso/
case /kejs/ s. případ, proces, důvod, krabice, bedna, kufr, skříň, pouzdro
cash /kaeš/ s./hotové/peníze, hotovost, v. proplatit, inkasovat /hotově/
cast, cast, cast /kást, kást, kást/ v. házet, vrhat. shodit, /od/lít, s. odlitek, forma, hod, vrh
castle /ˈkásl/ s. hrad, zámek
casual /ˈkaežjuel/ adj. náhodný, nedbalý, neformální /oblečení/
casualty /ˈkaežjuelty/ s. nehoda, neštěstí, oběť nehody
cat /kaet/ s. kočka
catalogue /ˈkaetelog/ s. katalog, ceník
catastrophe /keˈtaestrefy/ s. katastrofa
catch, caught, caught /kaeč, kót, kót/ v. chytit, dohonit, uchopit, pochopit, porozumět, s. úlovek, kořist, chyták

caterpillar /ˈkaeterpiler/ s. housenka, pásové vozidlo
Catholic /ˈkaeSelik/ s. katolík, adj. katolický
cattle /ˈkaetl/ s. dobytek
cauliflower /ˈkoliflauer/ s. květák
cause /kóz/ s. příčina, důvod, /soudní/ spor, pře, věc, v. způsobit, vyvolat, přimět
caution /ˈkóšn/ s. opatrnost, výstraha, v. varovat /před/
cautious /ˈkóšes/ adj. opatrný, obezřelý
cave /kejv/ s. jeskyně, v. propadnout se, povolit
cease /sís/ v. přestat, zastavit
ceiling /ˈsíling/ s. strop
celebrate /ˈselibrejt/ v. slavit,oslavovat
celebration /ˌseliˈbrejšn/ s. oslava, slavnost
celery /ˈselery/ s. celer /nať/
cell /sel/ s. cela, buňka
cellar /ˈseler/ s. sklep
cement /siˈment/ s. cement, v. tmelit, upevnit
cemetary /ˈsemitry/ s. hřbitov
censorship /ˈsenseršip/ s. cenzura
cent /sent/ s. cent /setina dolaru/

center /ˊsenter/ s. střed, centrum, středisko, v. soustředit se
centimeter /ˊsenty·míter/ s. centimetr
central /ˊsentrel/ adj. střední, ústřední, centrální
century /ˊsenčury/ s. století
ceramics /siˊraemiks/ s. pl. keramika
cereals /ˊsierielz/ s. pl. obilniny, /obilní snídaně/
ceremony /ˊseremeny/ s. obřad, ceremonie
certain /ˊsétn/ adj. jistý, zaručený, určitý, jakýsi
certainly /ˊsétnly/ adv. jistě, určitě, zajisté, prosím
certificate /seˊtyfikyt/ s. vysvědčení, potvrzení, průkaz
certify /ˊsertyfaj/ v. potvrdit, ověřit
chain /čejn/ s. řetěz, řetízek, v. spoutat, přivázat /na řetěz/
chair /čeer/ s. židle, křeslo, stolice, katedra, v. /take a .../ posadit se, /take the .../ předsedat
chairman /ˊčeermen/ s. předseda
chalet /ˊšaelej/ s. chata, horská bouda
chalk /čók/ s. křída
challenge /ˊčaelendž/ s. výzva, vybídnutí, úkol, problém, v. vyzvat, namítat

chance /čáns/ s. náhoda, možnost, příležitost, v. riskovat, zkusit, adj. náhodný

change /čejndž/ s. změna, výměna, drobné peníze, v. /z/měnit /se/, vyměnit, převléci se

channel /ˈčaenl/ s. průliv, kanál, cesta

chapel /ˈčaepl/ s. kaple, modlitebna

chapter /ˈčaepter/ s. kapitola

character /ˈkaerykter/ s. charakter, povaha, postava, znak, písmeno

characteristic /ˌkaerekteˈrystyk/ adj. typický, charakteristický, s. rys, vlastnost

charge /čárdž/ s. nálož, náboj, úkol, cena, poplatek, péče, dohled, obvinění, výpad, útok, v. nabít /pušku/, pověřit, obvinit, účtovat, počítat, napadnout

charity /ˈčaeryty/ s. dobročinnost

charm /čárm/ s. půvab, kouzlo, v. okouzlit

charming /ˈčárming/ adj. půvabný, kouzelný

chase /čejs/ v. honit, lovit, pronásledovat, s. lov, hon, pronásledování

chat /čaet/ s. povídání, hovor, v. povídat si, hovořit

cheap /číp/ adj. levný, laciný

cheat /čít/ v. napálit, podvést, s. podvod, podvodník

check /ček/ s. zadržení, překážka, kontrola, revize, šek, lístek, účet, kostka /vzorek/, v. zastavit, zarazit, kontrolovat, přezkoušet, ověřit si

checked /čekt/ adj. kostkovaný

cheek /čík/ s. tvář, líce, /drzost/

cheer /čier/ s. volání slávy, hurá, dobrá mysl, radost, v. povzbudit, potěšit

cheerful /'čierful/ adj. veselý, radostný

cheese /číz/ s. sýr

chef /šef/ s. vrchní kuchař

chemist /'kemist/ s. chemik, lekárník

chemistry /'kemistry/ s. chemie

cherry /'čery/ s. třešně, višně

chess /čes/ s. šachy

chest /čest/ s. bedna, truhla, skříň, hruď, prsa

chesnut /'česnat/ s. kaštan

chew /čú/ v. žvýkat

chewing-gum/'čúin gam/ s. žvýkačka

chicken /'čikyn/ s. kuře

chicken-pox /'čikyn poks/ s. plané neštovice

chief /číf/ s. náčelník, velitel, vůdce, adj. hlavní, nejvyšší

child /čajld/ s. dítě
childhood /'čajldhud/ s. dětství
childish /'čajldyš/ adj. dětský, dětinský, naivní
chill /čil/ s. chlad, zima, nachlazení, adj. chladný, studený, mrazivý
chimney /'čimny/ s. komín
chin /čin/ s. brada
china /'čajne/ s. porcelán
chip /čip/ s. odštěpek, úlomek, tříska, v. štípat, urazit, otlouci
chips /čips/ s. pl. smažené brambůrky
chocolate /'čoklit/ s. čokoláda, adj. čokoládový
choice /čojs/ s. volba, výběr
choir /'kwajer/ s. pěvecký sbor, kůr
choke /čouk/ v. dusit se, škrtit, ucpat
choose, chose, chosen /čúz, čouz, čouzn/ v. vybrat si, zvolit, rozhodnout se
chop /čop/ v. sekat, štípat, s. kotleta
christening /'krysnyng/ s. křest
Christian /'krystjen/ s. křesťan
Christmas /'krysmes/ s. vánoce
Christmas Eve /'krysmes ív/ s. Štědrý večer
chubby /'čaby/ adj. buclatý, tlusťounký
chunk /čank/ s. kus, špalek

church /čérč/ s. kostel, církev
cider /'sajder/ s. mošt
cigar /si'gár/ s. doutník
cigarette /-sige'ret/ s. cigareta
cinema /'sineme/ s. biograf, kino
cinnamon /'sinemen/ s. skořice
circle /'sérkl/s. kruh, kroužek, kolo, okruh, v. kroužit, obíhat
circuit /'sérkyt/s. obvod, okruh
circular /'sérkjuler/ adj. kruhový, okružní, s. oběžník
circulate /'sérkjulejt/ v. obíhat, kolovat, dát do oběhu, rozšiřovat
circulation /-sérkju'lejšn/ s. oběh, náklad /novin/
circumstance /'sérkemstens/ s. okolnost
citizen /'sityzn/ s. občan
citizenship /'sityznšip/ s. občanství
city /'sity/ s. město, velkoměsto
civil /'sivil/ adj. občanský, civilní, zdvořilý, ochotný
civilization /-sivilaj'zejšn/ s. civilizace
claim /klejm/ v. požadovat, vymáhat, urgovat, vyžádat, tvrdit, s. nárok, požadavek, tvrzení
clam /klaem/ s. škeble

clamp /klaemp/ s. svěrák, v. sevřít
clap /klaep/ v. klepat, tleskat, plácat, s. rána, tleskání, klapot
clarify /ˈklaeryfaj/ v. vyjasnit /se/, objasnit, vyčistit
clash /klaeš/ s. srážka, střetnutí, řinkot, v. srazit se, kolidovat, bít se /o barvách/
clasp /klásp/ s. spona, sponka, sevření, stisk, v. sevřít, sepnout
class /klás/ s. třída, ročník, /vyučovací/ hodina
class-mate /ˈklásmejt/ s. spolužák
classify /ˈklaesifaj/ v. klasifikovat, třídit
classroom /ˈklásrum/ s. třída /místnost/
claw /kló/ s. dráp, spár, klepeto, v.škrábat, drápat, chňapnout
clay /klej/ s. jíl, hlína
clean /klín/ adj. čistý, čistotný, adv. úplně, nadobro, v. čistit, uklidit
clear /klier/ adj. jasný, čistý, zřetelný, zřejmý, adv. jasně, zřejmě, v. vyčistit, uklidit, vyjasnit /se/ vysvětlit
clearance /ˈklierens/ s. vyprázdnění, vyklizení, výprodej

clearly /ˈkliərly/ adv. jasně, samozřejmě, zřetelně
clerical /ˈklerykl/ adj. kněžský, kancelářský, písařský
clerk /klárk/ s. úředník, příručí
clever /ˈklevər/ adj. chytrý, bystrý, šikovný, dovedný
client /ˈklajent/ s. zákazník, klient
cliff /klif/ s. útes, sráz
climate /ˈklajmit/ s. podnebí, klima
climax /ˈklajmaeks/ s. nejvyšší bod, vyvrcholení
climb /klajm/ v. šplhat, vylézt, stoupat, s. výstup, stoupání
clinic /ˈklinyk/ s. klinika, lékařské středisko
clip /klip/ s. svorka, v. sepnout, přistřihnout, proštípnout
cloak /klouk/ s. pláštěnka, plášť
cloak-room /ˈkloukrum/ s. šatna, toaleta
clock /klok/ s. hodiny
close /klous/ adj. blízký, těsný, důkladný, dusný /vzduch/, uzavřený, tajný, adv. blízko, těsně, skoro
close /klouz/ v. /u/zavřít /se/, skončit, s. závěr, konec
closet /ˈklozet/ s. komůrka, kumbál, klozet

cloth /kloS/ s. látka, sukno, plátno
clothe /kloudz/ v. obléknout, odít
clothes /kloudz/ s.pl. šaty, prádlo
clothing /'kloudzing/ s. šatstvo, oděv
cloud /klaud/ s. mrak, oblak, v. zastínit, zatáhnout se /mraky/
club /klab/ s. klacek, hůl, kyj, klub, /zájmový/ kroužek
clue /klú/ s. náznak, stopa
clumsy /'klamzy/ adj. neobratný, neohrabaný
clutch /klač/ v. uchopit, sevřít, s. sevření, spojka /u auta/
clutter /'klater/ s. zmatek, nepořádek, v. přeplnit, rozházet
coach /kouč/ s. kočár, vagón, autokar, trenér, v. trénovat, připravovat
coal /koul/ s. uhel, uhlí
coal-mine /'koulmajn/ s. uhelný důl
coarse /kórs/ adj. hrubý, drsný, sprostý
coast /koust/ s. břeh /mořský/, pobřeží
coat /kout/ s. kabát, plášť, nátěr, v.natřít, pokrýt, potáhnout
coat-hanger /'kouthaenger/ s. ramínko na šaty, věšák
cobbler /'kobler/ s. švec, příštipkář
cock /kok/ s. kohout, v. vztyčit, stočit

cockroach /ˈkokrouč/ s. šváb
cocoa /ˈkoukou/ s. kakao
coconut /ˈkoukenat/ s. kokosový ořech
cod /kod/ s. treska
coffee /ˈkofi/ s. káva
coffee-bar /ˈkofibár/ s. kavárna
coffee-pot /ˈkofipot/ s. kávová konvice
coffin /ˈkofin/ s. rakev
coherence /kouˈhierens/ s. souvislost, soudržnost
coherent /kouˈhierent/ adj. souvislý
coil /kojl/ s. kotouč, závit, v. svinout, stočit /se/
coin /kojn/ s. peníz, mince, v. razit
coincidence /kouˈinsidens/ s. náhoda, shoda okolností
cold /kould/ adj. studený, chladný, upjatý, s. chlad, zima, nachlazení
collapse /keˈlaeps/ s. zřícení, zhroucení, v. zhroutit se, zřítit se
collar /ˈkoler/ s. límec, obojek
collect /keˈlekt/ v. sbírat, vybírat, vyzvednout, soustředit se
collection /keˈlekšn/ s. sbírka, souprava, vybírání, soustředění
collective /keˈlektyv/ adj. souhrnný,hromadný, kolektivní

college /ˈkolydž/ s. vysoká škola, fakulta, kolej

collide /keˈlajd/ v. srazit se, střetnout se

collision /keˈližn/ s. srážka, střetnutí

colony /ˈkoleny/ s. kolonie

color /ˈkaler/ s. barva, v. vy-, na-, barvit, červenat se

colored /ˈkalerd/ adj. barevný, barevné pleti

column /ˈkolem/ s. sloup, sloupec, oddíl

comb /koum/ s. hřeben, v. česat

combination /ˌkombiˈnejšn/ s. spojení, kombinace

combine /kemˈbajn/ v. spojovat /se/, slučovat

come, came, come /kam, kejm, kam/ v. přijít, přijet, pocházet, stát se, přihodit se

come back/ˈkamˈbaek/ v. vrátit se

comedy /ˈkomedy/ s. komedie

comfort /ˈkamfert/ s. pohodlí, útěcha, v. utěšit

comfortable /ˈkamfertebl/ adj. pohodlný, příjemný

comic /ˈkomik/ adj. komický, směšný, s. komik

command /ke'mánd/ v. poroučet, rozkazovat, velet, ovládat, vládnout, s. rozkaz, velení, ovládání

commander /ke'mánder/ s. velitel

comment /'koment/ s. poznámka, vysvětlivka, v. komentovat

commentary /'komentery/ s. komentář, reportáž, výklad

commerce /'komérs/ s. obchod

commercial /ke'méršl/ adj. obchodní, s. reklama /v rozhlase, televizi/

commission /ke'mišn/ s. pověření, úkol, komise, provize, v. pověřit

commit /ke'mit/ v. spáchat, dopustit se, svěřit, zavázat se

commitment /ke'mitment/ s. závazek

committee /ke'mity/ s. výbor, komise

common /'komen/ adj. společný, obecný, obyčejný, běžný, prostý, /sprostý/

commotion /ke'moušn/ s. otřes, zmatek, rozruch

communicate /ke'mjúnykejt/ v. sdělit, oznámit, být ve styku, dorozumívat se

communication /ke‧mjúny'kejšn/ s. styk, sdělení, zpráva, spojení, komunikace

communist /'komjunyst/ s. komunista

community /ke'mjúnyty/ s. společenství, obec, společnost

commute /ke´mjút/ v. změnit, zaměnit, dojíždět do zaměstnání

companion /kem´paenjen/ s. druh, společník, spolucestující, průvodce

company /´kampeny/ s. společnost, návštěva

compare /kem´peer/ v. srovnávat, přirovnat

comparison /kem´paerysn/ s. srovnání

compartment /kem´pártment/ s. oddělení, kupé

compel /kem´pel/ v. přinutit, dohnat

compensate /´kompensejt/ v. nahradit, odškodnit, vyrovnat /se/

compensation /ˌkompen´sejšn/ s. náhrada, odškodné

compete /kem´pít/ v. soutěžit, konkurovat

competence /´kompetens/ s. schopnost, způsobilost, kvalifikace

competent /´kompetent/ adj. schopný, příslušný, vhodný

competition /ˌkompe´tyšn/ s. soutěž, konkurence, konkurs

competitor /kem´petyter/ s. závodník, soutěžící, konkurent

complain /kem´plejn/ v. stěžovat si /na/

complaint /kem´plejnt/ s. stížnost, potíže,

complete /kem'plít/ adj. úplný, naprostý, dokončený, v. doplnit, dokončit
completely /kem'plítly/ adv. úplně, naprosto
complexion /kem'plekšn/ s. pleť
complicate /'komplikejt/ v. komplikovat
complicated /'komplikejtyd/ adj. složitý, komplikovaný
complication /·kompli'kejšn/ s. komplikace
compliment /'kopliment/ s. poklona, pochvala, v. blahopřát
comply /kem'plaj/ v. přizpůsobit se, vyhovět
compose /kem'pouz/ v. skládat, tvořit, komponovat, ovládnout, urovnat
composer /kem'pouzer/ s. skladatel
composition /·kompe'zišn/ s. skladba, složení, kompozice
composure /kem'použer/ s. klid, vyrovnanost
comprehend /·kompri'hend/ v. pochopit, zahrnout
comprehensible /·kompri'hensebl/ adj. srozumitelný, pochopitelný
comprehensive /·kompri'hensiv/ adj.souhrnný, celkový, chápavý
compress /kem'pres/ v. stlačit, s. obvaz, obklad

compromise /´kompremajz/ s. dohoda, urovnání, kompromis, v. udělat ústupky, kompromitovat se
compulsory /kem´palsery/ adj. povinný
compute /kem´pjút/ v. /vy/počítat, kalkulovat
computer /kem´pjúter/ s./automatický/počítač
comrade /´komryd/ s. soudruh
conceal /ken´síl/ v. skrýt, zatajit
concede /ken´síd/ v. připustit, přiznat
conceit /ken´sít/ s. domýšlivost, ješitnost
conceited /ken´sítyd/ adj. domýšlivý
concentrate /´konsentrejt/ v. soustředit se, koncentrovat
concept /´konsept/ s. pojem, představa, pojetí
concern /ken´sérn/ v. týkat se, zajímat se o, znepokojovat se, s. zájem, záležitost, starost, podnik, firma
concert /´konsert/ s. koncert
concession / ken´sešn/ s. ústupek, úleva
conciliate /ken´siliejt/ v. smířit
concise /ken´sajs/ adj. stručný, zhuštěný
conclude /ken´klúd/ v. skončit, uzavřít, učinit závěr

conclusion /kәn'klúžn/ s. závěr, zakončení, uzavření, rozhodnutí
concrete /'konkrýt/ adj. konkrétní, pevný, betonový, s. beton
condemn /kәn'dem/ v. odsoudit, zavrhnout
condense /kәn'dens/ v. zhustit, srazit
condition /kәn'dyšn/ s. podmínka, předpoklad, stav, situace, v. podmínit, upravit, stanovit
condolence /kәn'doulәns/ s. projev soustrasti
conduct /'kondәkt/ s. chování, vedení, v. vést, provádět, dirigovat
conductor /kәn'daktәr/ s. dirigent, průvodčí
cone /koun/ s. kužel, šiška /smrku/
confectionery /kәn'fekšәnәry/ s. cukrářské zboží, cukrářství
confess /kәn'fes/ v. přiznat se, dosvědčit, zpovídat se
confession /kәn'fešn/ s. přiznání, doznání, zpověď
confide /kәn'fajd/ v. svěřit, důvěřovat
confidence /'konfidәns/ s. důvěra, důvěrnost, jistota
confident /'konfidәnt/ adj. přesvědčen, důvěřivý, sebejistý, smělý

confidential /·konfi´denšl/ adj. důvěrný
confine /ken´fajn/ v. omezit, uvěznit, upoutat /na lůžko/
confirm /ken´férm/ v. upevnit, potvrdit
confirmation /·konfer´mejšn/ s. potvrzení, schválení
confiscate /´konfiskejt/ v. zabavit
conflict /´konflikt/ s. spor, rozpor, v. odporovat si, být v rozporu
conform /ken´fórm/ v. přizpůsobit se
conformity /ken´fórmity/ s. přizpůsobení, souhlas, shoda
confront /ken´frant/ v. čelit /čemu/, postavit proti, konfrontovat
confuse /ken´fjúz/ v. splést, zmást
confusion /ken´fjúžn/ s. zmatek
congratulate /ken´graetjulejt/ v. blahopřát, gratulovat
congress /´kongres/ s. sjezd, kongres
connect /ke´nekt/ v. spojit, připojit
connection /xion/ /ke´nekšn/ s. spojení, vztah, známost
conquer /´konker/ v. přemoci, dobýt, podrobit
conquest /´konkwest/ s. podrobení, dobytí
conscience /´konšens/ s. svědomí
conscientious /·konši´jenšes/ adj. svědomitý, zásadový

conscious /´konšes/ adj. vědomý, vědom, při vědomí

consciousness /´konšesnes/ s. vědomí, uvědomění

consent /ken´sent/ s. souhlas, svolení, v. souhlasit, dovolit

consequence /´konsikwens/ s. následek, důsledek, význam

consequently /´konsikwently/ adv. tudíž, proto, tedy

conservation /·konser´vejšn/ s. zachování, udržování

conservative /ken´sérvetyv/ adj. konzervativní

conserve /ken´sérv/ v. zachovat, konzervovat

consider /ken´sider/ v. uvažovat, vzít v úvahu, považovat

considerable /ken´siderebl/ adj. značný

considerate /ken´sideryt/ adj. ohleduplný, šetrný, pozorný

consideration /ken·side´rejšn/ s. ohled, úvaha

consist /ken´sist/ v. skládat se, spočívat v /čem/

consistent /ken´sistent/ adj. důsledný, pevný

consolation /ˌkonseˈlejšn/ s. útěcha
conspicuous /kenˈspikjues/ adj. nápadný
conspiracy /kenˈspiresy/ s. spiknutí
constant /ˈkonstent/ adj. neustálý, stálý, věrný
constantly /ˈkonstently/ adv. neustále
constipation /ˌkonstyˈpejšn/ s. zácpa
constitute /ˈkonstytjút/ v. ustanovit, ustavit, utvořit
constitution /ˌkonstyˈtjúšn/ s. ústava, tělesná konstituce, složení
construct /kenˈstrakt/ v. stavět, vybudovat, sestrojit
construction /kenˈstrakšn/ s. stavba, budování, konstrukce, výklad
consulate /ˈkonsjulet/ s. konzulát
consult /kenˈsalt/ v. poradit se, informovat se
consultation /ˌkonselˈtejšn/ s. porada, konzultace
consumption /kenˈsampšn/ s. spotřeba, odbyt
contact /ˈkontaekt/ s. styk, kontakt, v. stýkat se, navázat spojení
contagious /kenˈtejdžes/ adj. nakažlivý
contain /kenˈtejn/ v. obsahovat, zdržet se, ovládnout se
container /kenˈtejner/ s. nádoba

contaminate /ken´taeminejt/ v. znečistit, nakazit, zamořit

contemporary /ken´temperery/ adj. současný, dnešní, s. současník

contempt /ken´temt/ s. pohrdání, opovržení

contend /ken´tend/ v. přít se, zápasit, tvrdit

content /ken´tent/ adj. spokojený, s.spokojenost, v. uspokojit

content /´kontent/ s. obsah, objem

contention /ken´tenšn/ s. svár, spor

contest /ken´test/ v. bojovat, zápasit, soutěžit, popírat

continent /´kontynent/ s. pevnina, světadíl

continual /ken´tynjuel/ adj. ustavičný, trvalý

continuation /ken·tynju´ejšn/ s. pokračování, trvání

continue /ken´tynjú/ v. pokračovat, trvat

continuity /·konty´njuity/ s. souvislost

continuous /ken´tynjues/ adj. souvislý, nepřetržitý

contract /´kontraekt/ s. smlouva,kontrakt

contract /ken´traekt/ v. uzavřít smlouvu, stáhnout se, smrštit se, chytit, dostat /nemoc/

contradict /ˌkontre'dykt/ v. popírat, odporovat /si/, odmlouvat
contrary /'kontrery/ adj. opačný, v rozporu, s. opak, naopak
contrast /'kontraest/ s. rozdíl, protiklad, opak
contribute /ken 'trybjút/ v. přispět
contribution /ˌkontry'bjúšn/ s. příspěvek
control /ken'troul/ s. dozor, vláda, řízení, kontrola, v. řídit, ovládat, kontrolovat
controversial /ˌkontre'véršl/ adj. sporný
convenience /ken'vínjens/ s. pohodlí, výhoda
convenient /ken'vínjent/ adj. vhodný, výhodný
convention /ken'venšn/ s. sjezd, konference, dohoda
conversation /ˌkonver'sejšn/ s. rozhovor, konverzace
conversion /ken'véržn/ s. přeměna, obrat
convert /ken'vért/ v. přeměnit, přestavět, obrátit
convict /'konvikt/ s. trestanec, v. usvědčit, odsoudit
conviction /ken'vikšn/ s. usvědčení, přesvědčení, rozsudek

convince /ken´vins/ v. přesvědčit
cook /kuk/ s. kuchař/ka/, v. vařit
cooker /´kuker/ s. vařič, sporák
cool /kúl/ adj. chladný, klidný, chladnokrevný, s. chlad
co-operate /kou´operejt/ v. spolupracovat
cope /koup/ v. zdolat, stačit na, vyrovnat se
copper /´koper/ s. měď
copy /´kopy/ s. opis, kopie, výtisk, v. opsat, kopírovat, napodobit
cord /kórd/ s. šňůra, provaz, lano
cordial /´kórdjel/ adj. srdečný
core /kór/ s. jádro
cork /kórk/ s. korek, zátka
corkscrew /´kókskrú/ s. vývrtka
corn /kórn/ s. zrno, kukuřice
corner /´kórner/ s. roh, kout
corpse /kórps/ s. mrtvola
correct /ke´rekt/ adj. správný, přesný, v. opravit, napomenout
correction /ke´rekšn/ s. oprava
correspond /·koris´pond/ v. odpovídat, shodovat se, dopisovat si
correspondence /·koris´pondens/ s. shoda, korespondence
corridor /´korydór/ s. chodba

corrupt /ke'rapt/ adj. zkažený, úplatný, v. /z/kazit, podplatit

cosmetic /koz'metyk/ adj. kosmetický s. kosmetický prostředek

cost, cost, cost /kost, kost, kost/ v. stát, mít cenu, s. cena, náklad, výdaje

costume /'kostjúm/ s. kostým

cottage /'kotydž/ s. chaloupka, domek, chata, vilka

cotton /'kotn/ s. bavlna, bavlněná látka, nit

cotton-wool /'kotn'wul/ s. vata

cough /kof/ s. kašel, v. kašlat

council /'kaunsl/ s. rada

count /kaunt/ v. počítat, spoléhat se, s. sčítání, počet

counter /'kaunter/ s. pult, přepážka

country /'kantry/ s. země, kraj, vlast, venkov

countryside /'kantry'sajd/ s. venkov, krajina

couple /'kapl/ s. pár, dvojice

coupon /'kúpon/ s. ústřižek, lístek

courage /'karydž/ s. odvaha

courageous /ke'rejdžs/ adj. odvážný, statečný

course /kórs/ s. běh, chod, dráha, směr, kurs, v. honit, hnát se

court /kórt/ s. dvůr, soud, hřiště, v. ucházet se, dvořit se
courtesy /'kértesy/ s. zdvořilost, laskavost
cousin /'kazn/ s. bratranec, sestřenice
cover /'kaver/ s. pokrývka, obal, víko, poklička, úhrada, úkryt, záminka, v. při-, za-, krýt, hradit, týkat se
cow /kau/ s. kráva
coward /'kauerd/ s. zbabělec
crack /kraek/ v. prasknout, rozbít,zlomit, s. rána, trhlina, puklina, vtip
cracker /'kraeker/ s. suchar, sušenka
cradle /'krejdl/ s. kolébka
craft /kráft/ s. řemeslo, dovednost, prohnanost
craftsman /'kráftsmen/ s. řemeslník
cramp /kraemp/ s. křeč
cranberry /'kraenbery/ s. brusinka
crash /kraeš/ s. pád, rachot, praskot, havarie, zhroucení, katastrofa
crave /krejv/ v. toužit, dychtit po
crawl /król/ v. plazit se, lézt
crazy /'krejzy/ adj. potřeštěný, bláznivý
creak /krík/ v. skřípat, vrzat
cream /krím/ s. smetana, krém
crease /krís/ s. záhyb, v. mačkat /se/

create /kri´ejt/ v. tvořit, vyvolat
creation /kri´ejšn/ s. stvoření, tvorba, výtvor
creature /´kríčer/ s. tvor, bytost, nestvůra
credit /´kredyt/ s. důvěra, zásluha, úvěr, v. připsat k dobru, dát na úvěr
creep, crept, crept /kríp, krept, krept/ v. lézt, pížit se, plazit se
crew /krú/ s. posádka, mužstvo
crib /kryb/ s. jesle, dětská postýlka
crime /krajm/ s. zločin
criminal /´kryminl/ adj. zločinný, trestní, s. zločinec
cripple /´krypl/ s. mrzák, v. zmrzačit
crisis /´krajsis/ s. krize
critik /´krytyk/ s. kritik
critical /´krytykl/ adj. kritický, rozhodující
criticize /´krytysajz/ v. kritizovat
crockery /´krokery/ s. nádobí, příbory
crook /kruk/ s. hák, zákrut, podvodník, darebák, v. ohnout
crooked /´krukyd/ adj. ohnutý, křivý, nečestný
crop /krop/ s. sklizeň, úroda, výnos, v. sklízet, urodit se, přistřihnout

cross /kros/ s. kříž, křížení, v. pře-, z-, křížit, pokřižovat se, přejít, přejet, přeškrtnout, zlobit se, adj. rozzlobený, mrzutý

crossing /ˈkrosing/ s. křižovatka, přechod, přejezd

crow /krou/ s. vrána, v. kokrhat

crowd /kraud / s. zástup, dav, množství, v. nacpat, tlačit se, shromáždit se

crowded /ˈkraudyd/ adj. přeplněný, nacpaný, plný lidí

crown /kraun/ s. koruna, věnec, vrchol, v. korunovat, věnčit, dovršit

crucial /ˈkrúšl/ adj. rozhodující, kritický

cruel /kruel/ adj. krutý, surový

crumb /kram/ s. drobek /chleba/, v. nadrobit, obalit strouhankou

crush /kraš/ v. /roz/mačkat, drtit

crust /krast/ s. kůrka, škraloup

crutch /krač/ s. berla

cry /kraj/ v. křičet, plakat, s. volání, křik, výkřik, pláč

crystal /ˈkrystl/ s. krystal, křišťálové sklo

cube /kjúb/ s. krychle, kostka

cucumber /ˈkjúkember/ s. salátová okurka

cuddle /ˈkadl/ v. hýčkat, chovat
cuff /kaf/ s. manžeta
cuff-links /kafˈlinks/ s. pl. knoflíčky do manžet
cultivate /ˈkaltyvejt/ v. pěstovat, obdělávat
cultural /ˈkalčerl/ adj. kulturní
culture /ˈkalčer/ s. kultura
cup /kap/ s. šálek, pohár, číše
cupboard /ˈkaberd/ s. skříňka, kredenc
curb /kérb/ s. okraj chodníku, uzda
curd /kérd/ s. tvaroh
cure /kjuer/ s. léčba, vyléčení, lék, v. vyléčit, léčit, udit /maso/
curfew /ˈkérfjú/ s. zákaz vycházení z domu, policejní hodina
curiosity /ˌkjuriˈosity/ s. zvědavost, kuriozita
curious /ˈkjuerjes/ adj. zvědavý, podivný
curly /kérly/ adj. kudrnatý, kadeřavý
currency /ˈkarensy/ s. oběživo, měna, valuta, oběh
current /ˈkarent/ adj. běžný, obvyklý, s. proud, směr
curse /kérs/ s. klatba, klení, v. proklínat, rouhat se
curtain /ˈkértn/ s. záclona, opona
curve /kérv/ s. křivka, zatáčka, v. zakřivit, zatáčet se

cushion /ˊkušn/ s. poduška, polštář
custody /ˊkastedy/ s. péče, opatrování, úschova, /vyšetřovací/ vazba
custom /ˊkastem/ s. zvyk, obyčej
customer /ˊkastemer / s. zákazník
customs /ˊkastems/ s. pl. clo, celnice
cut, cut, cut /kat, kat, kat/ v. řezat, krájet, stříhat, sekat, ukrojit, zkrátit, přerušit, snížit /ceny/, s. říznutí, stříhání, škrábnutí, snížení /cen/, přeškrtnutí, střih, přerušení
cute /kjút/ adj. rozkošný, roztomilý
cutlet /ˊkatlit/ s. kotleta, řízek
cutting /ˊkatyng/ adj. bolestný, pronikavý, s. výstřižek
cycle /ˊsajkl/ s. cyklus, v. jet na kole
cyclist /ˊsajklist/ s. cyklista
Czech /ček/ s. Čech, čeština, adj. český
Czechoslovak /ˊčekoˊslouvaek/ s. Čechoslovák, adj. československý
Czechoslovakia /ˊčekosloˊvaekje/ s. Československo

- . -

dad, daddy /daed, daedy/ s. táta, tatínek
daft /dáft/ adj. hloupý, pošetilý
daily /ˊdejly/ adj. denní, adv. denně

dairy /ˈdeery/ s. mlékárna
daisy /ˈdejzy/ s. sedmikráska,chudobka
dam /daem/ s. hráz, přehrada, v. přehradit
damage /ˈdaemidž/ s. škoda, ztráta, v. poškodit, zničit, zkazit
damned /ˈdaemd/ adj. zatracený, prokletý
damp /daemp/ adj. vlhký, s. vlhkost, v. navlhčit, ztlumit
dance /dáns/ s. tanec, taneční zábava, v. tančit
dancer /ˈdánser/ s. tanečník, tanečnice
dandelion /ˈdaendylajen/ s. pampeliška
dandruff /ˈdaendref/ s. lupy
danger /ˈdejndžer/ s. nebezpečí
dangerous /ˈdejndžeres/ adj. nebezpečný
dare /deer/ v. odvážit se, smět, vyzvat
dark /dárk / adj. tmavý, temný, tajemný, ponurý, s. tma, nevědomost
darkness /ˈdárknys/ s. tma, temnota
darling /ˈdárling/ s. miláček, adj. milovaný, drahý
date /dejt/ s. datum, schůzka, v. datovat, mít schůzku, zastarávat
date /dejt/ s. datle
daughter /ˈdóter/ s. dcera
daughter-in-law /ˈdóter inˈló/ s. snacha
dawn /dón/ s. úsvit, svítání, v. svítat

day /dej/ s. den, doba

dazzle /ˈdaezl/ v. oslnit

dead /ded/ adj. mrtvý, neživý, adv. naprosto, úplně

dead-line /ˈdedlajn/ s. /konečný/ termín

deaf /def/ adj. hluchý

deal, dealt, dealt /dýl, delt, delt/ v. rozdělit, rozdat, jednat, vyjednat, obchodovat, s. dohoda, množství, díl

dealer /ˈdýler/ s. obchodník

dear /dyer/ adj. drahý, milý, adv. draho, s. drahoušek, miláček

death /deS/ s. smrt, úmrtí

debate /dyˈbejt/ s. debata, diskuse, v. debatovat, uvažovat

debt /det/ s. dluh

decade /ˈdekejd/ s. desetiletí

decay /dyˈkej/ v. rozkládat se, kazit se, hnít, rozpadat se, chátrat, s. rozklad, úpadek, kažení /zubů/

decease /dyˈsís/ s. skon, úmrtí, v. zemřít

deceit /dyˈsít/ s. klam, podvod

deceive /dyˈsív/ v. klamat, podvádět

December /dyˈsember/ s. prosinec

decency /ˈdýsnsy/ s. slušnost

decent /ˈdýsnt/ adj. slušný, pořádný, patřičný

decide /dy'sajd/ v. rozhodnout /se/

decision /dy'sižn/ s. rozhodnutí, usnesení, rozhodnost

decisive /dy'sajsiv/ adj. rozhodný, rozhodující

deck /dek/ s. paluba, plošina

declaration /,dekle'rejšn/ s. prohlášení, vyhlášení, deklarace

declare /dy'klér/ v. prohlásit, vyhlásit, proclít

decline /dy'klajn/ v. naklánět se, klesnout, upadat, chátrat, odmítnout, s. úpadek, pokles

decorate /'dekerejt/ v. ozdobit, vyzdobit, vymalovat, vyznamenat, dekorovat

decoration /,deke'rejšn/ s. výzdoba, řád, vyznamenání

decrease /dy'krís/ v. zmenšit, ubývat, s. úbytek, pokles

dedicate /'dedykejt/ v. věnovat, zasvětit

dedication /,dedy'kejšn/ s. věnování

deduct /dy'dakt/ v. odečíst, slevit

deduction /dy'dakšn/ s. srážka, sleva, usozování, závěr, dedukce

deed /dýd/ s. čin, skutek, smlouva, listina, v. upsat, postoupit

deep /dýp/ adj. hluboký, adv. hluboko

deer /dyer/ s. jelen, srna, vysoká zvěř

defeat /dy´fít/ v. porazit, zničit, s. porážka

defect /dy´fekt/ s. nedostatek, vada , v. dezertovat

defective /dy´fektyv/ adj. chybný, vadný

defend /dy´fend/ v. bránit, hájit

defense /dy´fens/ s. obrana, obhajoba

defiance /dy´fajens/ s. vzdor, odpor

deficiency /dy´fišensy/ s. nedostatek, deficit

define /dy´fajn/ v. vymezit, určit, ujasnit, definovat

definite /´definyt / adj. určitý, nesporný

definitely /´definytly/ adv. rozhodně, určitě

deform /dy´form/ v. znetvořit, zmrzačit

defrost /dy´frost/ v. rozmrazit

degree /dy´grí/ s. stupeň, akademická hodnost

delay /dy´lej/ v. zdržet /se/, odložit, odsunout, váhat, otálet, s. odklad, zdržení, zpoždění

delegate /´deliget/ s. zástupce, delegát, v. pověřit, delegovat

delete /dy´lít/ v. škrtnout, odstranit

deliberate /dy´liberyt/ adj. úmyslný, záměrný, rozvážný, v. radit se, uvažovat delicate /ˈdelikyt/ adj. jemný, choulostivý, citlivý, křehký, chutný, lahodný

delicatessen /·delikeˈtesn/ s. pl. lahůdky, lahůdkářství

delicious /dyˈlišes/ adj. lahodný, báječný /o jídle/

delight /dyˈlajt/ s. potěšení, radost, rozkoš, v. potěšit, mít radost

delightful /dyˈlajtful/ adj. rozkošný

deliver /dyˈliver/ v. doručit, dodat, odevzdat, sdělit, pronést, vysvobodit z dát, zasadit

delivery /dyˈlivery/ s. dodání, dodávka, přednesení, doručení, porod

demand /dyˈmánd/ v. žádat, požadovat, vyžadovat, tázat se, s. požadavek, žádost, poptávka

democracy /dyˈmokresy/ s. demokracie

demolish /dyˈmoliš/ v. zničit, zbourat

demolition /·demeˈlišn/ s. zbourání, zničení

demonstrate /ˈdemenstrejt/ v. ukázat, dokázat, znázornit, demonstrovat

demonstration /·demenˈstrejšn/ s. důkaz, projev, ukázka, demonstrace

denial /dyˈnajel/ s. popření, odmítnutí

denounce /dyˈnauns/ v. hrozit, udat, vypovědět

dense /dens/ adj. hustý
density /´density/ s. hustota
dental /´dentl/ adj. zubní
dentist /´dentyst/ s. zubní lékař
deny /dy´naj/ v. popřít, zapřít, odepřít,
  zamítnout
depart /dy´párt/ v. odejít, odjet, odchý-
  lit se, lišit se
department/dy´pártment/ s. oddělení, mi-
  nisterstvo
department store /dy´pártment´stór/ s.
  obchodní dům
departure /dy´párčer/ s. odjezd, odchod,
  odchylka
depend /dy´pend/ v. záviset, spoléhat se
dependent /dy´pendent/ adj. závislý
deposit /dy´pozit/ s. vklad, záloha,
  v. uložit, vložit, složit /zálohu/
depreciate /dy´príšiejt/ v. podceňovat,
  klesnout v ceně
depress /dy´pres/ v. stlačit, sklíčit,
  pokořit
depression /dy´prešn/ s. stlačení, sklí-
  čenost, deprese, krize
deprive /dy´prajv/ v. zbavit /čeho/
depth /depS/ s. hloubka
deputy /´depjuty/ s. zástupce, náměstek,
  poslanec

descend /dy'send/ v. sestoupit, klesat, napadnout, pocházet

descendant /dy'sendent/ s. potomek

descent /dy'sent/ s. sestup, klesání, původ, nájezd

describe /dys'krajb/ v. popsat, vylíčit

description /dys'krypšn/ s. popis, líčení, druh

desert /dy'zért/ v. opustit, zběhnout

desert /'dezert/ adj. pustý, opuštěný, s. poušť

deserve /dy'zérv/ v. zasloužit /si/, být hoden

design /dy'zajn/ v. plánovat, navrhnout, určit, projektovat, s. návrh, nárys, projekt, vzor, záměr

desire /dy'zajer/ s. touha, přání, žádost, v. toužit, přát si, žádat

desk /desk/ s. psací stůl, školní lavice

desolate /desolyt/ adj. bezútěšný, opuštěný, pustý

despair /dys'peer/ s. zoufalství, beznaděj, v. zoufat si

desperate /'desperyt/ adj. zoufalý

despise /dys'pajz/ v. pohrdat, opovrhovat

despite /dys'pajt/ s. vzdor,/...of/ přes, navzdory

dessert /dy'zért/ s. moučník, zákusek, dezert
destination /,desty'nejšn/ s. určení, cíl
destiny /'destyny/ s. osud
destroy /dys'troj/ v. zničit, zbořit
destruction /dys'trakšn/ s. zničení, zkáza, zboření
detach /dy'taeč/ v. oddělit
detail /'dýtejl/ s. podrobnost, detail
detain /dy'tejn/ v. zdržet, zadržet /ve vazbě/
detect /dy'tekt/ v. odkrýt, vypátrat
detergent /dy'térdžent/ s. mycí prostředek, saponát
deteriorate /dy'týrierejt/v. zhoršit /se/
determine /dy'términ/ v. určit, rozhodnout se
determined /dy'términd/ adj. rozhodný, odhodlaný
detest /dy'test/ v. ošklivit si, štítit se, nenávidět
devastate /'devestejt/ v. zpustošit,zničit
develop /dy'velep/ v. vyvinout, vyvolat
development /dy'velepment/ s. vývoj, rozvoj
device /dy'vajs/ s. zařízení, přístroj, plán, prostředek

devil /ˈdevl/ s. ďábel, čert
devote /dyˈvout/ v. věnovat, zasvětit
devoted /dyˈvoutyd/ adj. oddaný, nadšený
devotion /dyˈvoušn/ s. oddanost, úcta
devour /dyˈvauer/ v. hltat, žrát
dew /djú/ s. rosa
dial /ˈdajel/ s. ciferník, v. vytočit
číslo telefonu
dialect /ˈdajelekt/ s. nářečí, dialekt
diameter /dajˈaemiter/ s. průměr
diamond /ˈdajemend/ s. diamant, kosočtverec
diaper /ˈdajeper/ s. plenka
diarrhea /ˌdajeˈrie/ s. průjem
diary /ˈdajery/ s. deník, kalendář
dictate /dykˈtejt/ v. diktovat, nařídit,
s. příkaz, diktát
dictator /dykˈtejter/ s. diktátor
dictionary /ˈdykšenery/ s. slovník
die /daj/ v. zemřít, umřít, mřít /touhou/,
s. kostka
diet /ˈdajet/ s. strava, dieta
differ /ˈdyfer/ v. lišit se, nesouhlasit
difference /ˈdyfrens/ s. rozdíl
different /ˈdyfrent/ adj. různý, odlišný,
jiný, nezvyklý
difficult /ˈdyfiklt/ adj. těžký, obtížný
difficulty /ˈdyfiklty/ s. obtíž, nesnáz

dig, dug, dug /dyg, dag, dag/ v. kopat, rýt, pátrat, dloubnout, s. rýpnutí, dloubnutí
digest /ˊdajdžest/ v. strávit, zestručnit, s. výtah /z knihy/, zhuštění
digestion /dajˊdžesčen/ s. trávení, zažívání
dignity /ˊdygnyty/ s. důstojnost,vážnost
diligent /ˊdylidžent/ adj. pilný, horlivý
dill /dyl/ s. kopr
dilute /dajˊljút/ v. zředit
dim /dym/ adj. šerý, nejasný, matný, přihlouplý, v. zakalit, ztlumit /světla/
dimension /dyˊmenšn/ s. rozměr
diminish /dyˊminyš/ v. zmenšit /se/,snížit
dine /dajn/ v. večeřet, jíst
dining-room /ˊdajnyngrum/ s. jídelna
dinner /ˊdyner/ s. hlavní jídlo dne, večeře,/někdy oběd/
dip /dyp/ v. namočit, ponořit, potopit se
diphtheria /dyfˊθyrje/ s. záškrt
diplomat /ˊdyplemaet/ s. diplomat
direct /dyˊrekt/ adj. přímý, rovný, adv. přímo, v. řídit, vést, namířit, ukázat směr, adresovat, zaměřit
direction /dyˊrekšn/ s. řízení, vedení, směr, návod

directly /dy'rektly/ adv. přímo, ihned
director /dy'rekter/ s. ředitel,režisér
directory /dy'rektery/ s. telefonní seznam, adresář
dirt /dért/ s. špína, sprostota
dirty /dérty/ adj. špinavý, nečistý, sprostý
disadvantage /.dysed'vántydž/ s. nevýhoda, škoda, ztráta
disagree /.dyse'grí/ v. nesouhlasit, odporovat, nesvědčit /komu/
disappear /.dyse'pier/ v. zmizet
disappearance /.dyse'pierens/ s. zmizení
disappoint /.dyse'pojnt/ v. zklamat
disappointment /.dyse'pojntment/ s. zklamání
disapprove /.dyse'prúv/ v. neschválit, odsoudit
disaster /dy'záster/ s. neštěstí, pohroma
discard /dys'kárd/ v. odložit, vyhodit
discharge /dys'čárdž/ v. vyložit /náklad/, vyprázdnit, propustit, vystřelit, s. vyložení, propuštění, výstřel, výtok
discipline /'dysiplin/ s. kázeň,disciplína, v. cvičit, trestat
disclose /dys'klouz/ v. odhalit, objevit, prozradit

discomfort /dys'kamfert/ s. nepohodlí, nepokoj, v. znepokojovat
disconnect /.dyske'nekt/ v. vypnout, přerušit /spojení/
discontent /.dysken'tent/ adj. nespokojený, s. nespokojenost
discount /'dyskaunt/ s. srážka, sleva
discover /dys'kaver/ v. objevit, odkrýt, zjistit
discovery /dys'kavery/ s. objev, objevení
discreet /dys'krít/ adj. taktní,diskrétní
discuss /dys'kas/ v. hovořit, diskutovat
discussion /dys'kašn/ s. rozhovor, debata, diskuse
disease /dy'zíz/ s. nemoc, nákaza
disengage /'dysin'gejdž/ v. vyprostit se, zbavit /se/
disgrace /dys'grejs/ s. nemilost, hanba, ostuda
disguise /dys'gajz/ v. přestrojit se, přeměnit, s. přestrojení, přetvářka
disgust /dys'gast/ s. odpor, ošklivost, v. znechutit, zhnusit
disgusting /dys'gastyng/ adj. odporný, hnusný
dish /dyš/ s. mísa, jídlo, chod
dish-cloth /'dyškloS/ s. utěrka

dishonest /dys´onyst/ adj. nepoctivý, nečestný

dishonor /dys´oner/ s. hanba, v. potupit, zneuctít

dislike /dys´lajk/ s. odpor, nechuť,v.nemít rád, nelíbit se

dismay /dys´mej/ s. hrůza, zděšení, v.polekat, vyděsit

dismiss /dys´mis/ v. propustit, zanechat, rozpustit

disobey /-dyse´bej/ v. neposlechnout

disorder /dys´órder/ s. nepořádek, porucha, zmatek

dispatch /dys´paeč/ v. odeslat, vypravit, s. odeslání, depeše, zpráva

display /dys´plej/ v. vystavit, ukazovat, projevit, s. výstava, výloha, podívaná

displease /dys´plíz/ v. urazit, nelíbit se, rozhněvat

dispose /dys´pouz/ v. rozdělit, uspořádat, naladit /dobře, špatně/, naklonit, /...of/ zbavit se

disposition /-dyspe´zišn/ s. uspořádání, nálada, povaha, dispozice

dispute /dys´pjút/ v. přít se, popírat, s. spor, hádka

disregard /-dysry´gárd/ v. nedbat, nevšímat si, s. nedbání, přehlížení

disrupt /dys´rapt/ v. roztrhnout, rozvrátit, rozbít
dissatisfied /dys´saetysfajd/ adj. nespokojený
dissolve /dy´zolv/ v. rozpustit /se/
distance /´dystens/ s. vzdálenost,dálka
distant /´dystent/ adj. vzdálený, zdrželivý
distinct /dys´tynkt/ adj. rozdílný, odlišný, zřetelný
distinction /dys´tynkšn/ s. rozdíl, přednost, zvláštnost, vyznamenání
distinguish /dys´tyngwiš/ v. rozlišovat, rozeznat, vyznamenat /se/
distinguished /dys´tyngwišt/ adj. významný, vynikající
distort /dys´tort/ v. zkřivit, překroutit, zkreslit /smysl/
distract /dys´traekt/ v. odvrátit, odvést
distraction /dys´traekšn/ s. rozptýlení, vyrušování, zmatek
distress /dys´tres/ s. úzkost, tíseň, nouze, vyčerpání v. rozrušit, soužit, vyčerpat
distribute /dys´trybjút/ v. rozdělit, roztřídit
distribution /dystry´bjúšn/ s. rozdělení, distribuce

district /ˊdystrykt/ s. okres, obvod, oblast

distrust /dysˊtrast/ s. nedůvěra, v. nedůvěřovat, nevěřit

disturb /dysˊtérb/ v. rušit, vyrušovat, znepokojovat

disturbance /dysˊtérbens/ s. /po/rušení, výtržnost, nepokoj

ditch /dyč/ s. příkop, strouha

dive /dajv/ v. potopit se, skákat do vody, s. potopení, skok do vody

diver /ˊdajver/ s. potápěč, skokan

diversion /dyˊvéržn/ s. objížďka, rozptýlení /mysli/, odchylka

divert /dyˊvért/ v. odchýlit, odvrátit, rozptýlit, pobavit

divide /dyˊvajd/ v. dělit, rozdělit /se/

division /dyˊvižn/ s. dělení, rozdělení, oddělení, divize

divorce /dyˊvórs/ s. rozvod, v. rozvést

do, did, done /dú, dyd, dan/ v. dělat, činit, vykonat, způsobit

do with /ˏdúˊwidz/ v. spokojit se,vystačit

do without /ˏdúˊwidzaut/ v. obejít se bez

doctor /ˊdokter/ s. lékař, doktor

document /ˊdokjument/ s. dokument, doklad

dog /dog/ s. pes

doll /dol/ s. panenka, loutka
dollar /'doler/ s. dolar
domestic /de'mestyk/ adj. domácí
dominant /'dominent/ adj. vládnoucí, převládající
dominate /'dominejt/ v. ovládat, převyšovat, vládnout
donate /dou'nejt/ v. darovat, věnovat
donkey /'donky/ s. osel
door /dór/ s. dveře
doorway /'dórwej/ s. vchod
dope /doup/ s. narkotikum
dose /dous / s. dávka
dot /dot/ s. bod, tečka, skvrna
double /'dabl/ adj. dvojí, dvojitý, dvojnásobný, adv. dvakrát, s. dvojnásobek, dvojník, v. zdvojnásobit
doubt /daut/ s. pochybnost, nejistota, v. pochybovat
doubtful /'dautful/ adj. pochybný
dough /dou/ s. těsto
doughnut /'dounat/ s. koblížka
dove /dav/ s. holubice, holub
down /daun/ adv. dolů, dole, adj. dolejší, nízký
downfall /'daunfól/ s. pád, úpadek
downstairs /'daun'steerz/ adv. dolů /po schodech/, dole

dowry /ˈdaury/ s. věno
doze /douz/ v. dřímat, klímat
dozen /dazn/ s. tucet
drag /draeg/ v. táhnout, vléci, s. vlečení, přítěž
drain /drejn/ s. odtok, v. odvodnit, vysušit, vymačkat
draught, draft /dráft/ s. tah, průvan, nákres, odvod
draw, drew, drawn /dró, drú, drón/ v. tahat, vy-, za-, táhnout, přitahovat, vyzvednout /peníze/, kreslit, s. nerozhodná hra
drawback /ˈdróbaek/ s. nedostatek, nevýhoda, vada
drawer /ˈdróer/ s. zásuvka
drawing /ˈdróing/ s. kreslení, kresba
dread /dred/s.strach,v. bát se, hrozit se
dreadful /ˈdredful/ adj. hrozný,strašný
dream, dreamt, dreamt /drím, dremt, dremt/ v. snít, zdát se, mít sen, s. sen,snění
dreary /ˈdriery/ adj. chmurný, bezútěšný, únavný
dress /dres/ s. šaty, oblek, v. obléci se, upravit, ošetřit /ránu/
dresser /ˈdreser/ s. kredenc, prádelník
dressing-gown /ˈdresingaun/ s. župan
dressmaker /ˈdres-mejker/ s. švadlena

drink, drank, drunk /drynk, draenk,drank/ v. pít, připít, s. nápoj

drip /dryp/ v. kapat, s. kapka

drive, drove, driven /drajv, drouv, dryvn/ v. hnát, řídit /auto/, jet, vézt, s. jízda, projížďka, vjezd, energie

driver /´drajver/ s. řidič, šofér

driving-licence /´drajving´lajsens/ s. řidičský průkaz

drizzle /´dryzl/ s. mžení, v. mrholit

drop /drop/ s. kapka, pokles, v. padat, upustit, klesat, ustat, zanechat

drought /draut/ s. /velké/ sucho

drown /draun/ v. utopit se, tonout

drowsy /´drauzy/ adj. ospalý

drug /drag/ s. lék, droga, v. omámit, otrávit

drug-store /drag stór/ s. drogerie, prodejna drobného zboží

drum /dram/ s. buben, v. bubnovat

drunk /drank/ adj. opilý, s. opilec

dry /draj/ adj. suchý, v. sušit, uschnout

dry-cleaner´s /´draj´klínerz/ s. čistírna

dryness /´drajnes/ s. sucho

duck /dak/ s. kachna, v. sehnout se, vyhnout se

due /djú/ adj. patřičný, náležitý, splatný, mající přijet, přijít

dull /dal/ adj. tupý, nechápavý, mdlý, nudný
dumb /dam/ adj. němý
dumpling /'dampling/ s. knedlík
durable /'djurebl/ adj. trvanlivý
duration /dju'rejšn/ s. trvání
during /'djueryng/ prep. během, za
dust /dast/ s. prach, v. poprášit, oprášit, utřít prach
dustpan /'dastpaen/ s. lopatka na smetí
duty /'djúty/ s. povinnost, služba, clo, poplatek
dwarf /dwórf/ s. trpaslík
dye /daj/ s. barva, v. barvit

- . -

each /íč/ pron. každý
eager /'íger/ adj. dychtivý, horlivý
eagle /'ígl/ s. orel
ear /ier/ s. ucho, sluch
early /'érly/ adj. časný, raný, adv. časně, brzy
earn /érn/ v. vydělat si, zasloužit si
earnest /'érnyst/ adj. vážný, s. vážnost, naléhavost
ear-ring /'ieryng/ s. náušnice
earth /érS/ s. země, hlína, svět

earthly /´érSly/ adj. pozemský, světský
earthquake /´érSkwejk/ s. zemětřesení
ease /íz/ s. klid, pohoda, lehkost, nenucenost, v. ulevit, ulehčit, uspokojit, povolit
easily /´ízily/ adv. lehce, snadno
east /íst/ s. východ, adj. východní, adv. na východ
Easter /´íster/ s. velikonoce
eastern /´ístern/ adj. východní
easy /´ízy/ adj. snadný, lehký, nenucený, adv. lehce, nenuceně
eat, ate, eaten /ít, ejt, ítn/ v. jíst, sníst
eccentric /ik´sentryk/ adj. výstřední
echo /´ekou/ s. ozvěna, v. opakovat, ozývat se
economic /‚íke´nomik/ adj. ekonomický, hospodářský
economy /í´konomy/ s. ekonomie, hospodářství, hospodaření
edge /edž/ s. ostří, hrana, okraj, v. naostřit, hraničit
edible /´edybl/ adj. jedlý
edition /e´dyšn/ s. vydání /knihy/
editor /´edyter/ s. radaktor

educate /ˈedjukejt/ v. vychovávat, vzdělávat

education /ˌedjuˈkejšn/ s. výchova, vzdělání, školství

effect /iˈfekt/ s. účinek, výsledek, následek, dojem, v. způsobit, vykonat

effective/iˈfektyv/ adj. působivý, účinný, efektní

efficiency /iˈfišensy/ s. výkonnost, zdatnost

efficient /iˈfišnt/ adj. výkonný, zdatný, hospodárný

effort /ˈefert/ s. úsilí, snaha, výkon

egg /eg/ s. vejce

egoist /ˈegouist/ s. sobec

eiderdown /ˈajderdaun/ s. peřina

eight /ejt/ num. osm

eighteen /ˈejˈtýn/ num. osmnáct

eighty /ˈejty/ num. osmdesát

either /ˈajdzer/ adj., pron. každý ze dvou, jeden nebo druhý, oba

elastic /iˈlaestyk/ adj. pružný, ohebný, s. guma

elbow /ˈelbou/ s. loket, ohbí

elder /ˈelder/ adj. starší /člen rodiny/

eldest /ˈeldyst/ adj. nejstarší /člen rodiny/

elect /i'lekt/ v. /z/volit, vybrat, adj. zvolený
election /i'lekšn/ s. volby
electric /i'lektryk/ adj. elektrický
electricity /ilek'trysity/ s. elektřina
elegant /'elegent/ adj. elegantní, vkusný
element /'element/ s. prvek, živel
elementary /,ele'mentery/ adj. základní
elephant /'elefent/ s. slon
elevate /'elevejt/ v. zvednout, povýšit
elevator /'elevejter/ s. výtah, zdviž
eleven /i'levn/ num. jedenáct
eliminate /i'liminejt/ v. vyloučit, odstranit
else /els/ adj. jiný, adv. jinak, sice, mimoto, ještě
elsewhere /'els'weer/ adv. /někde/ jinde, jinam
embankment /im'baenkment/ s. nábřeží,hráz
embark /im'bárk/ v. nalodit se
embarrass /im'baeres/ v. zmást, uvést do rozpaků
embarrassment /im'baeresment/ s. rozpaky
embassy /'embesy/ s. velvyslanectví
embrace /im'brejs/ v. objímat /se/, obsahovat, s. objetí
embroider /im'brojder/ v. vyšívat

emerge /i´mérdž/ v. vynořit se, vyjít najevo

emergency /i´mérdžensy/ s. případ nutnosti, vyjímečný stav

emigrant /´emigrent/ s. emigrant, vystěhovalec

emigrate /´emigrejt/ v. vystěhovat /se/

emotion /i´moušn/ s. dojetí, pohnutí, cit

emphasize /´emfesajz/ v. zdůraznit

empire /´empajer/ s. říše, císařství

employ /im´ploj/ v. zaměstnávat, použít

employee /·emploj´í/ s. zaměstnanec

employer /im´plojer/ s. zaměstnavatel

employment /im´plojment/ s. zaměstnání

empty /´empty/ adj. prázdný, pustý, bezvýrazný, v. vyprázdnit, vylít, vysypat

enable /i´nejbl/ v. umožnit,dát možnost

enclose /in´klouz/ v. ohradit, uzavřít, obklopit, přiložit

enclosure /in´kloužer/ s. ohrazení, uzavření, příloha

encourage /in´karydž/ v. povzbudit, dodat odvahy

encouragement /in´karydžment/ s. povzbuzení, podpora

end /end/ s. konec, závěr, v. ukončit, skončit

endanger /in´dejndžer/ v. ohrozit
endearment /in´dyerment/ s. láska, zalíbení
endeavor /in´dever/ v. snažit se, usilovat, s. snaha, úsilí
endless /´endlys/ adj. nekonečný, ustavičný
endurance /in´djuerens/ s. vytrvalost, trpělivost
endure /in´djuer/ v. vydržet, snést, trvat
enemy /´enemy/ s. nepřítel
energetic /ˌener´džetyk/ adj. energický, rázný
energy /´enerdži/ s. energie, síla
enforce /in´fórs/ v. vynutit, získat násilím, uvést v platnost
engage /in´gejdž/ v. najmout, zaměstnat, zavázat se, zúčastnit se, zasnoubit
engagement /in´gejdžment/ s. zasnoubení, závazek, ujednání, schůzka, zaměstnání
engine /´endžin/ s. stroj, motor, lokomotiva
engineer /ˌendži´nyer/ s. inženýr, technik
England /´inglend/ s. Anglie
English /´ingliš/ adj. anglický, s. /the.../ Angličané

engrave /in'grejv/ v. vyrýt, vyřezat
enhance /in'háns/ v. zvýšit, zvětšit, přehánět
enjoy /in'džoj/ v. těšit se, mít potěšení, požitek, bavit se
enjoyment /in'džojment/ s. potěšení, požitek, radost, zábava
enlarge /in'lárdž/ v. zvětšit, rozšířit
enmity /'enmity/ s. nepřátelství
enormous /i'nórmes/ adj. obrovský, ohromný
enough /i'naf/ adj. dostatečný, adv.dosti, s. dostatek
enrol /in'roul/ v. zapsat /se/
entangle /in'taengl/ v. zamotat, zaplést
enter /'enter/ v. vstoupit, vejít,vložit
enterprise /'enterprajz/ s. podnik, podnikání
entertain /ˌenter'tejn/ v. bavit, hostit, chovat
entertainment /ˌenter'tejnment/ s. zábava
enthusiastic /inˌSjúzi'aestyk/ adj. zanícený, nadšený
entire /in'tajer/ adj. veškerý, celý, naprostý
entirely /in'tajerly/ adv. naprosto, úplně

entrance /ˈentrens/ s. vchod, vstup
entry /ˈentry/ s. vchod, vjezd, vstup, záznam, položka
envelope /ˈenveloup/ s. obálka
envious /ˈenvies/ adj. závistivý
environment /inˈvajerenment/ s. okolí, prostředí
envy /ˈenvy/ s. závist, v. závidět
epoch /ˈípok/ s. epocha
equal /ˈíkwl/ adj. rovný, stejný, v. rovnat se
equality /íˈkwolity/ s. rovnost
equally /ˈíkwely/ adv. stejně, rovněž
equator /iˈkwejter/ s. rovník
equip /iˈkwip/ v. vybavit, vyzbrojit
equipment /iˈkwipment/ s. vybavení, výstroj, výzbroj
equivalent /iˈkwivelent/ adj. rovnocenný, rovný, shodující se
era /ˈiere/ s. éra, věk, období
erase /iˈrejz/ v. vymazat, vyškrtnout, vyhladit
eraser /iˈrejzer/ s. guma
erect /iˈrekt/ adj. vzpřímený, vztyčený, v. vztyčit, založit, zbudovat
error /ˈerer/ s. omyl, chyba
eruption /iˈrapšn/ s. výbuch, vyrážka

escape /is´kejp/ v. utéci, uniknout, s. únik, útěk

especial /is´pešl/ adj. zvláštní

especially /is´pešely/ adv. obzvláště, zejména

essence /´esns/ s. podstata, základ, esence

essential /i´senšl/ adj. podstatný, nezbytný, s. základ, podstata

establish /is´taebliš/ v. založit, zřídit, usadit /se/, prokázat

establishment /is´taeblišment/ s. založení, zřízení, podnik, domácnost

estate /is´tejt/ s. majetek, panství, stav

estimate /´estymet/ s. odhad, ocenění, /´estymejt/ v. odhadnout, ocenit

estray /is´trej/ adj. toulavý, zaběhlý

eternal /i´térnl/ adj. věčný, nekonečný

eternity /i´térnyty/ s. věčnost

Europe /´juerep/ s. Evropa

European /‧juere´pien/ adj. evropský, s. Evropan

evacuate /i´vaekjuejt/ v. vystěhovat, evakuovat

evaluate /i´vaeljuejt/ v. hodnotit, ocenit

evaporate /i´vaeperejt/ v. vypařit /se/

even /ˈívn/ adj. rovný, plochý, stejný, rovnocenný, sudý, adv. dokonce, stejně, ještě, právě, v. vyrovnat /se/
evening /ˈívnyng/ s. večer
event /iˈvent/ s. událost, případ
eventual /iˈvenčuel/ adj. možný, konečný
eventually /iˈvenčuely/ adv. nakonec
ever /ˈever/ adv. vždy, kdy, někdy, stále
every /ˈevry/ adj. každý
everybody /ˈevrybody/ pron. každý
everyone /ˈevrywan/ pron. každý
everything /ˈevrySing/ pron. všechno
everywhere /ˈevryweer/ adv. všude
evidence /ˈevidns/ s. důkaz, svědectví
evident /ˈevidnt/ adj. /samo/zřejmý, jasný
evil /ˈívl/ adj. zlý, špatný, s. zlo
evolution /•íveˈlúšn/ s. vývoj
exact /igˈzaekt/ adj. přesný, určitý, v. vymáhat, požadovat
exactly /igˈzaektly/ adv. přesně, správně
exaggerate /igˈzaedžerejt/ v. přehánět
examination /igˈzaemiˈnejšn/ s. zkouška, výslech, vyšetření, prohlídka
examine /igˈzaemin/ v. zkoušet, vyšetřovat, prohlížet, zkoumat
example /igˈzámpl/ s. příklad, vzor
excavation /•ekskeˈvejšn/ s. vykopávka

exceed /ik'síd/ v. překročit, převýšit, přesáhnout míru
excel /ik'sel/ v. vynikat
excellent /'ekselent/ adj. vynikající, výborný, znamenitý
except /ik'sept/ prep. kromě, mimo, v. vyjmout, vyloučit
exception /ik'sepšn/ s. výjimka, námitka
exceptional /ik'sepšenl/ adj. vyjímečný
excess /ik'ses/ s. přemíra, hojnost, přebytek
excessive /ik'sesiv/ adj. nadměrný, přílišný
exchange /iks'čejndž/ s. výměna, burza, v. vyměnit
excite /ik'sajt/ v. vzbudit, vzrušit, rozčílit, vyvolat
excitement /ik'sajtment/ s. vzrušení, rozčilení
exclaim /iks'klejm/ v. zvolat, vykřiknout
exclude /iks'klúd/ v. vyloučit, vyhodit
excursion /iks'kéršn/ s. výlet, výprava
excuse /iks'kjúz/ v. omluvit, odpustit s. omluva
execute /'eksikjút/ v. provést, vykonat, vyřídit, popravit
execution /,eksi'kjúšn/ s. vyřízení, provedení, poprava

exempt /ig´zempt/ adj. vyňatý, osvobozený, vyloučený
exercise /´eksesajz/ s. cvičení, provádění, vykonávání, pohyb, úkol, v. cvičit, použít, uplatňovat
exhausted /ig´zóstyd/ adj. vyčerpaný
exhaustion /ig´zóščn/ s. vyčerpání, vysílení
exhibit /ig´zibyt/ v. vystavit, ukázat, projevit, s. vystavený předmět, exponát
exhibition /·eksi´bišn/ s. výstava, ukázka, expozice
exile /´eksajl/ s. vyhnanství, exil, vyhnanec, v. vypovědět
exist /ig´zist/ v. být, žít, existovat, trvat
existence /ig´zistens/ s. bytí, život, existence
exit /´eksit/ s. východ /odkud/
expand /iks´paend/ v. rozšířit, rozpínat /se/
expansion /iks´paenšn/ s. rozpětí, zvětšení, rozpínavost, expanze
expect /iks´pekt/ v. očekávat, předpokládat, doufat
expectation /·ekspek´tejšn/ s. očekávání, naděje

expedition /ˌekspiˈdyšn/ s. výprava, odeslání

expel /iksˈpel/ v. vyhnat, vyloučit

expense /iksˈpens/ s. výdaj, útrata

expensive /iksˈpensiv/ adj. drahý, nákladný

experience /iksˈpiriens / s. zkušenost, zážitek, v. zažít, zakusit

experiment /iksˈperiment/ s. pokus, v. experimentovat, dělat pokusy

expert /ˈekspért/ adj. znalý, zkušený, s. odborník

expire /iksˈpajer/ v. uplynout, vypršet, přestat, vydechnout

explain /iksˈplejn/ v. vysvětlit, vyložit, vyjádřit

explanation /ˌeksplеˈnejšn/ s. vysvětlení, výklad

explode /iksˈploud/ v. vybuchnout

exploit /iksˈplojt/ v. využívat,vykořisťovat

explore /iksˈplór/ v. prozkoumat, bádat

explorer /iksˈplórer/ s. badatel

explosion /iksˈploužn/ s. výbuch, exploze

explosive /iksˈplousiv/ s. výbušnina, adj. výbušný

export /eksˈpórt/ s. vývoz, v. vyvážet

expose /iks'pouz/ v. vystavit, odhalit
express /iks'pres/ v. vyjádřit, prohlásit, adj. výslovný, rychlý, spěšný, s. rychlá doprava, rychlík, expres
expression /iks'prešn/ s. výraz, vyjádření
expulsion /iks'palšn/ s. vyhnání, vyloučení
extend /iks'tend/ v. prodloužit, natáhnout, rozšířit, zvětšit, poskytnout
extension /iks'tenšn/ s. prodloužení, rozšíření, přístavek, telefonní linka
extent /iks'tent/ s. rozloha, rozsah, míra, stupeň
exterminate /eks'términejt/ v. vyhladit, vyhubit
external /eks'térnl/ adj. vnější
extinguish /iks'tyngwiš/ v. uhasit, zničit, vyhladit
extinguisher /iks'tyngwišer/ s. hasicí přístroj
extra /'ekstre/ adj. další, zvláštní, dodatečný, vedlejší, adv. obzvláště, zvlášť, s. dodatek, příplatek
extract /iks'traekt/ v. vytáhnout, vyjmout, vybrat, s. /'ekstraekt/ výtažek, úryvek

extraordinary /iks´tródnery/ adj. mimořádný, pozoruhodný, zvláštní
extreme /iks´trím/ adj. krajní, přemrštěný, extrémní, s. krajnost, extrém
extremely /iks´trímly/ adv. neobyčejně, nesmírně
eye /aj/ s. oko, zrak, ucho jehly
eyebrow /´ajbrau/ s. obočí
eyelash /ajlaeš/ s. /oční/ řasa

- . -

fable /´fejbl/ s. bajka
fabric /´faebryk/ s. stavba, látka, tkanina
face /fejs/ s. obličej, tvář, vzezření, smělost, líc, v. čelit /čemu/, dívat se určitým směrem, tváří v tvář
facility /fe´sility/ s. lehkost, obratnost, pl. možnost, zařízení
fact /faekt/ s. skutečnost, fakt
factor /´faekter/ s. činitel, složka
factory /´faektery/ s. továrna
faculty /´faekelty/ s. schopnost, nadání, fakulta
fade /fejd/ v. vadnout, blednout, mizet
fail /fejl/ v. selhat, nepodařit se, ne mít úspěch, propadnout, zanedbat, chybit, udělat úpadek

failure /fejljer/ s. neúspěch, nezdar, zanedbání, propadnutí, úpadek
faint /fejnt/ adj. slabý, mdlý, nejasný, v. omdlít, slábnout, s. mdloba
fair /feer/ adj. pěkný, krásný, spravedlivý, poctivý, slušný, světlý, světlovlasý, adv. slušně, krásně, čstně,přímo, s. trh, veletrh
fairly /ˈfeerly/ adv. dosti, slušně,pěkně
fairy /ˈfeery/ s. víla
fairy-tale /ˈfeery tejl/ s. pohádka
faith /fejS/ s. víra, důvěra, věrnost
faithful /ˈfejSful/ adj. věrný, věřící
fake /fejk/ v. falšovat, padělat, předstírat, s. podvod, padělek
falcon /ˈfólken/ s. sokol
fall /fól/ v. padat, klesat, upadnout, připadnout, s. pád, pokles, podzim vodopád
false /fóls/ adj. klamný, nesprávný, falešný, nevěrný
fame /fejm/ s. pověst, sláva
familiar /feˈmiljer/ adj. známý, důvěrný, obeznámený, obvyklý, všední
family /ˈfaemily/ s. rodina, adj. rodinný
famine /ˈfaemin/ s. hlad, hladomor
famous /ˈfejmes/ adj. slavný

fan /faen/ s. vějíř, ventilátor, nadšenec, /sportovní/ fanoušek, v. ovívat, vanout

fancy /ˊfaensy/ s. fantazie, představivost, představa, záliba, rozmar, v. mít v oblibě, představovat si

fantastic /faenˊtaestyk/ adj. fantastický ohromný, výstřední

far /fár/ adv. daleko, adj. vzdálený, daleký

fare /feer/ s. jízdné, pasažér, pokrm

farewell /feerˊwel/ int. sbohem!

farm /fárm/ s. statek, farma, hospodářství, v. obdělávat, hospodařit

farmer /ˊfármer/ s. zemědělec, farmář, sedlák, rolník

farther /ˊfádzer/ adv. dále, kromě toho, adj. vzdálenější, další

fascinate /ˊfaesinejt/ v. okouzlit, fascinovat

fashion /ˊfaešn/ s. způsob, móda, v. dát tvar, utvořit

fashionable /ˊfaešenebl/ adj. módní, moderní, elegantní

fast /fást/ adj. pevný, stálý, rychlý, adv. pevně, rychle, v. postit se, s. půst fasten /fásn/ v. upevnit, připevnit, zapnout, zavírat se

fat /faet/ adj. tlustý, tučný, úrodný, tupý, hloupý, s. tuk

fatal /'fejtl/ adj. osudný, smrtelný

fate /fejt/ s. osud, zkáza, záhuba

father /'fádzer/ s. otec

father-in-law /'fádzerinló/ s. tchán

fatherland /'fádzerlaend/ s. vlast, otčina

fatigue /fe'týg/ s. únava, v. unavit /se/

fault /fólt/ s. chyba, vada, vina

faulty /'fólty/ adj. chybný, vadný

favor /'fejver/ s. přízeň, laskavost, prospěch, v. prokazovat přízeň, laskavost, podporovat

favorable /'fejverebl/ adj. příznivý, slibný

favorite /'fejveryt/ adj. oblíbený, s. oblíbenec, favorit

fear /fier/ s. strach, bázeň, v. bát se, obávat se

fearful /'fierful/ adj. bázlivý, strašlivý

feast /físt/ s. slavnost, hostina, pochoutka, v. hodovat

feather /'fedzer/ s. pero, peří

feature /'fíčer/ s. rys, vlastnost, vzhled, přitažlivost, zajímavost

February /ˈfebruery/ s. únor
fee /fí/ s. honorář, poplatek, školné
feed, fed, fed /fíd, fed, fed/ v. krmit, živit, pást se, zásobovat
feel, felt, felt /fíl, felt, felt/ v. cítit /se/, hmatat, dotýkat se, mít dojem
feeling /ˈfíling/ s. cítění, pocit,vědomí
fellow /ˈfelou/ s. druh, kamarád, chlapík
female /ˈfímejl/ s. žena, samička, adj. ženský, samičí
feminine /ˈfeminyn/ adj. ženský
fence /fens/ s. plot, ohrazení, šerm, v. oplotit, ohradit, šermovat
ferry /ˈfery/ s. převoz, převozní člun, vor, v. převézti /se/
fertile /ˈfértajl/ adj. úrodný, plodný
fertility /ˌférˈtylity/ s. úrodnost, plodnost
festival /ˈfestyvl/ s. festival, slavnost
fetch /feč/ v. přinést, přivézt, dojít
fever /ˈfíver/ s. horečka
feverish /ˈfíveryš/ adj. horečnatý, rozčilený, vzrušený
few /fjú/ adj., pron. málo, nemnoho, několik
fiancé /fiˈánsej/ s. snoubenec
fiancée /fiˈánsej/ s. snoubenka

fiber /ˈfajber/ s. vlákno

fiddle /ˈfidl/ s. housle, skřipky,podvod, v. hrát na housle, napálit, ošidit

fidelity /fiˈdelity/ s. věrnost

field /fíld/ s. pole, oblast, bojiště

fierce /fiers/ adj. prudký, divoký

fifteen /ˈfiftýn/ num. patnáct

fifty /ˈfifty/ num. padesát

fig /fig/ s. fík

fight, fought, fought /fajt, fót, fót/ v. bojovat, zápasit, s. boj, zápas

figure /ˈfiger/ s. postava, číslice, částka, obrazec, v. zobrazit, představit si, vypočítat

file /fajl/ v. zařadit, uspořádat

fill /fil/ v. naplnit /se/, vyplnit, uspokojit, zaplombovat /zub/, obsadit

filling /ˈfiling/ s. výplň, plomba

film /film/ s. povlak, blána, film, v. filmovat

filth /filS/ s. špína, smetí, oplzlost

filthy /ˈfilSy/ adj. špinavý, oplzlý

final /ˈfajnl/ adj. konečný, závěrečný, rozhodný, s. závěr, finále

finance /fajˈnaens/ s. finance, v. financovat

financial /fajˈnaenšl/ adj. peněžní, finanční

find, found, found /fajnd, faund, faund/ v. nalézt, objevit, najít, shledat, s. nález, objev

fine /fajn/ adj. jemný, pěkný, hezký, vybraný, krásný, adv. výborně, prima, s. pokuta, poplatek, v. pokutovat

finger /'finger/ s. prst, v. ohmatat

fingerprint /'fingerprynt/ s. otisk prstu

finish /'finyš/ v. dokončit, dodělat, s. konec, závěr, úprava

fire /fajer/ s. oheň, požár, topení, v. zapálit, vystřelit, vzplanout, propustit /z práce/

fireman /'fajermen/ s. hasič, požárník

fireplace /'fejerplejs/ s. krb

fireworks /'fajerwéks/ s. pl. ohňostroj

firm /férm/ adj. pevný, stálý, adv. pevně, s. firma, podnik, v. zpevnit

first /férst/ adj. první, přední, adv. nejprve, předně, zpočátku

fish /fiš/ s. ryba, v. lovit ryby

fisherman /'fišermen/ s. rybář

fist /fist/ s. pěst

fit /fit/ s. záchvat, výbuch /hněvu/, adj. vhodný, schopný, v. hodit se, přizpůsobit, slušet

fitting /'fityng/ s. zkouška /u krejčího/, instalace

five /fajv/ num. pět

fix /fiks/ v. upevnit, přibít, upnout, utkvět, uspořádat, stanovit, zařídit

fizz /fiz/ v. šumět, syčet, s. sykot, šumění

flabby /ˊflaeby/ adj. ochablý, schlíplý

flag /flaeg/ s. vlajka, prapor

flake /flejk/ s. vločka, plátek, v. odlupovat se

flame /flejm/ s. plamen, v. planout, plápolat, vzplanout

flammable /flaemebl/ adj. hořlavý

flare /fleer/ v. plápolat, vzplanout, s. plápolání, světelný signál, vzplanutí, záblesk

flash /flaeš/ s. záblesk, zablesknutí, okamžik, v. zablesknout se, zazářit, náhle se objevit, adj. vyparáděný

flashlight /ˊflaešlajt/ s. baterka

flat /flaet/ adj. plochý, rovný, nudný, naprostý, přímý, adv. nízko, ploše, s. rovina, plocha, nížina, byt

flatter /ˊflaeter/ v. lichotit

flavor /ˊflejver/ s. chuť, příchuť, vůně, aroma, v. dodat příchuť, okořenit

flea /flí/ s. blecha

flee, fled, fled /flí, fled, fled/ v. utéci, uprchnout

flesh /fleš/ s. tělo, /živé/ maso
flexible /ˊfleksebl/ adj. ohebný, pružný
flight /flajt/ s. let, útěk
float /flout/ v. vznášet se, plout,
s. plovák, plavidlo, vor
flock /flok/ s. stádo, hejno, dav,
v. shluknout se
flood /flad/ s. záplava, povodeň, v. zaplavit, zavodňovat
floodlight /ˊfladlajt/ s. osvětlení reflektorem
floor /flór/ s. podlaha, poschodí, patro
floristˊs /ˊflorysts/ s. květinářství
flour /flauer/ s. mouka, v. pomoučit, rozemlít /na mouku/
flourish /ˊflaryš/ v. vzkvétat, prosperovat, s. ozdoba
flow /flou/ v. téci, plynout, s. tok, proud
flower /flauer/ s. květ, květina, v.kvést
flowerbed /ˊflauerbed/ s. záhon květin
flu /flú/ s. chřipka
fluent /ˊflúent/ adj. plynný, plynulý
fluid /ˊflújd/ adj. tekutý, s. tekutina
fly, flew, flown /flaj, flu, floun/ v. létat, utéci, spěchat, s. moucha

foam /foum/ s. pěna, v. pěnit

focus /ˈfoukes/ s. ohnisko, střed, v. zaostřit, soustředit

fog /fog/ s. mlha, v. zamlžit

foggy /ˈfogy/ adj. mlhavý, zamlžený

fold /fould/ s. záhyb, sklad, v. složit, přeložit

folk /fouk/ s. lidé

folk-song /ˈfouksong/ s. lidová/národní píseň

follow /ˈfolou/ v. následovat, jít za, sledovat, řídit se, chápat

follower /ˈfolouer/ s. přívrženec, následovník

following /ˈfolouing/ adj. následující, další

fond /fond/ adj. něžný, laskavý, /be..of/ mít rád, rád dělat

food /fúd/ s. jídlo, potrava

fool /fúl/ s. pošetilec, hlupák, blázen, šašek, v. žertovat, ošidit, napálit

foolish /ˈfúliš/ adj. pošetilý, bláhový

foot /fut/ s. noha, chodidlo, stopa, spodek, úpatí, míra /30,5 cm/

football /ˈfutból/ s. kopací míč, kopaná

footpath /ˈfutpáS/ s. pěšina

footstep /ˈfutstep/ s. krok, šlépěj

footwear /ˈfutweer/ s. obuv

for /fór/ prep. pro, za, do, k, na, po, pokud jde, jako

forbid, forbade, forbidden /fer´byd, fer´bejd, fer´bydn/ v. zakázat, nedovolit

force /fós/ s. síla, moc, násilí platnost, v. nutit, přinutit

forecast /´fórkást/ v. předvídat, předpovídat /počasí/

forehead /´foryd/ s. čelo

foreign /´foryn/ adj. cizí, zahraniční

foreigner /´foryner/ s. cizinec, cizinka

forest /´foryst/ s. les

foretell, foretold, foretold /fór´tel, fór´tould, fór´tould/ v. předvídat, věštit

forever /fe´rever/ adv. navždy, pořád

foreword /´fórwérd/ s. předmluva

forgery /´fódžery/ s. padělání, padělek

forget, forgot, forgotten /fer´get, fer´got, fer´gotn/ v. zapomenout

forgive, forgave, forgiven /fer´giv fer´gejv, fer´givn/ v. odpustit, prominout

fork /fók/ s. vidlička, vidle, vidlice, v. rozvětvovat se

form /fórm/ s. tvar, forma, formulář, způsob, v. tvořit /se/, utvářet, formovat
formal /ˈfórml/ adj. formální
formation /fórˈmejšn/ s. utvoření, sestava, útvar
former /ˈfórmer/ adj.,pron. dřívější, minulý, předešlý
fort /fórt/ s. pevnost, tvrz
forth /fórS/ adv. vpřed, dále
fortify /ˈfórtyfaj/ v. posílit, opevnit
fortunate /ˈfórčenyt/ adj. šťastný
fortunately /ˈfórčenytly/ adv. naštěstí
fortune /ˈfórčn/ s. štěstí, osud, jmění
forty /ˈfórty/ num. čtyřicet
forward /ˈfórwed/ adj. přední, pokrokový, pokročilý, v. postrčit, popohnat, odeslat
forwards /ˈfórwedz/ adv. kupředu, vpřed
foul /faul/ adj. špinavý, sprostý, nepoctivý, v. pošpinit, znečistit
foundation /faunˈdejšn/ s. základ, založení, základna
fountain /ˈfauntyn/ s. vodotrysk, kašna
four /fór/ num. čtyři
fourteen /ˈfórˈtýn/ num.čtrnáct
fox /foks/ s. liška

fragment /ˈfraegment/ s. zlomek, úlomek
frame /frejm/ s. rám, konstrukce, kostra, řád, stav /mysli/, v. vytvořit, zarámovat, přizpůsobit, falešně obvinit
frank /fraenk/ adj. přímý, upřímný
fraud /fród/ s. podvod, klam, podvodník
freckle /ˈfrekl/ s. piha
free /frí/ adj. svobodný, volný, bezplatný, dobrovolný, v. osvobodit, uvolnit
freedom /ˈfrídem/ s. svoboda, volnost
freeze, froze, frozen /fríz, frouz, frouzn/ v. mrznout,zmrznout, zmrazit
freezer /ˈfrízer/ s. mrazicí přístroj
frequent /ˈfríkwent/ adj. častý, běžný, v. často navštěvovat
frequently /ˈfríkwently/ adv. často
fresh /freš/ adj. čerstvý, svěží, nový, drzý, adv. čerstvě
Friday /ˈfrajdy/ s. pátek
fridge /ˈfrydž/ s. lednice
friend /frend/ s. přítel/kyně/, známý
friendly /ˈfrendly/ adj. přátelský, přívětivý, laskavý
friendship /ˈfrendšip/ s. přátelství
fright /frajt/ s. strach, hrůza
frighten /ˈfrajtn/ v. poděsit, polekat
frightful /ˈfrajtful/ adj. strašný, děsný

frog /frog/ s. žába
from /from/ prep. od, z, podle
front /frant/ s . čelo, popředí, průčelí, fronta, /in.../ vpředu, adj. přední, v. stát čelem k
frontier /ˈfrantjer/ s. hranice
frost /frost/ s. mráz
frosty /ˈfrosty/ adj. mrazivý
frown /fraun/ v. mračit se, s. zamračený, vzdorný pohled
fruit /frút/ s. ovoce, plod
fruitful /ˈfrútful/ adj. plodný, úrodný
fruitless /ˈfrútlys/ adj. neplodný, marný
frustration /frasˈtrejšn/ s. bezmocnost, nemohoucnost, zklamání
fry /fraj/ v. smažit /se/
fuel /fjuel/ s. palivo, pohonná látka
fugitive /ˈfjúdžityv/ adj. prchající, s. uprchlík
fulfil /fulˈfil/ v. splnit, vyplnit
full /ful/ adj. plný, úplný, adv. úplně, zcela
fun /fan/ s. žert, zábava, legrace
function /ˈfankšn/ s. funkce, činnost, úřad
fund /fand/ s. fond, zásoba
funeral /ˈfjúnerl/ s. pohřeb, adj.pohřební

funny /'fany/ adj. komický, legrační, zábavný, podivný

fur /fér/ s. kožišina, adj. kožišinový

furious /'fjueryes/ adj. zuřivý, vzteklý

furnace /'férnys/ s. pec

furnish /'férnyš/ v. opatřit, zásobit, vybavit

furniture /'férnyčer/ s. nábytek

further /'fédzer/ adv. dále, kromě toho, adj. další, pozdější, vzdálenější, v. podporovat

fury /'fjuery/ s. zuřivost, zběsilost

fuse /fjúz/ s. doutnák, el. pojistka

fuss /fas/ s. povyk, zbytečný rozruch, v. dělat rozruch, obtěžovat

future /'fjúčer/ s. budoucnost, adj. budoucí, příští

- . -

gadget /'gaedžit/ s. přístroj, součástka

gain /gejn/ s. zisk, v. získat, dosáhnout, vyhrát, přibrat /na váze/

gale /gejl/ s. vichřice

gall /gól/ s. žluč

gallery /'gaelery/ s. galerie, ochoz

gallon /'gaelen/ s. galon, dutá míra = 4,5 l /angl./, 3,8 l /amer./

gallows /'gaelouz/ s. šibenice
gamble /'gaembl/ s. hazardní hra, v. hrát o peníze, riskovat
gambler /'gaembler/ s. hráč, karbaník
game /gejm/ s. hra, zápas, zábava, zvěřina, adj. ochotný
gang /gaeng/ s. tlupa, banda, oddíl
gap /gaep/ s. mezera, spára, trhlina,otvor
garage /'gaeráž/ s. garáž, v. garážovat
garbage /'gárbydž/ s. odpadky, smetí
garden /'gárdn/ s. zahrada, adj. zahradní, zahradnický, v. zahradničit
gardener /'gárdner / s. zahradník
gargle /'gárgl/ v. kloktat, s. kloktadlo
garlic /'gárlik/ s. česnek
gas /gaes/ s. plyn, benzín
gasp /gásp/ v. popadat dech
gate /gejt/ s. brána, vrata, vchod
gather /'gaedzer/ v. shromáždit /se/, sebrat, získat, shrnout, usoudit
gay /gej/ adj. veselý, rozpustilý
gaze /gejz/ v. upřeně se dívat, s.pohled
gear /gier/ s. pohon, rychlost /u auta/, v. uvést do chodu, řadit
gem /džem/ s. drahokam
general /'dženerl/ adj. všeobecný, celkový, s. generál
generally /'dženerely/ adv. všeobecně

generation /·džene´rejšn/ s. pokolení, generace
generous /´dženeres/ adj. ušlechtilý, štědrý, hojný
gentle /´džentl/ adj. mírný, jemný, laskavý
gentleman /´džentlmen/ s. pán, urozený člověk, džentlmen
gently /´džently/ adv. jemně, opatrně
genuine /´dženjuin/ adj. pravý, ryzí, původní, upřímný
geography /dži´ogrefy/ s. zeměpis
geology /dži´oledži/ s. geologie
gesture /´džesčer/ s. gesto, posunek
get, got, got /gotten/ /get, got, got /gotn/ v. dostat, obdržet, získat, mít, musit, rozumět
get along /·get elong/ v. dělat pokroky, vycházet /s kým/
get in /·get´in/ v. vstoupit
get off /·get´of/ v. vystoupit, utéci
get on /·get´on/ v. pokračovat, nastoupit
get out /·get´aut/ v. vyjmout, vystoupit, odejít
get over /·get´ouver/ v. překonat
get up /·get´ap/ v. vstát
gherkin /´gérkyn/ s. kyselá okurka

ghost /goust/ s. duch, strašidlo
giant /´džajent/ s. obr, adj. obrovský
gift /gift/ s. dar, nadání
gifted /´giftyd/ adj. nadaný
ginger /´džindžer/ s. zázvor
gingerbread /´džinžerbred/ s. perník
gipsy, gypsy /´džipsy/ s. cikán/ka/
girl /gérl/ s. dívka, děvče
give, gave, given /giv, gejv, givn/ v. dát, podat, věnovat, způsobit
give in /.giv´in/ v. povolit, ustoupit
give up /.giv´ap/ v. vzdát se, vydat
glad /glaed/ adj. potěšen, rád
glance /gláns/ v. letmo pohlédnout, s. záblesk, rychlý pohled
gland /glaend/ s. žláza
glass /glás/ s. sklo, sklenice
glasses /´glásis/ s. pl. brýle
glisten /´glisn/ v. lesknout se
glitter /´gliter/ v. třpytit se
globe /gloub/ s. zeměkoule, globus
gloom /glúm/ s. soumrak, zasmušilost, sklíčenost, melancholie
gloomy /´glúmy/ adj. temný, ponurý, zasmušilý, sklíčený
glorious /´glóries/ adj. nádherný, slavný, skvělý

glory /ˊglóry/ s. sláva, nádhera, v. radovat se, chlubit se
gloss /glos/ s. lesk, vysvětlivka, v. vyleštit, lesknout se, vysvětlit
glossy /ˊglosy/ adj. lesklý, vyleštěný
glove /glav/ s. rukavice
glow /glou/ v. žhnout, sálat, s. žár, zápal, plamen
glue /glú/ s. klih, lepidlo, v. lepit
gnat /naet/ s. komár
go, went, gone /gou, went, gon/ v. jít, chodit, jet, odejít, cestovat
go along /ˏgou eˊlong/ v. pokračovat, souhlasit
go by /ˏgouˊbaj/ v. uplynout, minout, řídit se /čím/
go on /ˏgouˊon/ v. pokračovat, jít napřed
go out /ˏgouˊaut/ v. vyjít, odejít za zábavou, zhasnout
goal /goul/ s. cíl, gól
goat /gout/ s. koza
god /god/ s. bůh
goddess /ˊgodys/ s. bohyně
gold /gould/ s. zlato, adj. zlatý
golden /ˊgouldn/ adj. zlatý
good /gud/ adj. dobrý, hodný, laskavý, s. dobro, prospěch, užitek

good-bye /ˌgudˈbaj/ int. sbohem
goodness /ˈgudnys/ s. dobrota, laskavost
goods /gudz/ s. pl. zboží
goose /gús/ s. husa
gooseberry /ˈguzbery/ s. angrešt
gorgeous /ˈgórdžes/ adj. nádherný, skvělý
gossip /ˈgosip/ s. klep, kleveta, v. popovídat si, klevetit
goulash /ˈgúlaeš/ s. guláš
govern /ˈgavern/ v. vládnout, řídit
governess /ˈgavernys/ s. vychovatelka
government /ˈgavernment/ s. vláda
gown /gaun/ s. plášť, šat, župan
grab /graeb/ v. popadnout, shrábnout
grace /grejs/ s. půvab, přízeň, ušlechtilost, v. ozdobit, poctít
graceful /ˈgrejsful/ adj. půvabný, spanilý
grade /grejd/ s. stupeň, v. třídit, známkovat
gradual /ˈgraedjuel/ adj. postupný
gradually /ˈgraedjuely/ adv. postupně
graduation /ˌgraedjuˈejšn/ s. promoce, absolvování školy
grain /grejn/ s. zrno, zrní, obilí
gram/me/ /graem/ s. gram
grand /graend/ adj. veliký, velkolepý, ohromný, skvělý

grandchild /ˈgraenčajld/ s. vnouče
granddaughter /ˈgraendóter/ s. vnučka
grandfather, granddad /ˈgraenfádzer, ˈgraendaed/ s. dědeček
grandmother, granny /ˈgraenmadzer, ˈgraeny/ s. babička
grandson /ˈgraensan/ s. vnuk
grant /graent/ v. vyhovět, poskytnout, udělit, s. udělení, podpora
grape /grejp/ s. hrozen /vína/
grasp /grásp/ v. uchopit, sevřít, pochopit, s. sevření, pochopení, kontrola
grass /grás/ s. tráva
grate /grejt/ v. strouhat, skřípat, s. rošt, mříže
grateful /ˈgrejtful/ adj. vděčný
gratitude /ˈgraetytjúd/ s. vděčnost
grave /grejv/ adj. vážný, důstojný, s. hrob, v. vyrýt, vyřezat
gravy /ˈgrejvy/ s. šťáva, omáčka
gray, grey /grej/ adj. šedivý
grease /grís/ s. tuk, mastnota, mazadlo, v. mazat, namazat
greasy /ˈgrísy/ adj. mastný, namaštěný
great /grejt/ adj. velký, důležitý, znamenitý, významný, vynikající
greatly /ˈgrejtly/ adv. velice, značně

greatness /'grejtnys/ s. velikost, význam
greed /gríd/ s. chtivost, lačnost
greedy /'grídy/ adj. nenasytný, chtivý
green /grín/ adj. zelený
greengrocer /'grín-grouser/ s. zelinář
greenhorn /'grínhórn/ s. nováček, nezkušený člověk
greet /grít/ v. /po/zdravit
greeting /'grítyng/ s. pozdrav
grief /gríf/ s. zármutek, žal
grin /gryn/ v. šklebit se, s. úšklebek
grind, ground, ground /grajnd, graund, graund/ v. mlít, brousit, skřípat, s. mletí, broušení, dřina
groan /groun/ v. sténat, vzdychat, s. sténání, úpění
grocer /'grouser/ s. kupec, obchodník
grocery /'grousery/ s. obchod s potravinami
ground /graund/ s. půda, země, základ, podklad, v. zakládat, uzemnit
ground floor /'graund'flór/ s. přízemí
group /grúp/ s. skupina, v. seskupit /se/
grow, grew, grown /grou, gru, groun/ v. růst, dospívat, stávat se, pěstovat
grown-up /'grounap/ adj. dospělý
growth /grouS/ s. růst, vzrůst

guarantee /·gaeren´tý/ s. záruka, ručení, v. /za/ručit, zajistit
guard /gárd/ s. stráž, hlídka, dozorce, v. chránit, střežit, hlídat
guess /ges/ v. hádat, uhádnout, domnívat se, tušit s. dohad, domněnka
guest /gest/ s. host
guide /gajd/ s. vůdce, průvodce, v. vést, provázet
guilt /gylt/ s. vina
guilty /´gylty/ adj. vinný
gum /gam/ s. guma, dáseň, lepidlo
gun /gan/ s. střelná zbraň, puška, pistole, revolver
gymnastics /džim´naestyks/ s. gymnastika, tělocvik

- . -

habit /´haebyt/ s. zvyk, obyčej, oděv
hag /haeg/ s. babizna, bába
haggard /´haegerd/ adj. vychrtlý, ztrhaný
hail /hejl/ s. pozdrav, kroupy, krupobití, v. pozdravit, zavolat
hair /heer/ s. vlas/y/, chlup, srst
hairdresser /´heer·dreser/ s. kadeřník
half /háf/ s. polovina, adj. poloviční, půl, adv. napůl, zpola

hall /hól/ s. sál, síň, předsíň, hala
hallo, hello /he´lou/ int. haló, nazdar
ham /haem/ s. šunka
hamburger /´haembérger/ s. karbanátek
hammer /´haemer/ s. kladivo, v. tlouci, zatlouci /kladivem/, bušit
hand /haend/ s. ruka, ručička, v. podat
handbag /´haendbaeg/ s. kabelka
handbook /´haendbuk/ s. příručka
handful /haendful/ s. hrst/ka/
handicap /´haendykaep/ s. nevýhoda,v. mít nevýhodu, poškodit
handkerchief /´haenkerčíf/ s. kapesník
handle /´haendl/ s. držadlo, rukojeť, v. dotknout se, uchopit, zacházet s, poradit si
handsome /´haensem/ adj. hezký, pěkný
handy /´haendy/ adj. zručný, vhod
hang, hung, hung /haeng, hang, hang/ v. v. pověsit, oběsit, viset, s. nachýlení
happen /´haepn/ v. stát se, přihodit se
happening /´haepenyng/ s. událost,příhoda
happiness /´haepinys/ s. štěstí
happy /´haepy/ adj. šťastný
harbor /´hárber/ s. přístav, v. chránit, chovat
hard /hárd/ adj. tvrdý, těžký, namáhavý, přísný, adv. tvrdě, těžce, silně

hardly /ˈhárdly/ adv. sotva, stěží, skoro ne, tvrdě, surově
hardware /ˈhárdweer/ s. železářské zboží
hare /heer/ s. zajíc
harm /hárm/ s. křivda, škoda, zlo, v. poškodit, ublížit
harmful /ˈhármful/ adj. škodlivý
harmless /ˈhármles/ adj. neškodný,nevinný
harvest /ˈhárvyst/ s. žně, sklizeň, v. sklízet
haste /hejst/ s. spěch, chvat
hasten /hejsn/ v. spěchat, uspíšit
hasty /ˈhejsty/ adj. chvatný, ukvapený
hat /haet/ s. klobouk
hate /hejt/ v. nenávidět, s. nenávist
hatred /ˈhejtryd/ s. nenávist
haunt /hónt/ v. pronásledovat, strašit
have, had, had /haev, haed, haed/ v. mít, dostat, vzít si, musit
have to /ˈhaev·tu/ v. musit
hawk /hók/ s. jestřáb
hay /hej/ s. seno
he /hí/ s. on
head /hed/ s. hlava, představený, vedoucí, v. vést, stát v čele
headache /ˈhedejk/ s. bolení hlavy
headline /ˈhedlajn/ s. /novinový/ titulek

heal /híl/ v. léčit, hojit se
health /helS/ s. zdraví
healthy /'helSy/ adj. zdravý
heap /híp/ s. hromada, v. /na/hromadit
hear, heard, heard /hier, hérd, hérd/ v. slyšet, poslouchat, dovědět se
hearing /'hieryng/ s. sluch, slyšení, výslech
heart /hárt/ s. srdce
hearty /'hárty/ adj. srdečný, upřímný, pořádný, vydatný
heat /hít/ s. horko, teplo, vedro, žár, v. topit, zahřát, ohřát
heather /'hedzer/ s. vřes
heating /'hítyng/ s. topení
heaven /'hevn/ s. nebe, nebesa
heavenly /'hevnly/ adj. nebeský, božský
heavily /'hevily/ adv. těžce, hodně
heavy /'hevy/ adj. těžký, silný
hedge /hedž/ s. křoví, živý plot
hedgehog /'hedžhog/ s. ježek
heel /híl/ s. pata, podpatek
height /hajt/ s. výška, výšina. vrchol
heir /eer/ s. dědic
hell /hel/ s. peklo
help /help/ s. pomoc, v. pomoci,posloužit
helpful /'helpful/ adj. prospěšný, užitečný, nápomocný

helpless /helplys/ adj. bezmocný, slabý
hen /hen/ s. slepice
her /hér/ pron. ji, jí, její
herb /hérb/ s. bylina
here /hier/ adv. zde, tu, sem
heredity /hy'redyty/ s. dědičnost
heritage /'herytydž/ s. dědictví, odkaz
hero /'hierou/ s. hrdina
heroine /'herouin/ s. hrdinka
herself /hér'self/ pron. sama, se
hesitate /'hezitejt/ v. váhat, zdráhat se
hi /haj/ int. hej!, nazdar
hide, hid, hidden /hajd, hyd, hydn/ v. schovávat se, skrývat, zatajit
high /haj/ adj. vysoký, horní, hlavní, důležitý, příznivý, adv. vysoko
highly /'hajly/ adv. vysoce, velice
high school /'haj'skúl/ s. vyšší, střední škola, gymnasium
highway /'hajwej/ s. silnice, dálnice
hike /hajk/ v. cestovat pěšky, trampovat
hill /hyl/ s. kopec, vrch
him /hym/ pron. ho, jemu, jej
himself /hym'self/ pron. /on/ sám, se
hint /hynt/ s. pokyn, narážka, v. pokynout, upozornit na
hip /hyp/ s. bok, kyčel

hire /ˈhajer/ s. nájem, v. najmout si
his /hyz/ pron. jeho
historic /hysˈtoryk/ adj. historický
history /ˈhystory/ s. historie, dějiny, dějepis
hit, hit, hit /hyt, hyt, hyt/ v. uhodit, udeřit, zasáhnout, trefit, s. úder, zásah, trefa, šlágr
hoarse /hórs/ adj. drsný, chraptivý
hobby /ˈhoby/ s. záliba, koníček
hold, held, held /hould, held, held/ v. držet, vydržet, obsahovat, zastávat, trvat, s. uchopení, držení, chycení
hole /houl/ s. díra, otvor, jáma
holiday /ˈholedej/ s. svátek, prázdno
hollow /ˈholou/ adj. dutý, prázdný, s. dutina, díra, v. /vy/hloubit
holy /ˈhouly/ adj. svatý
home /houm/ s. domov, dům, adj. domácí, adv. doma, domů
homesick /ˈhoumsyk/ adj. teskníci po domově
homework /ˈhoumwérk/ s. domácí úkol
honest /ˈonyst/ adj. čestný, poctivý, upřímný
honesty /ˈonysty/ s. poctivost
honey /ˈhany/ s. med, /miláček/

honeymoon /ˈhanymún/ s. svatební cesta, líbánky

honor /ˈoner/ s. čest, počest, počestnost, v. ctít, poctít

honorable /ˈonerebl/ adj. čestný, cti hodný

hook /huk/ s. hák, háček, v. zahnout, zaháknout, zachytit

hope /houp/ s. naděje, v. doufat

hopeful /ˈhoupful/ adj. plný naděje, nadějný

hopeless /ˈhouplys/ adj. beznadějný, zoufalý

horizon /heˈrajzn/ s. obzor

horizontal /ˌhoryˈzontl/ adj. vodorovný

horrible /ˈhorybl/ adj. hrozný, strašný

horrify /ˈhoryfaj/ v. poděsit, vyděsit

horror /ˈhorer/ s. hrůza, zděšení

horse /hórs/ s. kůň

horseshoe /ˈhórsšú/ s. podkova

hose /houz/ s. hadice, punčochy, v. stříkat hadicí

hospital /ˈhospitl/ s. nemocnice

hospitality /ˌhospiˈtaelity/ s. pohostinství

host /houst/ s. hostitel, pán domu

hostage /ˈhostydž/ s. rukojmí

hostel /ˈhostl/ s. ubytovna, noclehárna
hostess /ˈhoustys/ s. hostitelka, paní domu
hostile /ˈhostajl/ adj. nepřátelský
hostility /hosˈtylity/ s. nepřátelství
hot /hot/ adj. horký, žhavý, ostrý /na chuť/, prudký, prchlivý
hot dog /ˈhot-dog/ s. párek, vuřt
hotel /houˈtel/ s. hotel
hour /auer/ s. hodina, doba
house /haus/ s. dům, domácnost, sněmovna, divadlo, v. ubytovat, umístit
household/ˈhaushould/ s. domácnost
housewife/ˈhauswajf/ s. hospodyňka, domácí paní
how /hau/ adv. jak,/...much,...many/kolik
however /hauˈever/ adv. jakkoli, conj. avšak, nicméně, jenomže
hug /hag/ v. vzít do náruče, obejmout
huge /hjúdž/ adj. obrovský
human /ˈhjúmen/ adj. lidský, s. lidská bytost
humanity /hjuˈmaenyty/ s. lidstvo, lidskost, humanita
humble /ˈhambl/ adj. pokorný, skromný, ponížený
humiliate /hjuˈmiliejt/ v. ponížit, pokořit

humor /ˈhjúmer/ s. humor, nálada

hundred /ˈhandred/ num. sto

hunger /ˈhanger/ s. hlad, v. hladovět

hungry /ˈhangry/ adj. hladový

hunt /hant/ s. hon, lov, v. lovit, pronásledovat, shánět, hledat

hunter /ˈhanter/ s. lovec

hurry /ˈhary/ s. spěch, v. spěchat, pospíchat

hurt, hurt, hurt /hért, hért, hért/ v. poranit, ublížit, zarmoutit, s. poranění, bolest, úraz

husband /ˈhazbend/ s. manžel

hut /hat/ s. bouda, chata, chatrč

- I -

I /aj/ pron. já

ice /ajs/ s. led, v. zledovatět

ice-cream /ˈajskrím/ s. zmrzlina

icicle /ˈajsykl/ s. rampouch

icy /ˈajsy/ adj. ledový

idea /ajˈdye/ s. pojem, myšlenka, nápad, idea, představa

ideal /ajˈdyel/ adj. ideální, s. ideál, vzor

identical /ajˈdentykl/ adj. totožný, týž, stejný

identity /aj'dentyty/ s. totožnost
idiot /'idyet/ s. idiot, blbec, hlupák
idle /'ajdl/ adj. nečinný, zahálčivý, líný, v. lenošit, zahálet
idleness /'ajdlnys/ s. nečinnost, zahálka
if /if/ conj. jestliže, jestli, kdyby, zdali
ignorance /'ignerens/ s. neznalost, nevědomost
ignorant /'ignerent/ adj. nevědomý, nevzdělaný
ignore /ig'nór/ v. nevšímat si, nevěnovat pozornost
ill /il/ adj. nemocen, churavý, špatný, zlý, škodlivý, s. zlo, adv.špatně, zle
illegal /i'lígl/ adj. nezákonný, ilegální
illness /'ilnys/ s. nemoc
illuminate /i'ljúminejt/ v. osvětlit, ozářit, objasnit
illusion /i'ljúžn/ s. přelud, klam,iluze
image /'imydž/ s. obraz, podoba, přirovnání
imagination /i‚maedži'nejšn/ s. představivost, obrazotvornost
imagine /i'maedžin/ v. představit si
imitate /'imitejt/ v. napodobit
imitation /‚imi'tejšn/ s. napodobení, imitace

immediate /i'mídjet/ adj. bezprostřední, nejbližší, okamžitý
immediately /i'mídjetly/ adv. ihned, okamžitě
immense /i'mens/ adj. nesmírný, ohromný
immerse /i'mérs/ v. ponořit /se/
immigrant /'imigrent/ s. přistěhovalec
immigration /.imi'grejšn/ s. přistěhovalectví
immoral /i'morl/ adj. nemravný
immortal /i'mórtl/ adj. nesmrtelný
impact /'impaekt/ s. náraz, vliv
impatience /im'pejšns/ s. netrpělivost
impatient /im'pejšnt/ adj. netrpělivý
impeach /im'píč/ v. obvinit, obžalovat
imperfect /im'pérfykt/ adj. nedokonalý, kazový
imperial /im'pieriel/ adj. císařský, svrchovaný, velkolepý
impersonal /im'pérsenl/ adj. neosobní
impersonate /im'pérsenejt/ v. ztělesňovat, představovat, předstírat
impertinence /im'pértynens/ s. drzost
impertinent /im'pértynent/ adj. drzý, neslušný
implore /im'plór/ v. snažně prosit, vzývat

impolite /‧impe´lajt/ adj. nezdvořilý
import /´import/ s. dovoz
importance /im´portens/ s. důležitost, význam
important /im´portent/ adj. důležitý, významný
impose /im´pouz/ v. uložit, uvalit, vnucovat se
impossible /im´posebl/ adj. nemožný
impress /im´pres/ v. vtisknout, ovlivnit, udělat dojem
impression /im´prešn/ s. dojem, vliv, znak, otisk
impressive /im´presiv/ adj. působivý
improbable /im´probebl/ adj. nepravděpodobný
improper /im´proper/ adj. nevhodný, neslušný
improve /im´prúv/ v. zlepšit /se/, zdokonalit, využít
improvement /im´prúvment/ s. zlepšení, zdokonalení
impudent /´impjudent/ adj. nestydatý
impulse /´impals/ s. podnět, popud,impuls
in /in/ prep. v, do, na, u, při, za, během, adv. dovnitř
inaccurate /in´aekjuryt/ adj. nepřesný

inadequate /in'aedekwet/ adj. nepřiměřený, nedostatečný

inapt /in'aept/ adj. nevhodný, neschopný

incapable /in'kejpebl/ adj. neschopný, nezpůsobilý

incentive /in'sentyv/ adj. rozněcující, dráždivý, s. podnět, motiv

inch /inč/ s. palec, coul /2,54 cm/

incident /'insident/ s. událost, případ, příhoda

incidental /·insi'dentl/ adj. případný, nahodilý, vedlejší

incidentally /·insi'dently/ adv. mimochodem

inclination /·inkli'nejšn/ s. sklon, náklonnost

incline /in'klajn/ v. /na/klonit /se/, sklonit, mít sklon k

include /in'klúd/ v. zahrnovat, obsahovat

including /in'klúdyng/ prep. včetně

income /'inkam/ s. příjem, plat

incompetent /in'kompetent/ adj. neoprávněný, neschopný

incomplete /·inkem'plít/ adj. neúplný

inconsiderate /·inken'sideryt/ adj. bezohledný, neuvážený

inconsistent /·inken'sistent/ adj. nedůsledný

inconvenient /ˌinkənˈvínjənt/ adj. nevhodný, obtížný, nevýhodný

incorrect /ˌinkəˈrekt/ adj. nesprávný, chybný

increase /inˈkrís/ v. zvětšit, zvýšit se, růst, /ˈinkrís/ s. zvětšení, přírůstek

incredible /inˈkredəbl/ adj. neuvěřitelný

incurable /inˈkjuərəbl/ adj. nevyléčitelný

indecent /inˈdýsnt/ adj. neslušný, nemravný

indecision /ˌindyˈsižn/ s. nerozhodnost

indeed /inˈdýd/ adv. opravdu, skutečně, ovšem, jistě

indefinite /inˈdefinyt/ adj. neurčitý

independence /ˌindyˈpendəns/ s. nezávislost, samostatnost

independent /ˌindyˈpendənt/ adj. nezávislý, samostatný

indicate /ˈindykejt/ v. ukázat, naznačit

indication /ˌindyˈkejšn/ s. údaj, znamení

indifference /inˈdyfrəns/ s. lhostejnost

indifferent /inˈdyfrənt/ adj. lhostejný, netečný, nestranný

indiscreet /ˌindysˈkrít/ adj. netaktní, nerozvážný

individual /·indy'vidjuel/ adj. jednotlivý, osobitý, s. jedinec, jednotlivec
indoors /in'dórz/ adv. uvnitř, doma
indulge /in'daldž/ v. dopřávat si, hovět si
indulgence /in'daldžens/ s. shovívavost, záliba v, slabost pro
industrial /in'dastriel/ adj. průmyslový
industry /'indestry/ s. průmysl, píle
inevitable /in'evitebl/ adj. nevyhnutelný
inexpensive /·inyks'pensiv/ adj. levný
inexperience /·iňyks'piriens / s. nezkušenost
infant /'infent/ s. dítě, nezletilý
infect /in'fekt/ v. nakazit
infection /in'fekšn/ s. nákaza, infekce
inferior /in'firier / adj. nižší, horší, podřadný
inflation /in'flejšn/ s. inflace
influence /'influens/ s. vliv, účinek, v. mít vliv na
influential /·influ'enšl/ adj. vlivný
influenza /·influ'enze/ s. chřipka
inform /in'fórm/ v. informovat, oznámit, udat /koho/
informal /in'fórml/ adj. neformální, nenucený

information /ˌinferˈmejšn/ s. informace
informer /inˈformer/ s. udavač
ingredient /inˈgrídjent/ s. přísada, součást, složka
inhabitant /inˈhaebytent/ s. obyvatel
inherit /inˈheryt/ v. zdědit, získat
inheritance /inˈherytens/ s. dědictví
inhuman /inˈhjúmen/ adj. nelidský
injection /inˈdžekšn/ s. injekce
injure /ˈindžer/ v. poranit, poškodit, ublížit
injury /ˈindžery/ s. zranění, křivda, bezpráví
injustice /inˈdžastys/ s. nespravedlnost
ink /ink/ s. inkoust
inn /in/ s. hostinec, hospoda
inner /ˈiner/ adj. vnitřní
innocence /ˈinesns/ s. nevina, nevinnost
innocent /ˈinesnt/ adj. nevinný
inoculation /ˌinokuˈlejšn/ s. očkování
inquire /inˈkwajer/ v. dotazovat se, ptát se, vyšetřovat
inquiry /inˈkwajery/ s. dotaz, informace, vyšetřování
insane /inˈsejn/ adj. šílený, bláznivý
insect /ˈinsekt/ s. hmyz
inside /inˈsajd/ s. vnitřek, adj. vnitřní, adv. uvnitř, dovnitř

insignificant /ˌinsigˈnyfikent/ adj. bezvýznamný

insist /inˈsist/ v. naléhat, trvat na, stát na svém

insistent /inˈsistent/ adj. vytrvalý, tvrdošíjný

insolent /ˈinselent/ adj. drzý, dotěrný

inspect /inˈspekt/ v. prohlédnout, dohlížet, kontrolovat

inspection /inˈspekšn/ s. prohlídka, dozor, inspekce

inspiration /ˌinspiˈrejšn/ s. nápad, inspirace

instance /ˈinstens/ s. příklad, případ

instant /ˈinstent/ adj. okamžitý, s. okamžik

instantly /ˈinstently/ adv. okamžitě

instead /inˈsted/ adv. místo toho

instinct /ˈinstynkt/ s. pud, instinkt

institution /ˌinstyˈtjúšn/ s. založení, ústav, instituce

instruct /inˈstrakt/ v. učit, poučit, dávat návod

instruction /inˈstrakšn/ s. vyučování, návod, pokyn

instrument /ˈinstrument/ s. nástroj, přístroj

insufficient /ˌinseˈfišent/ adj. nedostatečný
insult /ˈinsalt/ s. urážka, /inˈsalt/ v. urazit
insurance /inˈšuerens/ s. pojištění
insure /inˈšuer/ v. pojistit
intact /inˈtaekt/ adj. netknutý, celý, neporušený
intellectual /ˌinteˈlekčuel/ adj. vzdělaný, rozumový, inteligentní, s. intelektuál, inteligentní člověk
intend /inˈtend/ v. zamýšlet, mít v úmyslu, hadlat
intense /inˈtens/ adj. prudký, silný, vášnivý, intenzivní
intensity /inˈtensity/ s. síla, prudkost, intenzita
intention /inˈtenšn/ s. úmysl, záměr,cíl
interest /ˈinteryst/ s. zájem, účast, úroky, v. zajímat se
interesting /ˈintrystyng/ adj. zajímavý
interfere /ˌinterˈfier/ v. zasahovat do, překážet
interference /ˌinterˈfierens/ s. zásah, zasahování, rušení
interior /inˈtyrier/ adj. vnitřní, s. vnitřek

intermission /·inter´mišn/ s. přerušení, přestávka
international /·inter´naešenl/ adj. mezinárodní
interpret /in´térpryt/ v. vykládat, tlumočit
interpreter /in´térpryter/ s. tlumočník
interrogate /in´teregejt/ v. vyslýchat
interrogation /in·tere´gejšn/ s. výslech
interrupt /·inte´rapt/ v. přerušit, vyrušit
interruption /·inte´rapšn/ s. přerušení, vyrušení
interval /´intervel/ s. přestávka, mezera
intervene /·inter´vín/ v. zasáhnout, zakročit, přihodit se /mezitím/
intervention /·inter´venšn/ s. zákrok, intervence, zprostředkování
interview /´intervjú/ s. pohovor, rozhovor, schůzka
intimate /´intymet/ adj. důvěrný, intimní
into /´intu/ prep. do, v, na
intolerable /in´tolerebl/ adj. nesnesitelný
intoxicate /in´toksikejt/ v. opít, opojit
introduce /·intre´djús/ v. uvést, zavést, představit /komu/

introduction /•intre'dakšn/ s. uvedení, úvod, představení /komu/
invade /in'vejd/ v. vpadnout, přepadnout
invasion /in'vejžn/ s. vpád, invaze
invent /in'vent/ v. vynalézt, vymyslit
invention /in'venšn/ s. vynález, výmysl
inventor /in'venter/ s. vynálezce
investigate /in'vestygejt/ v. vyšetřovat, pátrat, zkoumat
investigation /in•vesty'gejšn/ s. vyšetřování, výzkum
invisible /in'vizebl/ adj. neviditelný
invitation /•invi'tejšn/ s. pozvání
invite /in'vajt/ v. pozvat, vzbuzovat, lákat
involve /in'volv/ v. zahrnout, zaplést, obsahovat, týkat se
inward/s/ /'inwerd, 'inwerdz/ adj. vnitřní, adv. vnitřně, dovnitř
iron /'ajern/ s. železo, žehlička, adj. železný, silný, v. okovat, žehlit
irregular /i'regjuler/ adj. nepravidelný, nerovný
irrelevant /i'relyvent/ adj. nezávažný, bezvýznamný
irresponsible /•irys'ponsebl/ adj. nezodpovědný

irritate /ˈirytejt/ v. dráždit
irritating /ˈirytejtyng/ adj. dráždivý, nepříjemný
is /iz/ v. je /on, ona, ono, to..../
island /ˈajlend/ s. ostrov
isolate /ˈajselejt/ v. odloučit, izolovat
isolation /ˌajseˈlejšn/ s. osamocení, izolace
issue /ˈišú, ˈisjú/ s. vydání /časopisu/, problém, sporný bod, v. vydávat,vycházet
it /it/ pron. ono, to
itch /ič/ s. svědění, v. svrbět, svědět
item /ˈajtem/ s. položka, bod, článek
its /its/ pron. jeho, svůj
itself /itˈself/ pron. sebe, samo, se
ivory /ˈajvery/ s. slonovina

- . -

jacket /ˈdžaekyt/ s. sako, kabát, obal
jail /džejl/ s. žalář, vězení
jam /džaem/ s. zavařenina, marmeláda, tlačenice, dopravní zácpa, v. mačkat, napěchovat, vtlačit, ucpat
January /ˈdžaenjuery/ s. leden
jar /džár/ s. džbán, skleněná nádoba

jaw /džó/ s. čelist, dáseň
jazz /džaez/ s. džez, v. hrát,tančit džez
jealous /'dželes/ adj. žárlivý
jealousy /'dželesy/ s. žárlivost
jeans /'džínz/ s. pl. texasky
jelly /'džely/ s. rosol, želé
jeopardize /'džeperdajz/ v. ohrozit
jerk /džérk/ s. trhnutí, škubnutí, v. trhnout, škubnout
jet /džet/ s. trysk, proud /vody/, v.tryskat, letět
Jew /džú/ s. žid
jewel /'džúel/ s. klenot, šperk
jewellery /'džúelry/ s. klenoty, šperky, klenotnictví
job /džob/ s. práce, úkol, zaměstnání
jog /džog/ s. lehký poklus, v. klusat
join /džojn/ v. spojit, připojit se, vstoupit do,
joint /džojnt/ s. spojení, kloub, adj. spojený, společný, v. spojit, skloubit
joke /džouk/ s. vtip, žert, v. žertovat
jolly /'džoly/ adj. veselý, milý
journal /'džérnl/ s. deník, časopis
journalist /'džérnelist/ s. novinář
journey /'džérny/ s. cesta, jízda
joy /džoj/ s. radost
joyous /'džojes/ adj. radostný, veselý

judge /džadž/ s. soudce, rozhodčí, znalec, v. soudit, posuzovat, oceňovat
judgment /ˊdžadžment/ s. soud, posudek, mínění, rozsudek
jug /džag/ s. džbán
juice /džús/ s. šťáva
July /džuˊlaj/ s. červenec
jump /džamp/ v. skočit, skákat, s. skok
jumper /ˊdžamper/ s. svetřík, halena
junction /ˊdžankšn/ s. spojení, křižovatka
June /džún/ s. červen
junior /ˊdžúnjer/ adj. mladší
junk /džank/ s. smetí, haraburdí
jury /ˊdžuery/ s. porota
just /džast/ adj. spravedlivý, správný, adv. právě, zrovna
justice /ˊdžastys/ s. spravedlnost, právo, soudce
justify /ˊdžastyfaj/ v. ospravedlnit, oprávnit

- . -

keen /kín/ adj. prudký, chtivý, dychtivý, nadšený /čím/
keep, kept, kept /kíp, kept, kept/ v. držet, dodržovat, mít, vydržet, zachovávat, nechat si, chránit

keep on /kíp'on/ v. pokračovat, ponechat si /na sobě/
keeper /'kíper/ s. dozorce, hlídač
kennel /'kenl/ s. psí bouda, psí útulek
kerb /kérb/ s. obrubník, okraj chodníku
kernel /'kérnl/ s. jádro, pecka
kettle /'ketl/ s. kotel, plechová konvice
key /kí/ s. klíč, klávesa
kick /kyk/ v. kopnout, kopat, s. kopnutí
kid /kyd/ s. kůzle, dítě
kidnap /'kydnaep/ v. unést
kidney /'kydny/ s. ledvina
kill /kyl/ v. zabít
killer /'kyler/ s. vrah
kilogram /'kylegraem/ s. kilogram
kilometer /'kyle-míter/ s. kilometr
kind /kajnd/ adj. laskavý, vlídný, s. rod, druh, jakost
kindergarten /'kynder-gártn/ s. mateřská škola
kindly /'kajndly/ adv. laskavě, adj. laskavý, vlídný
kindness /'kajndnys/ s. laskavost,dobrota
king /kyng/ s. král
kingdom /'kyngdem/ s. království
kiss /kys/ s. polibek, hubička, v. líbat, políbit

kit /kyt/ s. řemeslnické,montážní nářadí
kitchen /ˈkyčn/ s. kuchyně
kite /kajt/ s. papírový drak
kitten /ˈkytn/ s. kotě
knapsack /ˈnaepsaek/ s. batoh, tlumok
knee /ný/ s. koleno
knee-socks /ˈnýˈsoks/ s. pl. podkolenky
kneel, knelt, knelt /nýl, nelt, nelt/ v. kleknout si, klečet
knife /najf/ s. nůž
knight /najt/ s. rytíř
knit /nyt/ v. plést jehlicemi
knob /nob/ s. knoflík /u dveří/, boule
knock /nok/ v. klepat, tlouci /na dveře/, udeřit, srazit, s. zaklepání, udeření
knot /not/ s. uzel, v. zavázat, zauzlit
know, knew, known /nou, njú, noun/ v. vědět, umět, znát
knowledge /ˈnolydž/ s. znalost, vědomost
knuckle /ˈnakl/ s. kotník /na ruce/

- . -

label /ˈlejbl/ s. nálepka, štítek, v.označit, opatřit nápisem
laboratory /leˈboretery/ s. laboratoř
labor /ˈlejber/ s. práce, námaha, v. pracovat, namáhat se

laborer /ˈlejberer/ s. dělník, pracovník
lace /lejs/ s. krajka, tkanice do bot, šňůra, v. zašněrovat, ozdobit krajkou
lack /laek/ s. nedostatek, potřeba, v. postrádat, nemít
lad /laed/ s. mládenec, hoch
ladder /ˈlaeder/ s. žebřík
ladle /ˈlejdl/ s. naběračka, sběračka, v. nabírat
lady /ˈlejdy/ s. dáma, paní
lake /lejk/ s. jezero
lamb /laem/ s. jehně, beránek
lame /ˈlejm/ adj. chromý, kulhavý, neschopný
lamp /laemp/ s. lampa, svítilna
lampshade /ˈlaempšejd/ s. stínidlo
land /laend/ s. země, pevnina, kraj, v. přistát, vylodit
landing /ˈlaendyng/ s. přistání, vylodění
landlady /ˈlaendlejdy/ s. bytná, hostinská, domácí paní
landscape /ˈlaendskejp/ s. krajina
lane /lejn/ s. ulička, cesta
language /ˈlaengwidž/ s. řeč, jazyk
lantern /ˈlaentern/ s. lucerna
lap /laep/ s. klín, úsek, etapa
lard /lárd/ s. sádlo, v. mastit, špikovat

large /lárdž/ adj. velký, značný
largely /ˈlárdžly/ adv. značně, velmi, štědře
lark /lárk/ s. skřivan
lash /laeš/ v. šlehnout, švihnout, s. rána bičem, šlehnutí
last /lást/ adj. poslední, minulý, předešlý, v. trvat, vydržet, vystačit
late /lejt/ adj. pozdní, opožděný, nedávný, zesnulý, adv. pozdě
lately /ˈlejtly/ adv. nedávno
later /ˈlejter/ adj. pozdější, adv. později
lather /ˈládzer/ s. mýdlová pěna, v. namydlit, pěnit
latitude /ˈlaetytjúd/ s. zeměpisná šířka
latter /ˈlaeter/ adj. pozdější, druhý ze dvou
laugh /láf/ v. smát se, zasmát se, s. smích
laughter /ˈláfter/ s. smích
laundry /ˈlóndry/ s. prádelna, prádlo na praní
lavatory /ˈlaevetery/ s. umývárna, záchod
law /ló/ s. zákon, právo, ustanovení
lawful /ˈlóful/ adj. zákonný, právoplatný
lawn /lón/ s. trávník

lawyer /'lójer/ s. právník, advokát
laxative /'laeksetyv/ s. projímadlo
lay, laid, laid /lej, lejd, lejd/ v. položit, klást, složit, stanovit, s. poloha, položení, adj. světský, laický
layer /'lejer/ s. vrstva
lazy /'lejzy/ adj. líný
lazy-bones /'lejzybounz/ s. lenoch
lead /led/ s. olovo
lead, led, led /líd, led, led/ v. vést, řídit, razit cestu, svést, s. vedení, přednost
leader /'líder/ s. vůdce, vedoucí
leadership /'líderšip/ s. vedení, vedoucí postavení
leading /'lídyng/ s. vedení, adj. vedoucí, přední
leaf /líf/ s. list, listí
leak /lík/ s. štěrbina, díra, vytékání, prosakování, prozrazení, v. propouštět, ucházet
lean, leant, leant /lín, lent, lent/ v. naklánět se, opírat, spoléhat se, adj. hubený, libový
leap, leapt, leapt/líp, lept, lept/ v. skákat, přeskočit, s. skok
learn, learnt, learnt /lérn, lérnt, lérnt/ v. učit se, dozvědět se

learning /ˈlérnyng/ s. věda, učení
lease /lís/ s. /pro/nájem, v. /pro/najmout
least /líst/ adj. nejmenší, adv. nejméně, alespoň
leather /ˈledzer/ s. kůže, adj. kožený
leave, left, left /lív, left, left/ v. /za/nechat, opustit, odejít, odjet, zapomenout, s. dovolená
lecture /ˈlekčer/ s. přednáška
leek /lík/ s. pórek
left /left/ adj. levý, adv. vlevo, nalev s. levá strana
leg /leg/ s. noha, noha stolu, nohavice
legal /ˈlígl/ adj. zákonný, právní
leisure /ˈležer/ s. volný čas, volno
leisurely /ˈležerly/ adj. pohodlný, klidný, adv. volně, klidně
lemon /ˈlemen/ s. citrón
lend, lent, lent /lend, lent, lent/ v. půjčit, poskytnout
length /lenkS/ s. délka, vzdálenost
lengthen /ˈlenkSen/ v. prodloužit /se/
lens /lenz/ s. čočka, objektiv
lentil /ˈlentyl/ s. čočka /luštěnina/
less /les/ adj. menší, adv. méně
lessen /ˈlesn/ v. zmenšit /se/

lesson /ˈlesn/ s. lekce, úkol, vyučovací hodina
lest /lest/ conj. aby ne
let, let, let /let, let, let/ v. nechat, dovolit, pronajmout
letter /ˈleter/ s. dopis, písmeno
letter-box /ˈleterboks/ s. poštovní schránka
lettuce /ˈletys/ s. hlávkový salát
level /ˈlevl/ s. rovina, úroveň, adj. vodorovný, plochý, adv. přímo, v. srovnat, vyrovnat, namířit
liar /ˈlajer/ s. lhář
liberate /ˈliberejt/ v. osvobodit
liberation /ˌlibeˈrejšn/ s. osvobození
liberty /ˈliberty/ s. svoboda, volnost
library /ˈlajbrery/ s. knihovna
licence /ˈlajsens/ s. povolení, licence,
lick /lik/ v. lízat, olizovat
lid /lid/ s. víčko, poklička
lie /laj/ s. lež, v. lhát
lie, lay, lain /laj, lej, lejn/ v. ležet, spočívat
life /lajf/ s. život
lift /lift/ v. zvednout /se/, povznést, ukrást, s. výtah, zdviž, pozvednutí
light /lajt/ s. světlo, záře, oheň, adj. světlý, lehký, snadný

light, lit, lit /lajt, lit, lit/ v. osvětlit, zapálit, rozsvítit
lighter /ˈlajter/ s. zapalovač
lighting /ˈlajtyng/ s. osvětlení
lightning /ˈlajtnyng/ s. blesk
like /lajk/ v. mít rád, líbit se, přát si, adj. stejný, podobný, adv. podobně, prep. jako, do téže míry, s. ten samý
likely /ˈlajkly/ adj. pravděpodobný, adv. pravděpodobně
likeness /ˈlajknys/ s. podoba, podobnost
likewise /ˈlajkwajz/ adv. rovněž, také, podobně, stejně
lilac /ˈlajlek/ s. šeřík, bez
limb /lim/ s. úd, hlavní větev, končetina
lime /lajm/ s. vápno, citrusový plod
limit /ˈlimit/ s. mez, hranice, v. omezit
limitation /ˌlimiˈtejšn/ s. omezení, hranice /možností/
limp /limp/ adj. skleslý, nepevný, v. kulhat
line /lajn/ s. čára, linka, provaz, šňůra, řada, řádek, trať, hranice, v. linkovat, řádkovat, seřadit, lemovat, podšít
linen /ˈlinyn/ s. plátno, prádlo
linger /ˈlinger/ v. váhat, otálet, prodlévat

lining /ˊlajnyng/ s. podšívka

link /link/ s. spojovací článek, spojka, v. spojovat /se/, navazovat

lion /ˊlajen/ s. lev

lip /lip/ s. ret

lipstick /ˊlipstyk/ s. rtěnka

liquid /ˊlikwyd/ adj. kapalný, tekutý, s. tekutina

liquor /ˊliker/ s. lihovina, alkohol

list /list/ s. seznam, listina, v. sepsat, zapsat, vyjmenovat

listen /ˊlisn/ v. poslouchat, naslouchat

liter /ˊlíter/ s. litr

literate /ˊliteryt/ adj. gramotný

literature /ˊlitryčer/ s. literatura

litter /ˊliter/ s. smetí, nečistota, v. poházet, rozházet, znečistit

little /ˊlitl/ adj. malý, krátký, slabý, adv. málo, trochu

live /liv/ v. žít, bydlit

live /lajv/ adj. živý, naživu, opravdový, přímý /přenos/

lively /ˊlajvly/ adj. živý, čilý, plný života

liver /ˊliver/ s. játra

living /ˊliving/ s. živobytí, adj. žijící

lizard /ˊlizerd/ s. ještěrka

load /loud/ s. náklad, zatížení, břímě, v. naložit, zatížit, nabít
loaf /louf/ s. bochník, homole
loan /loun/ s. půjčka, v. půjčit
loathe /loudz/ v. hnusit si, ošklivit si
loathsome /ˊloudzsem/ adj. odporný,hnusný
lobby /ˊloby/ s. předsíň, hala, vestibul, v. ovlivňovat /poslance v parlamentu/
local /ˊloukl/ adj. místní
locate /loˊkejt/ v. umístit, určit místo
lock /lok/ s. zámek, v. zamknout, zavřít
locker /ˊloker/ s. skřínka na zámek
lodgings /ˊlodžinkz/ s. pl. podnájem, byt
loft /loft/ s. půda /v domě/
log /log/ s. poleno, kláda, špalek
lonely /ˊlounly/ adj. osamělý, opuštěný
long /long/ adj. dlouhý, adv. dlouho, v. toužit /po/
longing /ˊlonging/ s. touha
longitude /ˊlondžitjúd/ s. zeměpisná délka
look /luk/ v. dívat se, hledět, vypadat s. pohled, vzhled
look after /ˊluk·áfter/ v. starat se o, dohlížet na
look for /ˊluk·fór/ v. hledat, očekávat
look forward to /ˊluk·fórwerd·tu/ v. těšit se na

loop /lúp/ s. smyčka, klička

loose /lús/ adj. volný, uvolněný, řídký, nepřesný, v. uvolnit, rozvázat

loosen /ˈlúsn/ v. uvolnit /se/, rozviklat /se/

lord /lórd/ s. pán, lord

lose, lost, lost /lúz, lost, lost/ v. ztratit, prohrát, zabloudit, ztratit se

loss /los/ s. ztráta, škoda

lost /lost/ adj. ztracený, prohraný

lot /lot/ s. podíl, množství, pozemek, adv. velmi mnoho

loud /laud/ adj. hlasitý, adv. hlasitě, nahlas

louse/laus/ s. veš

lousy /ˈlauzy/ adj. všivý, velmi špatný

love /lav/ s. láska, milý, milá, v. milovat, mít rád

lovely /ˈlavly/ adj. rozkošný, krásný, půvabný

lover /ˈlaver/ s. milenec, milenka

low /lou/ adj. nízký, dolní, tichý, vulgární, sprostý, obyčejný, adv. nízko, potichu, lacino, chudě, mizerně, s. bučení /dobytka/

lower /ˈlouer/ adj. nižší, spodní, tišší, adv. níže, v. snížit /se/, klesnout

loyal /ˊlojel/ adj. oddaný, věrný
loyalty /ˊlojelty/ s. oddanost, věrnost
luck /lak/ s. štěstí, náhoda, osud
lucky /ˊlaky/ adj. šťastný, příznivý
luggage /ˊlagydž/ s. zavazadla
lull /lal/ s. klid, utišení, v. uspat, utišit /se/, ukolébat
lullaby /ˊlalebaj/ s. ukolébavka
lump /lamp/ s. kus, hrouda, boule, v. shrnout, hromadit
lunatic /ˊlúnetyk/ adj. šílený, pomatený, s. šílenec
lunch /lanč/ s. polední jídlo, lehký oběd, v. obědvat
lungs /langz/ s. pl. plíce
lust /last/ s. tužba, žádost, chtíč, v. prahnout po, bažit

- . -

machine /meˊšín/ s. stroj, vůz, adj. strojní, strojový, v. strojově vyrobit
machinery /meˊšínery/ s. stroje,mašinerie
mad /maed/ adj. šílený, bláznivý,zuřivý v. zbláznit se
madness /ˊmaednys/ s. šílenství, zuřivost
magazine /ˌmaegeˊzín/ s. časopis, zásobník

magic /ˈmaedžik/ s. kouzlo, adj. kouzelný
magician /meˈdžišn/ s. kouzelník, čaroděj
magnificent /maegˈnyfisnt/ velkolepý, nádherný, skvělý
magnify /ˈmaegnyfaj/ v. zvětšovat
magnitude /ˈmaegnytjúd/ s. velikost
maid /mejd/ s. služebná, dívka
maiden /ˈmejdn/ adj. dívčí, panenský
mail /mejl/ s. pošta, v. poslat poštou
main /mejn/ adj. hlavní
mainland /ˈmejnlend/ s. pevnina
mainly /ˈmejnly/ adv. hlavně, převážně
maintain /menˈtejn/ v. udržovat, pokračovat, podporovat, tvrdit
maintenance /ˈmejntynens/ s. udržování, údržba
major /ˈmejdžer/ adj. větší, hlavní, plnoletý, s. major
majority /meˈdžoryty/ s. většina, dospělost, plnoletost
make, made, made /mejk, mejd, mejd/ v. dělat, činit, vyrábět, přimět, přinutit, vydělat /peníze/, s. výrobek, značka
make-up /ˈmejkap/ s. nalíčení, kosmetické prostředky, sestavení, uspořádání

male /mejl/ s. muž, samec, adj. mužský, samčí
malice /ˈmaelys/ s. zlomyslnost, zášť
malicious /meˈlyšes/ adj. zlomyslný
malignant /meˈlygnent/ adj. zákeřný, zhoubný
man /maen/ s. člověk, muž, manžel
manage /ˈmaenydž/ v. řídit, spravovat, hospodařit, dokázat, umět si poradit
management /ˈmaenydžment/ s. vedení, řízení, správa, zacházení
manager /ˈmaenydžer/ s. správce, ředitel
manhood /ˈmaenhud/ s. mužnost, mužství
manifest /ˈmaenyfest/ adj. zřejmý, jasný, v. projevit, prohlásit
manipulate /meˈnypjulejt/ v. zacházet s, manipulovat
mankind /maenˈkajnd/ s. lidstvo
man-made /ˈmaenmejd/ adj. umělý, uměle vyrobený
manner /ˈmaener/ s. způsob, chování
mansion /ˈmaenšn/ s. panské sídlo
manual /ˈmaenjuel/ adj. ruční, tělesný, s. příručka
manufacture /ˌmaenjuˈfaekčer/ v. vyrábět
manufacturer /ˌmaenjuˈfaekčerer/ s. výrobce, továrník

many /'meny/ adj. mnoho, velmi, mnozí
map /maep/ s. mapa, plán
maple /'mejpl/ s. javor
marble /'márbl/ s. mramor, kulička na hraní, adj. mramorový
March /márč/ s. březen
march /márč/ v. pochodovat, kráčet, s.pochod
marine /me'rín/ adj. mořský, námořní, s. námořní voják
mark /márk/ s. značka, známka, skvrna, označení, cíl, v. označit, vyznačit,poznamenat, určit
market /'márkyt/ s. trh, tržiště
marmelade /mármelejd/ s. pomerančová zavařenina
marriage /'maerydž/ s. manželství,sňatek
married /'maeryd/ adj. ženatý, vdaná
marry /'maery/ v. oženit /se/, vdát/se/
masculine /'maeskjulin/ adj. mužský
mash /maeš/ s. kaše
mask /másk/ s. maska, v. maskovat /se/
mass /maes/ s. hmota, masa, spousta, v. hromadit, soustředit
master /'máster/ s. mistr, pán, učitel, v. zvládnout, ovládnout
masterpiece /'másterpís/ s. veledílo

mat /maet/ s. rohož/ka/, podložka

match /maeč/ s. zápalka, sirka, sportovní zápas, partner, soupeř, partie /do manželství/, v. rovnat se k, měřit, hodit se k

material /me'tyriel/ adj. hmotný, podstatný, s. látka, hmota, materiál

mathematics /ˌmaeSi'maetyks/ s. matematika

matter /'maeter/ s. věc, záležitost, podstata, hmota, látka, v. mít důležitost, mít význam

mature /me'tjuer/ adj. zralý, dospělý, v. uzrát, dospět

maturity /me'tjúryty/ s. zralost, vyspělost, dospělost

May /mej/ s. květen, máj

may, might /mej, majt/ v. moci, směti

maybe /'mejbí/ adv. možná, snad

mayor /meer/ s. starosta

me /mí/ pron. mne, mě, mně

meal /míl/ s. jídlo, pokrm

mean, meant, meant /mín, ment, ment/ v. mínit, myslit, znamenat, s. střed, průměr, adj. mizerný, protivný, zlý

meaning /'mínyng/ s. význam, smysl

meanwhile /'mínˌwajl/ adv.mezi-,pro-,zatím

measles /ˈmízlz/ s.pl. spalničky
measure /ˈmežer/ s. míra, měřítko, rozsah, opatření, v. měřit, odhadnout
measurement /ˈmežerment/ s. míra, měření
meat /mít/ s. maso
mechanic /miˈkaenyk/ adj. mechanický, automatický, s. mechanik, strojník
medical /ˈmedykl/ adj. lékařský
medicine /ˈmedsyn/ s. lék, lékařství
medieval /ˌmedyˈívl/ adj. středověký
meditate /ˈmedytejt/ v. přemýšlet, rozjímat, uvažovat
meditation /ˌmedyˈtejšn/ s. přemýšlení, rozjímání
medium /ˈmídjem/s. střed, průměr, prostředek, adj. střední, průměrný
meet, met, met /mít, met, met/ v. potkat /se/, sejít se, seznámit se, vyrovnat, uhradit, utkat se /ve sportu/
meeting /ˈmítyng/ s. schůze, schůzka, setkání, utkání, shromáždění
melon /ˈmelen/ s. meloun
melt /melt/ v. tát, rozpustit se, tavit, rozplynout se
member /ˈmember/ s. člen
membership /ˈmemberšip/ s. členství, členstvo

membrane /´membrejn/ s. blána
memorial /mi´móriel/ s. památník, pomník, adj. pamětní
memory /´memery/ s. paměť, památka, vzpomínka
menace /´menes/ s. hrozba, v. hrozit
mend /mend/ v. spravit, opravit, zlepšit, napravit, s. správka
mental /´mentl/ adj. duševní, mentální
mention /´menšn/ s. zmínka , v. zmínit se
menu /´menjú/ s. jídelní lístek
merchant /´mérčent/ s. obchodník, kupec, adj. obchodní
mercury /´mérkjury/ s. rtuť
mercy /´mersy/ s. soucit, milost, milosrdenství
mere /mier/ adj. pouhý
merely /´mierly/ adv. pouze, jenom
merge /mérdž/ v. splynout, spojit
meridian /me´rydyen/ s. poledník
merit /´meryt/ s. zásluha, cena, v. zasloužit si
merry /´mery/ adj. veselý, radostný
mess /mes/ s. nepořádek, zmatek, obtíž, v. udělat nepořádek, zmatek
message /´mesydž/ s. zpráva, vzkaz, poselství

messenger /'mesynžer/ s. posel,poslíček
metal /'metl/ s. kov
metallic /mi'taelik/ adj. kovový
meter /'míter/ s. metr, měřidlo
method /'meSed/ s. metoda, postup, způsob
mid /mid/ adj. střední, prostřední
midday /'middej/ s. poledne
middle /'midl/ adj. střední, prostřední,
s. střed, prostředek
middle-aged /'midl'ejdžd/ adj. středního
věku
midnight /'midnajt/ s. půlnoc
might /majt/ s. moc, síla, v. /may,.../
moci, směti
mighty /'majty/ adj. mocný, mohutný,
adv. nesmírně
mild /majd/ adj. mírný, lahodný
mile /majl/ s. míle, /1.609 m/
militant /'militent/ adj. bojovný, váleč-
ný, bojový
military /'militery/ adj. vojenský
milk /milk/ s. mléko, v. dojit
mill /mil/ s. mlýn, továrna, v. mlít
millimeter /'mili-míter/ s. milimetr
million /'miljen/ s. milión
mind /majnd/ s. mysl, rozum, paměť, míně-
ní, názor, úmysl, v. dbát na, dávat
pozor na, namítat

mine /majn/ pron. můj, má, mé, s. důl, mina, v. dolovat, podminovat
miner /ˈmajner/ s. horník
mineral /ˈminerel/ s. nerost, adj. nerostný, minerální
minister /ˈminyster/ s. ministr, vyslanec, duchovní, v. poskytnout pomoc
ministry /ˈminystry/ s. ministerstvo
minor /ˈmajner/ adj. menší, mladší, vedlejší, s. nezletilá osoba
minority /majˈnoryty/ s. menšina
minus /ˈmajnes/ prep. méně, bez, minus
minute /ˈminyt/ s. minuta, okamžik
miracle /ˈmirekl/ s. div, zázrak
miraculous /miˈraekjules/ adj. zázračný
mirror /ˈmirer/ s. zrcadlo, v. zrcadlit, obrážet
misadventure /ˈmisedˈvenčer/ s. nehoda, nešťastná náhoda
mischief /ˈmisčif/ s. škoda, zlo, neplecha, nezbednost, nezbeda
miser /ˈmajzer/ s. lakomec
miserable /ˈmyzerebl/ adj. ubohý, bídný, mizerný, nešťastný
misery /ˈmyzery/ s. bída, nouze
misfortune /misˈfočn/ s. neštěstí
mislead, misled, misled /misˈlíd, misˈled, misˈled/ v. svést, zavést,uvést v omyl

misprint /ˈmisˈprynt/ s. tisková chyba
miss /mis/ v. minout, chybit, netrefit se, zmeškat, postrádat, stýskat se
Miss /mis/ s. slečna /před jménem/
missile /ˈmisajl/ s. střela
missing /ˈmising/ adj. chybějící, nezvěstný, pohřešovaný
mission /ˈmišn/ s. poslání, mise
mist /mist/ s. mlha, zamžení, v. zamlžit
mistake, mistook, mistaken /misˈtejk, misˈtuk, misˈtejkn/ v. zmýlit se, chybit, omylem považovat, s. omyl, chyba
mistress /ˈmistrys/ s. paní, majitelka, milenka
mistrust /ˈmisˈtrast/ v. nedůvěřovat, s. nedůvěra
misunderstanding /ˈmisanderˈstaendyng/ s. nedorozumění
mix /miks/ v. míchat /se/, smíchat, přátelit se, stýkat se, s. smíšenina
mixture /ˈmiksčer/ s. směs, smíšenina
mob /mob/ s. dav, chátra, lůza, v. srocovat se, hromadně napadnout
mobile /ˈmoubajl/ adj. pohyblivý
mock /mok/ v. posmívat se, pošklebovat se, adj. falešný, klamný
mockery /ˈmokery/ s. posměch, výsměch

model /'modl/ s. model, vzor, modelka, manekýnka, v. modelovat
moderate /'moderyt/ adj. umírněný, střídmý, průměrný, rozumný, /'moderejt/ v. mírnit /se/, krotit se
modern /'modern/ adj. moderní,novodobý
modest /'modyst/ adj. skromný, slušný
modesty /'modysty/ s. skromnost
moist /mojst/ adj. vlhký, mokrý
moisture /'mojsčer/ s. vlhkost, vláha
mole /moul/ s. krtek, mateřské znaménko
moment /'moument/ s. okamžik, chvilka, důležitost, význam
monastery /'monestery/ s. klášter
Monday /'mandy/ s. pondělí
money /'many/ s. peníze
monkey /'manky/ s. opice, v. opičit se, zahrávat si
monster /'monster/ s. stvůra, netvor
monstrous /'monstres/ adj. nestvůrný, obludný, hrozný
month /manS/ s. měsíc /kalendářní/
monthly /'manSly/ adj. měsíční, adv. měsíčně
monument /'monjument/ s. památník,pomník
mood /múd/ s. nálada
moon /mún/ s. měsíc, luna

moonlight /´múnlajt/ s. měsíční světlo
moral /´morel/ adj. mravní, mravný, s. mravní naučení
morality /me´raelity/ s. morálka, mravnost, cnost
more /mór/ adj. větší, adv. více
moreover /mó´rouver/ adv. mimoto, nadto
morning /´mórnyng/ s. ráno, jitro, dopoledne
mortal /´mórtl/ adj. smrtelný, osudný
mortality /mór´taelity/ s. smrtelnost, úmrtnost
most /moust/ adj. největší, adv. nejvíce, velice, s. většina
mostly /´moustly/ adv. většinou, hlavně
motel /mou´tel/ s. motel
moth /moS/ s. mol, můra
mother /´madzer/s. matka
mother-in-law /´madzerinló/ s. tchyně
motion /´moušn/ s. pohyb, hnutí, pokyn, návrh, v. pokynout
motionless /´moušnlys/ adj. nehybný
motor /´mouter/ s. motor, v. dopravovat autem
motorcycle /´mouter‚sajkl/ s. motocykl
motorway /´mouterwej/ s. dálnice
mould /mould/ s. forma, tvar, plíseň, v. hníst, modelovat, formovat, plesnivět

mountain /´mauntyn/ s. hora, vrch, adj. horský
mourn /mórn/ v. truchlit, nosit smutek
mourning /´mórnyng/ s. smutek
mouse /maus/ s. myš
moustache /mes´táš/ s. knír, kníry
mouth /mauS/ s. ústa, huba, ústí
mouthful /´mauSful/ s. sousto
move /műv/ v. hýbat, hnout se, pohybovat se, táhnout, stěhovat se, pohnout, dojmout, přimět, s. pohyb, tah
movement /´művment/ s. pohyb, hnutí
movies /´műviz/ s.pl. kino
Mr. /´mister/ s.,zkr. pan /před jménem/
Mrs. /´misiz/ s.,zkr. paní /před jménem/
much /mač/ adj.,adv. mnoho, hodně, velmi
mud /mad/ s. bláto, bahno
muddle /´madl/ s. zmatek, v. zmotat, poplést, uvést v nepořádek
mug /mag/ s. džbánek, velký hrnek
multiply /´maltyplaj/ v. násobit, množit se
murder /´mérder/ s. vražda, v./za/vraždit
murderer /´mérderer/ s. vrah
murmur /´mérmer/ s. šum, šepot, mumlání, v. šumět, bublat, reptat, mumlat
muscle /´masl/ s. sval

mushroom /ˈmašrúm/ s. houba
music /ˈmjúzik/ s. hudba
musical /ˈmjúzikl/ adj. hudební, s. muzikál
musician /mjúˈzišn/ s. hudebník
must /mast/ v. muset
mustard /ˈmasterd/ s. hořčice
musty /ˈmasty/ adj. plesnivý, stuchlý
mutiny /ˈmjútyny/ s. vzpoura, v. vzbouřit se
mutual /ˈmjúčuel/ adj. vzájemný
my /maj/ pron. můj, má, mé
myself /majˈself/ pron. já sám, se
mysterious /mysˈtyries/ adj. tajemný
mystery /ˈmystery/ s. tajemství, záhada

- • -

nail /nejl/ s. nehet, hřebík, dráp, v. přibít
nail-varnish /ˈnejl-várnyš/ s. lak na nehty
naked /ˈnejkyd/ adj. nahý, holý
name /nejm/ s. jméno, název, v. jmenovat, nazývat, uvést, určit
nanny /ˈnaeny/ s. chůva
nap /naep/s . dřímota, v. dřímat
napkin /ˈnaepkyn/ s. ubrousek, plenka

narrate /nae´rejt/ v. vypravovat
narrow /´naerou/ adj. úzký, v. /z/úžit, zmenšit /se/, s. úžina, soutěska
nasty /´násty/ adj. ošklivý, nechutný, protivný
nation /´nejšn/ s. národ, lid
national /´naešenl/ adj. národní, celostátní, s. státní příslušník
nationality /˛naeše´naelity/ s. národnost, státní příslušnost
nationalize /´naešenelajz/ v. znárodnit
native /´nejtyv/ adj. rodný, domorodý, vrozený, s. domorodec, rodák
natural /´naečrel/ adj. přírodní, přirozený, samozřejmý
naturally /´naečrely/ adv. přirozeně, samozřejmě
nature /´nejčer/ s. příroda, přirozenost, povaha
naughty /nóty/ adj. nevychovaný, neposlušný, neslušný
nausea /´nósje/ s. nevolnost, bolení žaludku, ošklivost, hnus
navy /´nejvy/ s. loďstvo /válečné/
near /nyer/ adv. blízko, nedaleko, adj. blízký, v. blížit se
nearly /´nyerly/ adv. téměř, skoro, blízko

near-sighted /ˈnyerˈsajtyd/ adj. krátkozraký
neat /nýt/ adj. čistý, úhledný, obratný, nefalšovaný
necessary /ˈnesesry/ adj. nutný, nezbytný, potřebný
necessity /nyˈsesity/ s. nutnost, nezbytnost, potřeba
neck /nek/ s. krk, šíje
necklace /ˈneklys/ s. náhrdelník
nectie /ˈnektaj/ s. vázanka, kravata
need /nýd/ s. potřeba, nouze, v. potřebovat, musit
needle /ˈnýdl/ s. jehla, jehlice
negative /ˈnegetyv/ adj. záporný, odmítavý, s. zápor
neglect /nyˈglekt/ v. zanedbávat, opominout, nevšímat si, s. zanedbání, opomenutí, zanedbanost
negligence /ˈneglidžens/ s. nedbalost
negotiate /nyˈgoušiejt/ v. vyjednávat, projednávat, zprostředkovat
negro /ˈnýgrou/ s. černoch, adj. černošský
neighbor /ˈnejber/ s. soused, adj. sousední, v. sousedit
neighborhood /ˈnejberhud/ s. sousedství, okolí

neither /ˈnajdzer, ˈnýdzer/ adj.,pron. žádný, ani jeden ani druhý, conj. také ne

nephew /ˈnefjú/ s. synovec

nerve /nérv/ s. nerv, odvaha, drzost

nervous /ˈnérves/ adj. nervózní, nervový

nest /nest/ s. hnízdo, doupě, roj, v.hnízdit

net /net/ adj. čistý, netto, s. síť, síťovina, v. chytat do sítě

netle /ˈnetl/ s. kopřiva

network /ˈnetwérk/ s. síť /rozhlasových, televizních stanic/

never /ˈnever/ adv. nikdy, vůbec ne

nevertheless /ˌneverdzeˈles/ adv. nicméně, přece jenom

new /njú/ adj. nový, čerstvý

newcomer /ˈnjúˈkamer/ s. nováček

newly /ˈnjúly/ adv. nově, znovu, nedávno

news /ˈnjúz/ s. zpráva, zprávy

newspaper /ˈnjúzˌpejper/ s. noviny

next /nekst/ adj. příští, nejbližší, adv. nejblíže, dále, hned potom, příště, prep. vedle, poblíže, hned po

next-door /ˈnekstdór/ adj. sousední

nice /najs/ adj. hezký, pěkný, příjemný, milý

niece /nýs/ s. neteř
night /najt/ s. noc, večer
night-gown /ˈnajtgaun/ s. noční košile
nightingale /ˈnajtyngejl/ s. slavík
nil /nyl/ s. nula, nicota
nine /najn/ num. devět
nineteen /ˈnajnˈtýn/ num. devatenáct
ninety /ˈnajnty/ num. devadesát
no /nou/ adv. ne, nikoli, adj. žádný
noble /ˈnoubl/ adj. vznešený, ušlechtilý, urozený, šlechtický
nobleman /ˈnoublmen/ s. šlechtic
nobody /ˈnoubedy/ pron. nikdo
nod /nod/ v. kývnout, přikývnout, s. přikývnutí, pokynutí
noise /nojz/ s. hluk, křik, v. hlučet
noisy /ˈnojzy/ adj. hlučný
nominate /ˈnominejt/ v. jmenovat, ustanovit, navrhnout
none /nan/ pron. nikdo, žádný, nic, adv. vůbec ne
nonsense /ˈnonsens/ s. nesmysl
noodle /ˈnúdl/ s. nudle
noon /nún/ s. poledne
nor /nór/ conj. ani, ani ne, také ne
normal /ˈnórml/ adj. normální, obyčejný
north /nórS/ s. sever, adj. severní. adv. na severu

northern /ˈnórdzen/ adj. severní
nose /nouz/ s. nos, v. čenichat,větřit
not /not/ adv. ne
note /nout/ s. nota, znak, poznámka, krátké sdělení, bankovka, v. všimnout si, pozorovat, zmínit se, poznamenat si
notebook /ˈnoutbuk/ s. zápisník, sešit
nothing /ˈnaSing/ s. nic, nicotnost, adv. vůbec ne, nijak
notice /ˈnoutys/ s. vyhláška, oznámení, výpověď, pozornost, v. všimnout si, zpozorovat
notify /ˈnoutyfaj/ v. uvědomit, oznámit
notion /ˈnoušn/ s. pojem, představa, dojem, názor
nought /nót/ s. nula, nic
nourish /ˈnaryš/ v. živit
novel /ˈnovl/ s. román, adj. nový, neobvyklý, zvláštní
November /noˈvember/ s. listopad
novice /ˈnovis/ s. nováček
now /nau/ adv. nyní, teď, právě, conj. když, poněvadž, s. přítomnost
nowadays /ˈnauedejz/ adv. v dnešní době
nowhere /ˈnouweer/ adv. nikde, nikam
nude /njúd/ adj. nahý, s. nahý člověk, nahota, akt

nuisance /ˈnjúsns/ s. nepříjemnost, potíž, protivný člověk
numb /nam/ adj. necitlivý, ztuhlý
number /ˈnamber/ s. číslo, počet, množství, číslice, v. počítat, číslovat
numerous /ˈnjúmeres/ adj. četný, mnohý
nun /nan/ s. jeptiška
nurse /nérs/ s. zdravotní sestra, chůva, v. ošetřovat
nursery /ˈnérsery/ s. dětský pokoj, školka /i zahradnická/
nut /nat/ s. ořech, oříšek

- . -

oak /ouk/ s. dub
oar /ór/ s. veslo
oath /ouS/ s. přísaha, klení
obedience /eˈbídjens/ s. poslušnost
obedient /eˈbídjent/ adj. poslušný, oddaný
obey /eˈbej/ v. poslouchat, uposlechnout
object /ˈobdžikt/ s. předmět, cíl, v. namítat
objection /ebˈdžekšn/ s. námitka, nesouhlas, odpor
obligation /ˌobliˈgejšn/ s. závazek, povinnost, závaznost
oblige /eˈblajdž/ v. zavazovat, uložit za povinnost, zavázat si /koho/

obliging /e'blajdžing/ adj. úslužný, ochotný

oblique /e'blík/ adj. šikmý

oblivion /e'blivien/ s. zapomnění

oboe /'oubou/ s. hoboj

observation /•obzer'vejšn/ s. pozorování, všímavost, poznámka

observe /eb'zérv/ v. pozorovat, všimnout si, zachovávat, držet, poznamenat

obsess /eb'ses/ v. posednout

obstacle /'obstekl/ s. překážka

obstinate /'obstynyt/ adj. tvrdohlavý, umíněný

obstruct /eb'strakt/ v. zablokovat, zahradit, uzavřít

obstruction /eb'strakšn/ s. překážka, porucha

obtain /eb'tejn/ v. získat, obdržet, převládat

obvious /'obvies/ adj. samozřejmý, jasný

occasion /e'kejžn/ s. příležitost, příčina, důvod, událost

occasional /e'kejženl/ adj. příležitostný, nahodilý

occasionally /e'kejženely/ adv. příležitostně, občas

occupation /•okju'pejšn/ s. zaměstnání, povolání, obsazení, zabrání, okupace occupy /ˈokjupaj/ v. obsadit, zabrat, zaujímat, zaměstnat /se/

occur /ekér/ v. přihodit se, stát se, nastat, napadnout, přijít na mysl

ocean /ˈoušn/ s. oceán

October /okˈtouber/ s. říjen

odd /od/ adj. lichý, zbylý, přebytečný, náhodný, příležitostný, divný, podivný

odor /ˈouder/ s. pach, vůně

of /ov/ prep. od, ze, o, po, na, před

off /of/ adv. pryč, odtud, od, z, adj. zrušený, vypnutý, vzdálený

offence /eˈfens/ s. urážka, přestupek, útok

offend /eˈfend/ v. urazit, porušit, prohřešit se

offer /ˈofer/ s. nabídka, oběť, v. nabídnout /se/, naskytnout se, obětovat

office /ˈofis/ s. kancelář, úřad,funkce

officer /ˈofiser/ s. úředník, důstojník, strážník

official /eˈfišl/ adj. úřední, oficiální, s. úředník

often /ˈófn/ adv. často

oil /ojl/ s. olej, nafta, v. mazat, olejovat

ointment /ˈojntment/ s. mast

O.K.,okay /ˊouˊkej/ adv. dobrá, v pořádku, v. schválit, souhlasit
old /ould / adj. starý, dávný
old-fashioned /ˊouldˊfaešnd/ adj. staromódní
olive /ˊoliv/ s. oliva, adj. olivový
omelet/te/ /ˊomlit/ s. omeleta
omit /oˊmit/ v. vynechat, opominout
on /on/ prep. na, ve, v, při, o, u, podle, adv. dále, vpřed, na sobě, na sebe
once /wans/ adv. jednou, kdysi, conj.jakmile, /at.../ ihned, náhle
one /wan/ num. jeden, adj. jediný, jakýsi, pron. kdosi, někdo
oneself /wanˊself/ pron. sám, sebe, se
onion /ˊanjen/ s. cibule
only /ˊounly/ adj. jediný, adv. jenom, pouze, teprve, conj. jenže, jenomže
onward /ˊonwerd/ adv. kupředu, napřed
open /ˊoupn/ adj. otevřený, přístupný, volný, v. otevřít, zahájit, začít
opening /ˊoupnyng/ s. otvor, začátek, zahájení, volné místo,pracovní příležitost
openly /ˊoupnly/ adv. tevřeně,upřímně
opera /ˊopere/ s. opera
operate /ˊoperejt/ v. pracovat, fungovat, působit, operovat, obsluhovat, řídit

operation /·opeˈrejšn/ s. operace, působení, pracovní postup, obsluha
opinion /eˈpinjen/ s. mínění, názor
opponent /eˈpounent/ s. protivník, soupeř
opportunity /·operˈtjúnyty/ s. příležitost
oppose /eˈpouz/ v. postavit se proti, odpírat, vzdorovat
opposite /ˈopezit/ adj. protější, opačný, protilehlý, s. protiklad, opak, adv. naproti
opposition /·opeˈzišn/ s. odpor, protiklad, opozice
oppress /eˈpres/ v. utiskovat, potlačovat, utlačovat
oppression /eˈprešn/ s. útlak, útisk
oppresive /eˈpresiv/ adj. utiskující, tyranský, krutý, tíživý, dusný
optimist /ˈoptymist/ s. optimista
option /ˈopšn/ s. volba, přání, výběr
or /ór/ conj. nebo, či, neboli, jinak
oral /ˈórel/ adj. ústní
orange /ˈoryndž/ s. pomeranč, adj. oranžový
orchestra /ˈókystre/ s. orchestr
order /ˈórder/ s. pořadí, pořádek, řád, objednávka, příkaz, v. nařídit, poručit, objednat, uspořádat

ordinary /ˈórdnery/ adj. obyčejný, obvyklý
organ /ˈórgen/ s. orgán, ústrojí, varhany
organization /·orgenyˈzejšn/ s. organizace
organize /ˈórgenajz/ v. organizovat, zařídit
orientation /·órienˈtejšn/ s. orientace
origin /ˈorydžin/ s. původ, počátek
original /eˈrydženl/ adj. původní, originální, s. originál
originally /eˈrydžinly/ adv. původně
ornament /ˈórnement/ s. ozdoba, v. zdobit
orphan /ˈórfen/ s. sirotek, adj. osiřelý
other /ˈadzer/ adj.,pron. jiný, druhý, adv. jindy
otherwise /ˈadzerwajz/ adv. jinak, sice
ought /ót/ v. měl by, má povinnost
our /ˈaur/ adj. náš
ourselves /aurˈselvz/ pron. my sami, se
out /aut/ adv. ven, venku, pryč, mimo
out of /ˈautev/ prep. z, ze, kromě, bez
outbreak /ˈautbrejk/ s. výbuch, záchvat
outcome /ˈautkam/ s. výsledek
outcry /ˈautkraj/ s. výkřik, v. vykřikovat, vyvolávat

outdoor /ˈautdór/ adj. venkovní, venku
outer /ˈauter/ adj. vnější
outfit /ˈautfit/ s. výstroj, vybavení
outlaw /ˈautló/ s. vyhnanec, zločinec
outlet /ˈautlet/ s. výpust, východisko, průchod, odpad, odbytiště
outline /ˈautlajn/ s. obrys, nárys, v. načrtnout, narýsovat
outlook /ˈautluk/ s. výhled, vyhlídka
output /ˈautput/ s. výkon, produkce
outrage /ˈautrejdž/ s. urážka, potupa, zneuctění, v. urazit, potupit
outrageous /autˈrejdžes/ adj. urážlivý, hrubý, násilný, nemravný
outside /ˈautˈsajd/ s. venek, vnější strana, adj. vnější, zevnější, adv. vně, venku, prep. mimo, před
outskirts /ˈautskérts/ s. pl. okraj, předměstí
outstanding /autˈstaendyng/ adj. vynikající, význačný
outward /ˈautwerd/ adj. vnější, vnějškový, adv. vně, navenek, s. /ze/vnějšek, vzhled
oven /avn/ s. pec, trouba /na pečení/
over /ˈouver/ prep. nad, přes, na, po, pro, proti, adv. na druhé straně, znovu, nadto, u konce

overcoat /ˈouvekout/ s. svrchník,zimník
overcome /viz come/ /ˌouveˈkam/ v. překonat, přemoci
overdo /viz do/ /ˌouveˈdú/ v. předělat, přehánět, přecenit /sílu/
overhear /viz hear/ /ˌouveˈhier/ v. zaslechnout, vyslechnout
overlook /ˌouveˈluk/ v. přehlédnout, prominout
oversea/s/ /ˌouveˈsí/z/ adj. zámořský, zahraniční, adv. za mořem
oversleep /viz sleep/ /ˈouveˈslíp/ v. zaspat
overtake /viz take/ /ˌouveˈtejk/ v. dohonit, předhonit, předjet, překvapit
overthrow /viz throw/ /ˌouveˈSrou/ v. převrhnout, svrhnout, podvrátit, /ˈouveSrou/ s. svržení, porážka,převrat
overtime /ˈouvetajm/ s. přesčas
overture /ˈouvetjuer/ s. předehra
overwhelm /ˌouveˈwelm/ v. zaplavit, přemoci, zdrtit
overwork /ˈouvewérk/ s. přepracování
owe /ou/ v. být zavázán,dlužit, vděčit
owl /aul/ s. sova
own /oun/ adj. vlastní, v. vlastnit, mít, přiznat, potvrdit

owner /ˈouner/ s. majitel, vlastník
ox /oks/ s. vůl
oxygen /ˈoksidžn/ s. kyslík

- . -

pace /pejs/ s. krok, chůze, rychlost, tempo, v. kráčet
pack /paek/ s. balík, ranec, smečka, v. /za/balit, nacpat, shluknout se
package /ˈpaekydž/ s. balík
packet /ˈpaekyt/ s. balíček
pad /paed/ s. podložka, vložka, vycpávka, v. vycpat, podložit
paddle /ˈpaedl/ s. pádlo, veslo, v. pádlovat, brouzdat se
page /pejdž/ s. strana, stránka, páže, sluha /v hotelu/
pain /pejn/ s. bolest,/...s/ pl. námaha, úsilí, v. působit bolest, bolet
painful /ˈpejnful/ adj. bolestný, trapný
paint /pejnt/ s. barva, nátěr, v. malovat, natírat, malovat se
painter /ˈpejnter/ s. malíř, lakýrník
painting /ˈpejntyng/ s. obraz, malba, malířství
pair /peer/ s. pár, dvojice, v.spárovat /se/

pal /pael/ s. druh, kamarád, kolega
palace /ˈpaelys/ s. palác
pale /pejl/ adj. bledý, v. blednout
palm /pálm/ s. dlaň, palma
pan /paen/ s. pánev, pekáč
pancake /ˈpaenkejk/ s. palačinka, lívanec
pants /paents/ s.pl. kalhoty, kalhotky, spodky
paper /ˈpejper/ s. papír, noviny, dokument, adj. papírový
parade /peˈrejd/ s. přehlídka, promenáda, v. předvádět /se/, pochodovat
paradise /ˈpaeredajs/ s. ráj
parallel /ˈpaerelel/ adj. rovnoběžný, souběžný, s. rovnoběžka
parcel /ˈpársl/ s. balík, zásilka
pardon /ˈpárdn/ s. odpuštění, prominutí, v. prominout, odpustit
parents /ˈpeerents/ s.pl. rodiče
park /párk/ s. park, parkoviště, v. parkovat
parliament /ˈpárlement/ s. parlament, sněmovna
parrot /ˈpaeret/ s. papoušek
parsley /ˈpársly/ s. petržel
part /párt/ s. část, díl, účast, role, úloha, součást, v. rozdělit /se/, rozejít se, rozloučit se

participate /pár´tysipejt/ v. účastnit se

participation /pár·tysi´pejšn/ s. účast

particular /per´tykjuler/ adj. jednotlivý, zvláštní, konkrétní, podrobný, přesný, puntičkářský, s. podrobnost

particularly /per´tykjulerly/ adv. zejména, zvláště, výslovně

partly /´pártly/ adv. částečně

partner /´pártner/ s. společník, partner

party /párty/ s. společnost, strana /politická/, večírek, skupina lidí

pass /pás/ v. projít, minout, přejít, přejet, uplynout, schválit,/...away/ zemřít, s. průkaz, svolení, volný lístek, průchod, průsmyk, přechod

passage /´paesydž/ s. přechod, přejezd, průchod, průjezd, chodba, pasáž /z textu/

passenger /´paesyndžer/ s. cestující, pasažér

passion /´paešn/ s. vášeň, hněv, vztek, nadšení

passionate /´paešenyt/ adj. vášnivý

passport /´páspórt/ s. cestovní pas

past /pást/ adj. minulý, prep.,adv. pryč, mimo, za, po, přes, bez, s. minulost

paste /pejst/ s. těsto, pasta, lepidlo, v. lepit

pastry /ˈpejstry/ s. jemné pečivo, těsto
patch /paeč/ s. záplata, skvrna, v. záplatovat, zašít
path /páS/ s. cesta, stezka, pěšina
patience /ˈpejšns/ s. trpělivost
patient /ˈpejšnt/ adj. trpělivý, vytrvalý, s. pacient
patriot /ˈpaetryet/ s. vlastenec
patriotic /ˌpaetryˈotyk/ adj. vlastenecký
patrol /peˈtroul/ s. hlídka, v.hlídkovat
pattern /ˈpaetern/ s. vzor, model,vzorek
pause /póz/ s. přestávka, pauza, v. zastavit se, učinit přestávku,prodlévat
pavement /ˈpejvment/ s. chodník, dlažba
pawn /pón/ s. zástava, v. zastavit
pay, paid, paid /pej, pejd, pejd/ v. platit, zaplatit, vyplácet se, věnovat/pozornost/ s. plat, mzda
payment /ˈpejment/ s. placení, výplata, odměna
pea /pí/ s. hrách, hrášek
peace /pís/ s. mír, pokoj, klid
peaceful /ˈpísful/ adj. mírový, pokojný
peach /píč/ s. broskev
peacock /ˈpíkok/ s. páv
peak /pík/ s. vrchol, špička

pear /peer/ s. hruška
pearl /pérl/ s. perla
peasant /ˈpeznt/ s. venkovan, sedlák
peculiar /pyˈkjúljer/ adj. vlastní, podivný, zvláštní, divný
pedestrian /pyˈdestrien/ adj. pěší, s. chodec
peel /píl/ s. slupka, v. loupat /se/
peg /peg/ s. kolík, věšák
pen /pen/ s. pero, ohrazení, v. psát
penalty /ˈpenlty/ s. trest, pokuta
pencil /ˈpensl/ s. tužka
penetrate /ˈpenytrejt/ v. vniknout, proniknout
penguin /ˈpengwin/ s. tučňák
penny /ˈpeny/ s. haléř, groš, cent
pension /ˈpenšn/ s. penze, důchod
people /ˈpípl/ s. lidé, lid, národ
pepper /ˈpeper/ s. pepř, zelená peprika, v. opepřit
per /pér/ prep. za, na, skrze
perceive /perˈsív/ v. vnímat, chápat, postřehnout
per cent /perˈsent/ s. procento
perfekt /ˈpérfykt/ adj. dokonalý, bezvadný, naprostý, v. zdokonalit /se/
perfection/ˈperˈfekšn/ s. dokonalost

perfektly /pérfyktly/ adv. dokonale, naprosto, úplně

perform /per´fórm/ v. provést, vykonat, splnit, předvádět, hrát

performance /per´fórmens/ s. provedení, výkon, představení, hra

perfume /´pérfjúm/ s. voňavka, v. navonět

perhaps /per´haeps/ adv. snad, možná

period /´piried/ s. období, doba

perish /´peryš/ v. zahynout

perishable /´peryšebl/ adj. podléhající zkáze /zboží/, pomíjející

perm /´pérm/ s. trvalá ondulace

permanent /´pérmenent/ adj. trvalý, stálý

permission /per´mišn/ s. svolení, povolení, dovolení

permit /per´mit/ v. dovolit, připustit, s. povolení, propustka

persecute /´pérsykjút/ v. pronásledovat

persecution /.pérsy´kjúšn/ s. pronásledování, perzekuce

persist /per´sist/ v. trvat, stát na, vytrvat

persistent /per´sistent/ adj. vytrvalý, tvrdošíjný

person /´pérsn/ s. osoba, člověk,postava

personal /´pérsenl/ adj. osobní, soukromý

personality /·pérse'naelity/ s. osobnost
personally /'pérsenly/ adv. osobně
perspiration /·pérspe'rejšn/ s. pot
perspire /pers'pajer/ v. potit se
persuade /per'swejd/ v. přemluvit, přesvědčit
persuasion /per'swejžn/ s. přesvědčení, přemlouvání
pessimist /'pesimist/ s. pesimista
pet /pet/ s. oblíbené domácí zvíře, mazlíček, v. mazlit se
petition /py'tyšn/ s. žádost, petice, v. žádat, prosit
petrol /'petrel/ s. benzín
pharmacy /'fármesy/ s. lékárna, farmacie
philosophy /fy'losefy/ s. filosofie
phone /foun/ s. telefon, v. telefonovat
phoney /'founy/ adj. předstíraný, falešný
photo/graph/ /'foutou,'foutegráf/ s. fotografie, v. fotografovat /se/
photographer /fe'togrefer/s. fotograf
physical /'fyzikl/ adj. fyzický, tělesný, fyzikální
physician /fy'zišn/ s. lékař
physics /'fyziks/ s. fyzika
piano /'pjaenou/ s. piano, klavír
pick /pik/ v. sbírat, trhat, vybírat, zobat, rýpat /se/, okrást, s. krumpáč, výběr

pick up /ˈpikep/ v. zvednout, sebrat, pochytit, osvojit si
pickles /ˈpiklz/ s.pl. naložené,kyselé okurky, zelenina
picnic /ˈpiknyk/ s. výlet s jídlem,piknik
picture /ˈpikčer/ s. obraz, film, v. vylíčit, představovat, zobrazit
picturesque /ˌpikčeˈresk/ adj. malebný
pie /paj/ s. ovocný nebo masový koláč
piece /pís/ s. kus, kousek, v. složit, spojit, látat
pierce /piers/ v. propíchnout, probodnout
pig /pig/ s. vepř, prase, čuně
pigeon /ˈpidžin/ s. holub
pile /pajl/ s. hromada, kupa, kůl, v.hromadit /se/, nakupit
pilfer /ˈpilfer/ v. krást /drobnosti/
pilgrim /ˈpilgrym/ s. poutník
pill /pil/ s. pilulka, prášek
pillar /ˈpiler/ s. sloup, pilíř
pillow /ˈpilou/ s. polštář, poduška
pilot /ˈpajlet/ s. pilot, lodivod, v.řídit letadlo, loď
pin /pin/ s. špendlík, v. sešpendlit, sepnout, připíchnout
pincers /ˈpinserz/ s.pl. kleště
pinch /pinč/ v. štípnout, tlačit,škudlit, s. štípnutí, špetka

pine /pajn/ s. borovice, sosna
pineapple /ˊpajn·aepl/ s. ananas
pink /pink/adj. růžový, s. karafiát
pint /pajnt/ s. pinta /0,57 l/
pioneer /·paje̲ˊnye̲r̲/ s. průkopník, pionýr
pipe /pajp/ s. trubka, roura, píšťala, dýmka
pit /pit/ s. jáma, díra, šachta
pitch /pič/ s. smůla, v. vysmolit, postavit /stan/ hodit, udat /tón/
pitch-dark /ˊpičˊdár̲k/ adj. černý /jako smůla/
pitcher /ˊpiče̲r̲/ s. džbán, korbel
pity /ˊpity/ s. soucit, lítost, škoda, v. litovat
place /plejs/ s. místo, prostor, v. umístit, postavit, položit
plain /plejn/ adj. jasný, prostý, obyčejný, hladký, s. rovina, planina
plan /plaen/ s. plán, úmysl, v. plánovat, chystat, zamýšlet, nakreslit /plán/
plane /plejn/ s. rovina, plocha, letadlo
planet /ˊplaenyt/ s. planeta, oběžnice
plank /plaenk/ s. prkno, plaňka, v. zabednit
plant /plánt/ s. rastlina, továrna, závod, v. zasadit, založit

plaster /ˈpláster/ s. náplast, obklad, omítka

plastic /ˈplaestyk/ adj. plastický, z umělé hmoty, s. umělá hmota

plate /plejt/ s. talíř, deska, plát

platform /ˈplaetfórm/ s. plošina, nástupiště, pódium

play /plej/ v. hrát, hrát si, s. hra, divadelní hra

player /ˈplejer/ s. hráč, herec

playground /ˈplejgraund/ s. hřiště

pleasant /ˈpleznt/ adj. příjemný

please /plíz/ v. potěšit, líbit se, uspokojit, prosím /vás/

pleasure /ˈpležer/ s. potěšení, radost

pledge /pledž/ s. záruka, slib, závazek, v. ručit, slíbit, dát do zástavy

plenty /ˈplenty/ s. hojnost, množství, adv. hodně, dosti

pliers /ˈplajerz/ s.pl. kleště

plot /plot/ s. parcela, zápletka děje, spiknutí, v. plánovat, osnovat /spiknutí/ strojit úklady

plough /plau/ s. pluh, v. orat

plug /plag/ s. zátka, zástrčka, v. ucpat

plum /plam/ s. švestka, slíva

plumber /ˈplamer/ s. instalatér

plump /plamp/ adj. buclatý, kyprý, v. ztloustnout, žuchnout
plunge /plandž/ v. ponořit /se/, potopit /se/, hnát se, s. ponoření
plus /plas/ prep. plus, a, více
p. m. /ˈpíˈem/ adv. odpoledne, večer, 12-24 hod.
pocket /ˈpokyt/ s. kapsa, v. dát do kapsy
pocket-book /ˈpokyt·buk/ s. zápisník
pocket-money /ˈpokyt·many/ s. kapesné
poem /ˈpouim/ s. báseň
poet /ˈpouit/ s. básník
poetry /ˈpouitry/ s. poezie
point /pojnt/ s. bod, špička, věc, podstata, v. ukázat, namířit, upozornit
pointed /ˈpojntyd/ adj. špičatý, ostrý
poison /ˈpojzn/ s. jed, otrava, v. otrávit, nakazit
poisonous /ˈpojznes/ adj. jedovatý, otravný
poke /pouk/ v. šťouchat, strkat
pole /poul/ s. tyč, kůl
police /peˈlís/ s. policie, v. policejně chránit, řídit
policeman /peˈlísmen/ s. strážník
policy /ˈpolisy/ s. politika, linie, pojistka, pojištění

polish /ˈpoliš/ v. leštit /se/,uhladit, s. lesk, uhlazenost, leštidlo
polite /peˈlajt/ adj. zdvořilý, slušný
political /peˈlitykl/ adj. politický
politics /ˈpolityks/ s. politika
pollute /peˈlút/ v. znečistit, zhanobit
pompous /ˈpompes/ adj. okázalý, nadutý
pond /pond/ s. rybník
pool /púl/ s. kaluž, louže, bazén
poor /puer/ adj. chudý, ubohý, bídný, špatný, chabý, slabý
pope /poup/ s. papež
poppy /ˈpopy/ s. mák
popular /ˈpopjuler/ adj. lidový, oblíbený, populární
popularity /ˌpopjuˈlaeryty/ s. popularita, oblíbenost
population /ˌpopjuˈlejšn/ s. obyvatelstvo, lidnatost
porcelain /ˈpórslyn/ s. porcelán
pork /pórk/ s. vepřové maso
porridge /ˈporydž/ s. ovesná kaše
port /pórt/ s. přístav
portable /ˈpórtebl/ adj. přenosný /stroj/
porter /pórter/ s. nosič, vrátný
portion /ˈpóršn/ s. část, podíl, porce, úděl

position /pe'zišn/ s. postavení, místo, zaměstnání, poloha, v. umístit
positive /'pozetyv/ adj. kladný, určitý, jistý, pozitivní
possess /pe'zes/ v. mít, vlastnit, zmocnit se, posednout
possession /pe'zešn/ s. majetek, vlastnictví, posedlost
possibility /,posi'bility/ s. možnost
possible /'posebl/ adj. možný
possibly /'posebly/ adv. možná, snad
post /poust/ s. kůl, sloup, v. připevnit, uveřejnit, vyhlásit
post /poust/ s. pošta, v. poslat poštou
postage /'poustydž/ s. poštovné
postal /'poustl/ adj. poštovní
postcard /'poustkárd/ s. dopisnice, pohlednice
poster /'pouster/ s. plakát
postman /'poustmen/ s. listonoš
post-office /'poust,ofis/ s. pošta
postpone /poust'poun/ v. odložit, odsunout
pot /pot/ s. nádoba, hrnec, konvice, květináč
potato /pe'tejtou/ s. brambor
poultry /'poultry/ s. drůbež

pound /paund/ s. libra /váha, peníze/, v. /roz/tlouci, bušit, dupat

pour /pór/ v. lít /se/, sypat /se/, proudit

poverty /'poverty/ s. chudoba, bída

powder /'pauder/ s. prach, prášek, pudr, v. rozdrtit, pudrovat

power /'pauer/ s. síla, moc, mocnost, energie

powerful /'pauerful/ adj. mocný, vlivný, mohutný

power-house /'pauerhaus/ s. elektrárna

powerless /'pauerlys/ adj. bezmocný,slabý

practical /'praektykl/ adj. praktický

practically /'praektykly/ adv. prakticky, téměř, skoro

practice /'praektys/ s. praxe, cvičení, cvik, v. provádět, provozovat, cvičit

Prague /prág/ s. Praha, adj. pražský

praise /prejz/ v. chválit, velebit, s. chvála, pochvala

pram /praem/ s. dětský kočárek

pray /prej/ v. modlit se, prosit, žádat

prayer /preer/ s. modlitba, prosba

preach /príč/ v. kázat

preacher /'príčer/ s. kazatel

precaution /pry'kóšn/ s. opatrnost, opatření /bezpečnostní/

precede /pry´síd/ v. předcházet, mít přednost

precious /´prešes/ adj. vzácný, drahocenný, drahý

precise /pry´sajs/ adj. přesný

precisely /pry´sajsly/ adv. přesně, právě

precision /pry´sižn/ s. přesnost

predict /pry´dykt/ v. předpovídat

prediction /pry´dykšn/ s. předpověď

prefer /pry´fér/ v. dávat přednost

preference /´preferens/ s. přednost, záliba

pregnant /´pregnent/ adj. těhotná, plný, obtížený

prejudice /´predžudys/ s. předsudek, zaujetí, v. být zaujatý proti

preparation /·prepe´rejšn/ s. příprava, přípravek

prepare /pry´peer/ v. připravit /si, se/

prescribe /prys´krajb/ v. předepsat /lék/

prescription /prys´krypšn/ s. předpis, recept

presence /´prezns/ s. přítomnost

present /´preznt/ adj. přítomný, nynější, s. přítomnost

present /´preznt/ s. dar, /pry´zent/ v. představit, předvést, darovat preservation /ˌprezerˈvejšn/ s. zachování, udržení

preserve /pryˈzérv/ v. zachovat, udržet, konzervovat, s. zavařenina

president /ˈprezident/ s. předseda, president

press /pres/ s. lis, tlak, tisk, tiskárna, v. tlačit, tisknout, lisovat,žehlit

pressure /ˈprešer/ s. tlak, nátlak

presume /pryˈzjúm/ v. předpokládat, domnívat se

pretence /pryˈtens/ s. záminka, předstírání

pretend /pryˈtend/ v. předstírat, činit si nároky

pretty /ˈpryty/ adj. hezký, pěkný, adv. dosti, pěkně

prevail /pryˈvejl/ v. převládat, mít převahu

prevent /pryˈvent/ v. předcházet, zabránit

prevention /pryˈvenšn/ s. předcházení, zabránění, prevence

preventive /pryˈventyv/ adj. ochranný, preventivní

previous /ˈprívjes/ adj. předešlý, minulý

previously /ˈprívjesly/ adv. dříve,minule

price /prajs/ s. cena, hodnota
prick /pryk/ v. píchnout, bodnout
pride /prajd/ s. pýcha, hrdost, chlouba
priest /príst/ s. kněz
prime /prajm/ adj. první, přední, hlavní, s. rozkvět, počátek
primrose /'prymrouz/ s. petrklíč
prince /pryns/ s. princ, kníže
princess /pryn'ses/ s. princezna
principal /'prynsepl/ adj. hlavní,základní, s. hlavní osoba, představený
principle /'prynsepl/ zásada
print /prynt/ s. tisk, výtisk, foto, v. tisknout
prior /'prajer/ adj. dřívější, předešlý
priority /praj'oryty/ s. přednost /před/
prison /'pryzn/ s. vězení
prisoner /'pryzner/ s. vězeň
privacy /'prajvesy/ s. soukromí
private /'prajvyt/ adj. soukromý, osobní, důvěrný, tajný, s. soukromí, prostý vojín
privilege /'pryvilidž/ s. výsada, přednost
prize /prajz/ s. cena, odměna, výhra, v. vážit si, cenit si
probability /ˌprobe'bility/ s. pravděpodobnost

probable /ˈprobebl/ adj. pravděpodobný
probably /ˈprobebly/ adv. pravděpodobně
problem /ˈproblem/ s. problém, úkol, otázka
procedure /preˈsídžer/ s. postup, řízení
proceed /preˈsíd/ v. postupovat, pokračovat, pocházet
process /ˈprouses/ s. proces, postup, v. zpracovat
proclaim /preˈklejm/ v. prohlásit, vyhlásit
proclamation /ˌprokleˈmejšn/ s. prohlášení, provolání, vyhláška
produce /preˈdjús/ s. výrobek, výsledek, produkt, vyrobit, předložit, předvést
produkt /ˈprodekt/ s. výrobek, plod, výsledek
production /preˈdakšn/ s. výroba, produkce, výtvor
profession /preˈfešn/ s. povolání, profese, vyznání
professional /preˈfešenl/ adj. odborný, profesionální, s. odborník, profesionál
profit /ˈprofit/ s. zisk, užitek, prospěch, v. získat, prospět
profitable /ˈprofitebl/ adj. výnosný, užitečný

program/me/ /ˊprougraem/ s. program,plán
progress /ˊprougres/ s. pokrok, zlepšení, /preˊgres/ v. postupovat, pokračovat
progressive /preˊgresiv/ adj. pokrokový, postupující
prohibit /preˊhybit/ v. zakázat, zabránit
prolong /preˊlong/ v. prodloužit
prominent /ˊprominent/ adj. vynikající, význačný, vystupující
promise /ˊpromis/ s. slib, v. slíbit
promising /ˊpromising/ adj. nadějný, slibný
promote /preˊmout/ v. povýšit, podporovat
promotion /preˊmoušn/ s. povýšení,podpora
promt /promt/ adj. okamžitý, ochotný, pohotový, v. podnítit, povzbudit, napovídat
pronounce /preˊnauns/ v. prohlásit, vyjádřit /se/, vyslovovat
pronunciation /pre-nansiˊejšn/ s. výslovnost
proof /prúf/ s. důkaz, zkouška, adj. osvědčený, bezpečný /před/
proper /ˊproper/ adj. vlastní, náležitý, správný, řádný
properly /ˊproperly/ adv. řádně, důkladně, správně

property /ˈproperty/ s. majetek, vlastnost

proposal /preˈpouzl/ s. návrh, nabídka, nabídnutí k sňatku

propose /preˈpouz/ v. navrhnout, nabídnout

prosecute /ˈprosikjút/ v. soudně stíhat, žalovat

prospect /ˈprospekt/ s. vyhlídka, naděje, šance

prospective /presˈpektyv/ adj. budoucí, eventuální

prosper /ˈprosper/ v. prospívat, vzkvétat

prosperity /prosˈperyty/ s. blahobyt, rozkvět, zdar

protect /preˈtekt/ v. chránit, hájit

protection /preˈtekšn/ s. ochrana

protest /ˈproutest/ s. protest, námitka, /preˈtest/ v. protestovat, odporovat

protrude /preˈtrúd/ v. vystrčit, vyčnívat

proud /praud / adj. hrdý, pyšný

prove /prúv/ v. dokázat, osvědčit se, vyzkoušet

proverb /ˈproverb/ s. přísloví

provide /preˈvajd/ v. opatřit, obstarat, poskytnout, postarat se o, stanovit

provision /preˈvižn/ s. zaopatření, opatření, zásoba /potravin/

provisional /pre'viženl/ adj. prozatimní, dočasný

provoke /pre'vouk/ v. popudit, provokovat, vyvolat, podnítit

provoking /pre'voukyng/ adj. pobuřující, vyzývavý, pohoršlivý

prune /prún/ s. švestka, slíva /sušená/

psychiatry /saj'kajetry/ s. psychiatrie

psychology /saj'koledži/ s. psychologie

pub /pab/ s. hospoda

public /'pablik/ adj. veřejný, obecný, s. veřejnost, obecenstvo, publikum

publication /,pabli'kejšn/ s. uveřejnění, vydání, publikace

publicity /pab'lisity/ s. pozornost veřejnosti, tisku, reklama

publish /'pabliš/ v. uveřejnit, vydat tiskem

publisher /'pablišer/ s. vydavatel, nakladatel

pudding /'pudyng/ s. nákyp, pudink

puddle /'padl/ s. louže, kaluž

puff /paf/ s. fouknutí, závan, oddychování, v. odfukovat, nafouknout /se/

pull /pul/ v. tahat, za-, vy-, táhnout, vléci, škubat, trhat, s. tah, trhnutí, náraz, vliv pulse /pals/ s. puls, tep, v. tepat, pulsovat

pump /ˈpamp/ s. pumpa, hustilka, v. pumpovat

punch /panč/ s. úder, rána pěstí, v. udeřit, praštit, propíchnout, proštípnout

punctual /ˈpankčuel/ adj. přesný,dochvilný

puncture /ˈpankčer/ s. propíchnutí /pneumatiky/, díra, v. propíchnout

punish /ˈpanyš/ v. potrestat

punishment /ˈpanyšment/ s. trest, potrestání

pupil /ˈpjúpl/ s. žák, žačka, panenka /v oku/

puppet /ˈpapyt/ s. loutka

puppy /ˈpapy/ s. štěně

purchase /ˈpérčes/ s. nákup, koupě, v. koupit, nakoupit

pure /pjuer/ adj. čistý, ryzí, pouhý

purple /ˈpérpl/ adj. fialový, nachový, s. purpur, nach

purpose /ˈpérpes/ s. úmysl, účel cíl, /on.../ schválně, v. zamýšlet

purse /pérs/ s. peněženka, měšec

pursue /perˈsjú/ v. pronásledovat, sledovat, pokračovat, provozovat

pursuit /per'sjút/ s. pronásledování, stíhání, pokračování
pus /pas/ s. hnis
push /puš / v. strkat, tlačit, pohánět, naléhat /na koho/, s. rána, úder, náraz
pussy /'pusy/ s. kočička
put, put, put /put, put, put/ v. klást, dát /někam/, položit, postavit
puzzle /'pazl/ s. hádanka, záhada, v. zmást, poplést
pyjamas, pajamas /pe'džámes/ s. pl. pyžamo

- . -

qualification /,kwolifi'kejšn/ s. způsobilost, schopnost, kvalifikace
qualified /'kwolifajd/ adj. oprávněný, způsobilý, kvalifikovaný, podmíněný
qualify /'kwolifaj/ v. oprávnit, vymezit, kvalifikovat /se/
quality /'kwolity/ s. jakost, vlastnost, kvalita
quantity /'kwontyty/ s. množství, kvantita
quarrel /'kworel/ s. hádka, spor, v. hádat se, přít se
quarrelsome /'kworelsem/ adj. hádavý

quarter /ˈkwóter/ s. čtvrt, čtvrtina, končina, městská čtvrt, bydliště, v. rozčtvrtit, ubytovat

queen /kwín/ s. královna

queer /kwier/ adj. podivný, zvláštní, podezřelý, nesvůj

question /ˈkwesčn/ s. otázka, v. vyslýchat, pochybovat o, ptát se

questionable /ˈkwesčenebl/ adj. sporný, pochybný, problematický

questionnaire /ˌkwesčeˈneer/ s. dotazník

queue /kjú/ s. fronta /lidí/, v. stát frontu

quick /kwik/ adj. rychlý, pohotový, bystrý, adv. rychle

quicken /ˈkwiken/ v. oživit, vzrušit /se/, zrychlit /se/

quickly /ˈkwikly/ adv. rychle

quiet /ˈkwajet/ adj. klidný, tichý, s. ticho, klid, v. uklidnit /se/

quietly /ˈkwajetly/ adv. tiše, klidně

quilt /kwilt/ s. prošívaná pokrývka

quit /kwit/ v. opustit, vzdát se, odejít, přestat

quite /kwajt/ adv. docela, úplně, ano, ovšem

quiver /ˈkwiver/ v. chvět se, třást se, s. chvění

quiz /kwiz/ s. dotazování, zkouška, hádanka, kviz, v. klást otázky, vyptávat se, škádlit
quate /kwout/ v. citovat, uvést, udat/cenu/, s. citát

- . -

rabbit /'raebyt/ s. králík, zajíc
race /rejs/ s. rasa, rod, závod, běh, v. závodit, běžet
racial /'rejšl/ adj. rasový
rack /raek/ s. police, věšák, v. mučit, sužovat
racket /'raekyt/ s. raketa, hluk,vydírání
radiant /'rejdjent/ adj. zářící, oslňující, jasný, radostný
radiate /'rejdyejt/ v. zářit, vyzařovat
radiator /'rejdyejter/ s. topné těleso, chladič /u auta/
radio /'rejdyou/ s. rádio, rozhlas
radish /'raedyš/ s. ředkev, ředkvička
rag /raeg/ s. hadr
rage /rejdž/ s. zlost, vztek, zuřivost, v. zuřit, vztekat se
ragged /'raegyd/ adj. rozedraný, otrhaný
raid /rejd/ s. útok, nájezd, nálet
rail /rejl/ s. kolej, zábradlí, mříž

railing /'rejling/ s. zábradlí, ohražení
railroad, railway /'rejlroud,'rejlwej/ s. železnice, dráha
rain /rejn/ s. déšť, v. pršet
rainbow /'rejnbou/ s. duha
raincoat /'rejnkout/ s. plášť do deště
raise /rejz/ v. /po/zvednout, zvýšit, vyvolat, nadhodit, sebrat, opatřit /peníze/, chovat, pěstovat s. zvýšení platu
raisin /'rejzn/ s. hrozinka
rake /rejk/ s. hrábě, v. hrabat
random /'raendem/ adj. náhodný, nahodilý
range /rejndž/ s. řada, řetěz, rozsah, dosah, dostřel, pásmo /hor/, v. seřadit /se/, nařídit, potulovat se, rozkládat se, prostírat se
rank /raenk/ s. řád, pořadí, šik, hodnost, v. řadit /se/, patřit, adj. bujný, žluklý, páchnoucí
ransom /'raensem/ s. výkupné
rape /rejp/ s. znásilnění, v. znásilnit
rapid /'raepid/ adj. prudký, rychlý
rapidly /'raepidly/ ad. rychle, prudce
rare /reer/ adj. vzácný, řídký, nezvyklý
rarely /raerly/ adv. zřídkakdy
rash /raeš/ adj. ukvapený, unáhlený, prudký, s. vyrážka

raspberry /ˈrázbery/ s. malina
rat /raet/ s. krysa
rate /rejt/ s. poměr, stupeň, taxa, cena, rychlost, v. hodnotit, cenit /si/
rather /ˈrádzer/ adv. poněkud, jaksi, dosti, raději, spíše
ration /ˈraešn/ s. dávka, příděl, v. odměřit, přidělit
rational /ˈraešenl/ adj. rozumný, rozumový, racionální
rattle /ˈraetl/ s. rachot, chřestot, řehtačka, žvanění, v. rachotit, chřestit
raven /ˈrejvn/ s. havran
raw /ró/ adj. syrový, surový /materiál/
ray /rej/ s. paprsek
razor /ˈrejzer/ s. břitva
razor blade /ˈrejzeblejd/ s. žiletka
reach /ríč/ v. sahat, prostírat se, dosáhnout, podat, s. dosah
react /ryˈaekt/ v. reagovat, působit
reaction /ryˈaekšn/ s. reakce, působení
read, read, read /ríd, red, red/ v. číst, studovat
reader /ˈríder/ s. čtenář
reading /ˈrídyng/ s. četba, čtení
ready /ˈredy/ adj. hotový, připraven, pohotový, ochoten, v. připravit /se/

ready-made /redy´mejd/ adj. konfekční
real /´ryel/ adj. skutečný, opravdový, pravý, nemovitý
realistic /rye´listyk/ adj. realistický
reality /ry´aelity/ s. skutečnost, realita, podstata
realize /´ryelajz/ v. uskutečnit, uvědomit si
really /´ryely/ adv. opravdu, skutečně
rear /ryer/ s. zadní část, pozadí, v. pěstovat, chovat
reason /´rízn/ s. důvod, příčina, rozum, v. uvažovat, domlouvat /komu/
reasonable /´rízenebl/ adj. rozumný, přiměřený, slušný
rebel /´rebl/ s. vzbouřenec, povstalec, /ry´bel/ v. povstat, bouřit se
recall /ry´kól/ v. ovolat, zrušit, připomenout si, vzpomenout si na
receipt /ry´sít/ s. potvrzení, příjem, recept
receive /ry´sív/ v. dostat, obdržet, přijímat /hosty/
recent /´rísnt/ adj. nedávný, nový
recently /´rísntly/ adv. nedávno
reception /ry´sepšn/ s. přijetí, příjem, recepce

recipe /ˊresipi/ s. recept, návod

reckless /ˊreklys/ adj. bezstarostný, lehkomyslný, bezohledný

reclaim /ryˊklejm/ v. vyzvednout si, odvolat

recognition /ˏrekegˊnyšn/ s. poznání, uznání

recognize /ˊrekegnajz/ v. poznat, uznat, uznávat, pozdravit

recollect /ˏrekeˊlekt/ v. vzpomenout si

recollection /ˏrekeˊlekšn/ s. rozpomenutí, vzpomínka

recommend /ˏrekeˊmend/ v. doporučit

recommendation /ˏrekemenˊdejšn/ s. doporučení

reconcile /ˊrekensajl/ v. smířit se, urovnat /spor/

reconciliation /ˏrekensiliˊejšn/ s. smír, smíření

record /ryˊkórd/ v. zaznamenat, zapsat, /ˊrekórd/ s. záznam, zápis, gramofonová deska, rekord

recording /ryˊkórdyng/ s. nahrávka, zápis

recover /ryˊkaver/ v. opět získat, zotavit se, uzdravit se

recreation /ˏrekryˊejšn/ s. rekreace, zotavení, osvěžení

recur /ry'kér/ v. vracet se, opakovat se
red /red/ adj. červený, rudý
reduce /ry'djús/ v. zmenšit, snížit, hubnout, podrobit, přinutit
reduction /ry'dakšn/ s. snížení, zmenšení, sleva
reek /rík/ s. výpar, zápach, v. páchnout
refer /ry'fér/ v. přisuzovat, odvolávat se, poukazovat, týkat se, odkázat na
referee /·refe'rí/ s. rozhodčí
reference /'refrens/ s. vztah, poukázání, zmínka, doporučení, odvolání na
refill /'rý'fil/ s. náplň, vložka, v.znovu naplnit
reflect /ry'flekt/ v. odrážet, zrcadlit /se/, vyjadřovat, přemýšlet, uvažovat
reflection /ry'flekšn/ s. odraz, přemýšlení, úvaha
refresh /ry'freš/ v. osvěžit, občerstvit
refreshment /ry'frešment/ s. občerstvení, osvěžení
refrigerator /ry'frydžerejter/ s. lednička, chladnička
refuge /'refjúdž/ s. útočiště, útulek
refugee /·refju'dží/ s. uprchlík,emigrant
refund /rý'fand/ v. nyhradit
refusal /ry'fjúzl/ s. odmítnutí,odepření

refuse /ry'fjúz/ v. odmítnout, s. odpadky, smetí

regain /ry'gejn/ v. znovu získat, znovu nabýt /vědomí/

regard /ry'gárd/ v. považovat, dívat se, hledět na, dbát, ctít, týkat se, s. ohled, zřetel, úcta, respekt, pohled, pozdrav

regardless /ry'gárdlys/ adv. bez ohledu na, adj. bezohledný, nedbající

regime /rej'žím/ s. režim, vládní systém

region /'rídžn/ s. oblast, krajina, kraj

register /'redžister/ s. seznam, zápis, v. zaznamenat, zapsat, registrovat

regret /ry'gret/ v. litovat, s. lítost, žal

regular /'regjuler/ adj. pravidelný, řádný, regulérní

regulate /'regjulejt/ v. upravit, řídit, regulovat, seřídit, přizpůsobit

regulation /ˌregju'lejšn/ s. řízení, seřízení, přizpůsobení,/...s/pl. předpisy, nařízení

rehearsal /ry'hérsl/ s. zkouška, nácvik

rehearse /ry'hérs/ v. zkoušet, nacvičovat

reign /rejn/ v. vládnout, panovat, s. vláda, panování

reject /ry'džekt/ v. odmítnout, zamítnout, vyřadit, s. zmetek /ve výrobě/
rejection /ry'džekšn/ s. odmítnutí, zamítnutí, zavržení
rejoice /ry'džojs/ v. potěšit, radovat se, veselit se
relate /ry'lejt/ v. vypravovat, vztahovat se, týkat se
related /ry'lejtyd/ adj. příbuzný, spojený
relation /ry'lejšn/ s. vztah, poměr, spojení, příbuzenstvo
relationship /ry'lejšnšip/ s. vztah, poměr, příbuzenství
relative /'reletyv/ adj. poměrný, vzájemný, relativní, s. příbuzný
relax /ry'laeks/ v. odpočinout si, uvolnit /se/
release /ry'lís/ v. uvolnit, propustit, s. uvolnění, propuštění
relevant /'relyvent/ adj. důležitý, závažný, příslušný, souvisící s
reliable /ry'lajebl/ adj. spolehlivý
relief /ry'líf/ s. úleva, osvobození
relieve /ry'lív/ v. ulevit, ulehčit, zbavit, vysvobodit
religion /ry'lidžn/ s. náboženství

religious /ry'lidžes/ adj. náboženský, zbožný
reluctant /ry'laktent/ adj. neochotný, zdráhavý
rely /ry'laj/ v. spolehnout se
remain /ry'mejn/ v. zůstat, zbývat,/...s/ pl. zbytky, ostatky /tělesné/
remark /ry'márk/ v. poznamenat, zpozorovat, s. poznámka
remarkable /ry'márkebl/ adj. pozoruhodný, mimořádný, vynikající
remedy /'remidy/ s. lék, prostředek, náprava, v. napravit
remember /ry'member/ v. /za/pamatovat si, vzpomenout si na
remembrance /ry'membrens/ s. vzpomínka, památka, upomínka
remind /ry'majnd/ v. připomenout
reminder /ry'majnder/ s. připomínka
remote /ry'mout/ adj. vzdálený, odlehlý
removal /ry'múvl/ s. odstranění, stěhování, doprava
remove /ry'múv/ v. odstranit, odklidit, odstěhovat /se/
renew /ry'njú/ v. obnovit
renewal /ry'njúel/ s. obnova, prodloužení
renounce /ry'nauns/ v. zříci se, vypovědět, zapřít

rent /rent/ s. nájemné, činže, v. najmout /si/, pronajmout

repair /ry´peer/ v. opravit, spravit, s. oprava, správka

repay /viz pay/ /rý´pej/ v. odplatit, splatit, nahradit

repeat /ry´pít/ v. opakovat, s. opakování

repetition /·repy´tyšn/ s. opakování

replace /ry´plejs/ v. dát zpět, nahradit, vyměnit

reply /ry´plaj/ v. odpovědět, s. odpověď

report /ry´pórt/ v. ohlásit, oznámit, referovat, hlásit se, s. zpráva, hlášení, pověst, referát, vysvědčení

reporter /ry´pórter/ s. zpravodaj, reportér, referent

represent /·repry´zent/ v. představovat, zastupovat, znázornit

representative /·repry´zentetyv/ s. představitel, zástupce, reprezentant, adj. reprezentační, typický

reprimand /´reprymánd/ s. důtka, pokárání, v. kárat

reproach /ry´prouč/ s. výčitka, v. vyčítat, vytýkat

reproduce /·rýpre´djús/ v. obnovit, reprodukovat

republic /ry'pablik/ s. republika
reputation /,repju'tejšn/ s. pověst, úcta, dobré jméno
request /ry'kwest/ s. žádost, prosba, v. žádat
require /ry'kwajer/ v. požadovat, vyžadovat, potřebovat
requirement /ry'kwajerment/ s. požadavek
rescue /'reskjú/ v. zachránit, s. záchrana, osvobození
research /ry'sérč/ s. bádání, výzkum, pátrání
resemblance /ry'zemblens/ s. podoba, podobnost
resemble /ry'zembl/ v. podobat se
resent /ry'zent/ v. cítit odpor, neschvalovat
resentment /ry'zentment/ s. odpor, nechuť
reservation /,rezer'vejšn/ s. výhrada, záznam, zajištění /sedadla, pokoje/, rezervace
reserve /ry'zérv/ v. rezervovat, zachovat, vyhradit /si/, s. záloha, rezerva, výhrada, rezervovanost, rezervace
reserved /ry'zérvd/ adj. zdrženlivý, rezervovaný
reside /ry'zajd/ v. bydlit, usadit se

residence /ˈrezidens/ s. bydliště, sídlo
resign /ryˈzajn/ v. vzdát se, odstoupit, smířit se
resignation /ˌrezigˈnejšn/ s. odstoupení, rezignace, odevzdanost
resist /ryˈzist/ v. odporovat, odrazit, odolávat, postavit se proti
resistance /ryˈzistens/ s. odpor
resolute /ˈrezelút/ adj. rozhodný, odhodlaný
resolution/ˌrezeˈlúšn/ s. rozhodnutí, odhodlanost, usnesení,rezoluce
respect /rysˈpekt/ s. úcta, ohled, zřetel, v. vážit si, ctít, brát ohled na
respectable /rysˈpektebl/ adj. úctyhodný, vážený, slušný
respectful /rysˈpektful/ adj. uctivý
respective /rysˈpektyv/ adj. náležitý, patřičný
respectively /rysˈpektyvly/ adv. popřípadě, eventuálně
respond /rysˈpond/ v. reagovat, odpovídat
response /rysˈpons/ s. reakce, odezva
responsibility /rysˌponseˈbility/ s. odpovědnost
responsible /rysˈponsebl/ adj. /z/odpovědný

rest /rest/ s. odpočinek, klid, oddech, zbytek, v. odpočívat, spočinout, opřít se, zůstat, zbývat

restaurant /ˊresterent/ s. restaurace

restless /ˊrestlys/adj.nepokojný,neklidný

restore /rysˊtór/ v. obnovit, vrátit

restrict /rysˊtrykt/v. omezit

restriction /rysˊtrykšn/ s. omezení

restroom /ˊrest·rum/ s. záchod, toaleta

result /ryˊzalt/ s. výsledek, následek, v. vyplývat, přispět

resume /ryˊzjúm/ v. znovu začít, pokračovat

retain /ryˊtejn/ v. /po/držet /si/, ponechat si

retaliate /ryˊtaeliejt/ v. odplatit stejným

retaliation /ry·taeliˊejšn/ s. odplata

retard /ryˊtárd/ v. zdržet, zpomalit

retire /ryˊtajer/ v. odejít, odebrat se, odejít do penze

retirement /ryˊtajerment/ s. odchod do výslužby, důchod, ústraní

retreat /ryˊtrít/ s. ústup, v. ustoupit

return /ryˊtérn/ v. vrátit /se/, dát zpět, vrátit, odpovědět, oplatit, s. návrat, vrácení, výnos

reveal /ry'víl/ v. odhalit, prozradit
revenge /ry'vendž/ s. pomsta, v./po/mstít se
reverse /ry'vérs/ adj. opačný, obrácený, v. obrátit, změnit, zrušit, couvat, s. opak, rub, obrat, porážka, zpáteční rychlost
review /ry'vjú/ s. přehled, recenze, referát, posudek, v. přehlížet, posoudit
revision /ry'vižn/ s. oprava, přezkoušení, kontrola, prohlídka
revive /ry'vajv/ v. oživit, vzkřísit, obnovit
revolt /ry'voult/ v. /vz/bouřit se, s. vzpoura, povstání
revolting /ry'voultyng/ adj. odporný
revolution /,reve'lúšn/ s. revoluce, převrat, obrátka
revolver /ry'volver/ s. revolver
reward /ry'word/ s. odměna, v. odměnit
rhyme /rajm/ s. rým, verš, v.rýmovat se
rhythm /'rydzm/ s. rytmus
rib /ryb/ s. žebro
ribbon /'ryben/ s. stuha, páska
rice /rajs/ s. rýže
rich /ryč/ adj. bohatý, hojný, plný, tučný /pokrm/

rid, rid, rid /ryd, ryd, ryd/ v. zbavit /se/, oprostit se od, s. zbavení, zproštění

riddle /'rydl/ s. hádanka

ride, rode, ridden /rajd, roud, 'rydn/ v. jet, jezdit, s. jízda, projížďka

ridicule /'rydykjúl/ s. posměch, v. zesměšnit, posmívat se

ridiculous /ry'dykjules/ adj. směšný

rifle /'rajfl/ s. puška

right /rajt/ adj. pravý, správný, adv. rovnou, zrovna, hned, správně, dobře, vpravo, s. právo, pravda, pravá strana, v. napravit, vyrovnat

rightly /'rajtly/ adv. správně, právem

rigid /'rydžid/ adj. tuhý, strnulý, přísný

rim /rym/ s. okraj, obruba

rind /rajnd/ s. kůra, slupka

ring, rang, rung /ryng, raeng, rang/ v. zvonit, znít, telefonovat, s. prsten, kruh, okruh

rinse /ryns/ v. vypláchnout, vymáchat

riot /'rajet/ s. výtržnost, nepokoj, povstání

ripe /rajp/ adj. zralý, v. zrát

rise, rose, risen /rajz, rouz, 'ryzn/ v. vstát, stoupat, vycházet, vznikat, s. stoupání, zvýšení, vzestup, vznik, výšina rising /'rajzing/ adj. povstávající, s. povstání

risk /rysk/ s. riziko, nebezpečí, v. riskovat

risky /'rysky/ adj. odvážný, riskantní

rival /'rajvl/ s. soupeř, sok, v. soupeřit,

river /'ryver/ s. řeka

road /roud/ s. silnice, cesta, ulice

roar /rór/ v. řvát, burácet, s. řev, bouře /smíchu/

roast /roust/ v. péci, opékat, pražit, adj. pečený, pražený, s. pečeně

rob /rob/ v. oloupit, okrást

robber /'rober/ s. lupič

robbery /'robery/ s. loupež

robe /roub/ s. roucho, róba

robust /re'bast/ adj. statný, robustní

rock /rok/ s. skála, kámen, balvan, v. kolébat /se/, houpat /se/

rocket /'rokyt/ s. /kosmická/ raketa, v. vyletět do výše

rod /rod/ s. prut, tyč

role /roul/ s. úloha, role

roll /roul/ s. svitek /papíru/, role, válec, seznam, houska, žemle, kolébání, v. valit /se/, válet, kolébat se,dunět

romantic /re'maentyk/ adj. romantický, s. romantik
roof /rúf/ s. střecha, krov
room /rum/ s. místnost, pokoj, místo, prostor
root /rút/ s. kořen, původ, v. zakořenit, ujmout se
rope /roup/ s. provaz, lano, švihadlo, v. upevnit, svázat
rose /rouz/ s. růže
rosy /'rouzy/ adj. růžový
rot /rot/ v. hnít, tlít, s. hniloba
rotate /rou'tejt/ v. otáčet /se/,kroužit
rotten /'rotn/ shnilý, zkažený, mizerný
rough /raf/ adj. drsný, hrubý, neotesaný, přibližný
roughly /'rafly/ adv. hrubě, přibližně
round /raund/ adj. kulatý, okrouhlý, adv. kolem, kolem dokola, prep. kolem, s. kolo, kruh, okruh, v. zakulatit
route /rút/ s. cesta, trať
row /rou/ s. řada, výtržnost, hádka, v. veslovat
royal /'rojel/ adj. královský
rub /rab/ v. třít, dřít, drhnout, leštit
rubber /'raber/ s. guma,/...s/ pl.galoše
rubbish /'rabyš/ s. smetí, nesmysl

rude /rúd/ adj. hrubý, drzý, sprostý
rug /rag/ s. pokrývka, rohož, koberec
ruin /rujn/ s. zřícení, zkáza, troska, v. zničit, zbořit
rule /rúl/ s. pravidlo, zásada, řád, vláda, v. vládnout, ovládat
ruler /'rúler/ s. vládce, pravítko, měřítko
rum /ram/ s. rum
rumor /'rúmer/ s. povídačka, doslech, pověst
run, ran, run /ran, raen, ran/v. běžet, utíkat, jet, téci, závodit, řídit /podnik/, s. běh, útěk, průběh, trvání
rural /'rúrel/ adj. venkovský, vesnický
rush /raš/ s. běh, shon, ruch, v. hnát se, pádit, řítit se
rust /rast/ s. rez, v. rezivět
rustle /'rasl/ s. šum, šelest, v. šustit, šumět
rye /raj/ s. žito

- . -

sack /saek/ s. pytel, vak, v. propustit, vyhodit z práce
sacred /'sejkryd/ adj. posvátný, svatý, nedotknutelný

sacrifice /ˈsaekryfajs/ s. oběť, v. obětovat

sad /saed/ adj. smutný, zarmoucený

saddle /ˈsaedl/ s. sedlo, v. osedlat

safe /sejf/ adj. bezpečný, jistý, s. sejf, pokladna

safety /ˈsejfty/ s. bezpečnost

sail /sejl/ s. lodní plachta, v. plavit se, plachtit

sailor /ˈsejler/ s. námořník

saint /sejnt/ adj. svatý, s. světec

sake /sejk/ s. příčina,/for the.../ pro, kvůli

salad /ˈsaeled/ s. salát

salame /seˈlámi/ s. salám

salary /ˈsaelery/ s. plat

sale /sejl/ s. prodej, výprodej

salesman /ˈsejlsmen/ s. prodavač, obchodní cestující

saliva /seˈlajve/ s. slina

salt /sólt/ s. sůl, adj. slaný, v. solit, osolit

salty /ˈsólty/ adj. slaný

salute /seˈlút/ s. pozdrav, salva, v. pozdravit, salutovat

same /sejm/ pron. týž, táž, totéž, stejný, adv. spolu, zároveň, stejně

sample /ˈsámpl/ s. vzorek, v. vyzkoušet, okusit
sand /saend/ s. písek
sandal /ˈsaendl/ s. sandál, opánek
sandwich /ˈsaenwidž/ s. obložený chléb
sane /sejn/ adj. duševně zdravý, rozumný
sanitary /ˈsaenytery/ adj. zdravotnický, hygienický
sanity /ˈsaenyty/ s. zdravý rozum, duševní zdraví
sardine /sárˈdýn/ s. sardinka, olejovka
satan /ˈsejten/ s. ďábel, satan
satisfaction /ˌsaetysˈfaekšn/ s. uspokojení, spokojenost
satisfactory /ˌsaetysˈfaektery/ adj. uspokojivý, dostatečný
satisfy /ˈsaetysfaj/ v. uspokojit, vyhovět, přesvědčit
Saturday /ˈsaeterdy/s. sobota
sauce /sós/ s. omáčka
saucepan /ˈsóspen/ s. pánvička, kastrol s držadlem
saucer /ˈsóser/ s. talířek /pod šálek/
sauerkraut /ˈsauerkraut/ s. kyselé zelí
sausage /ˈsosidž/ s. klobása, vuřt
savage /ˈsaevidž/ adj. divoký, surový, s. divoch, v. zdivočet

save /sejv/ v. zachránit, ušetřit /si/, šetřit, spořit, adv.,prep. kromě, vyjma, leč, že
savings /ˈsejvingz/ s. pl. úspory
saw, sawed, sawn /só, sód, són/ v. řezat pilou, s. pila
sawdust /ˈsódast/ s. piliny
say, said, said /sej, sed, sed/ v. říci, říkat, povídat, mluvit
scale /skejl/ s. váhy, stupnice, škála, šupina, v. vážit /se/, slézt, přelézt, sloupnout, loupat /se/
scandal /ˈskaendl/ s. ostuda, skandál
scar /skár/ s. jizva, v. zjizvit
scarce /skeers/ adj. vzácný, řídký, nedostačující
scarcely /ˈskeersly/ adv. sotva, stěží
scare /skeer/ v. postrašit, polekat
scared /ˈskeerd/ adj. vyděšený, vystrašený
scarf /skárf/ s. šátek, šála
scatter /ˈskaeter/ v. rozhazovat, rozsypat, rozptýlit, rozehnat
scene /sín/ s. scéna, výstup, jeviště, dějiště
scenery /ˈsínery/ s. jevištní výprava, krajina, scenérie

scent /sent/ v. čichat, cítit, navonět, s. pach, vůně, čich, stopa /zvěře/, voňavka
schedule /ˈskedjúl,šedjúl/ s. plán, rozvrh, program
school /skúl/ s. škola, adj. školní
schoolbook /ˈskúlbuk/ s. učebnice
schoolmate /ˈskúlmejt/ s. spolužák
science /ˈsajens/ s. /přírodní/ věda
scientific /ˌsajenˈtyfik/ adj. vědecký
scientist /ˈsajentyst/ s. vědec
scissors /ˈsizerz/ s.pl. nůžky
scold /skould/ v. hubovat, vadit se
score /skór/ s. vrub, zářez, výsledek /zápasu/, skóre, v. bodovat, skórovat
scorn /skórn/ s. opovržení, v. pohrdat, opovrhovat
scoundrel /ˈskaundrel/ s. darebák
scrap /skraep/ s. kousek, útržek, cár, veteš, v. vyřadit, dát do smetí
scrape /skrejp/ s. škrábnutí, v. škrábat, strouhat, odřít
scratch /skraeč/ s. škrábání, škrtnutí, v. škrábat, drápat, načmárat, škrtat
scream /skrím/ v. křičet, vřískat, s. výkřik, jekot, vřískot
screen /skrín/ s. zástěna, clona, síto, plátno, obrazovka, v. zaclonit, kádrovat

screw /skrú/ s. šroub, závit, v. šroubovat, stisknout
screw-driver /ˈskrú·drajver/ s. šroubovák
scribble /ˈskrybl/ v. čmárat, naškrábat, v. mazanice
scrub /skrab/ v. drhnout /kartáčem/,mýt
sculptor /ˈskalpter/ s. sochař, řezbář
sculpture /ˈskalpčer/ s. sochařství, řezba, plastika
sea /sí/ s. moře
sea-gull /ˈsígal/ s. racek
seal /síl/ s. tuleň, pečeť, plomba, v. zapečetit
seam /sím/ s. šev, žíla /horniny/
seaman /ˈsímen/ s. námořník
search /sérč/ v. hledat, pátrat, prohledávat, s. hledání, pátrání
seashore /ˈsíšór/ s. mořský břeh
seasick /ˈsísik/ adj. postižený mořskou nemocí
seaside /ˈsíˈsajd/ s. mořské pobřeží
season /ˈsízn/ s. roční doba, období, v. okořenit, nechat uležet, uzrát, zpříjemnit
seat /sít/ s. sedadlo, místo k sezení, v. posadit /se/, umístit

second /ˈsekend/ adj. druhý, s. vteřina, v. podporovat
second-hand /ˈsekendˈhaend/ adj. použitý, zánovní
secrecy /ˈsíkrysy/ s. tajnost, tajemství
secret /ˈsíkryt/ adj. tajný, s. tajemství
secretary /ˈsekretry/ s. tajemník, ministr, sekretář, sekretářka
section /ˈsekšn/ s. část, úsek, oddíl, oddělení
secular /ˈsekjuler/ adj. světský
secure /syˈkjuer/ adj. bezpečný, jistý,v. zabezpečit, zajistit, opatřit,poskytnout
security /syˈkjueryty/ s. bezpečnost, jistota, ochrana, záruka
seduce /syˈdjús/ v. svádět, svést
see, saw, seen /sí, só, sín/ v. vidět, spatřit, pozorovat, poznat, pochopit, navštívit, doprovodit
seed /síd/ s. semeno, zrno, v. zasít
seek, sought, sought /sík, sót, sót/ v. hledat, snažit se, usilovat
seem /sím/ v. zdát se, připadat
seize /síz/ v. uchopit, zmocnit se, zabavit

seldom /ˊseldem/ adv. zřídka/kdy/
select /syˊlekt/ adj. vybraný, v. vybrat
selection /syˊlekšn/ s. výběr, volba
self /self/ pron. sám, sama, samo, já, týž, tentýž, pref. samo-, sebe-
self-confidence /ˊselfˊkonfidens/ s. sebedůvěra
selfish /ˊselfiš/ adj. sobecký
self-service /ˊselfˊsérvis/ s. samoobsluha
sell, sold, sold /sel, sould, sould/ v. prodávat, prodat
seller /ˊseler/ s. prodávající, věc, co se prodává
semolina /ˏsemeˊlíne/ s. krupice
send, sent, sent /send, sent, sent/ v. poslat, posílat
senior /ˊsínjer/ adj. starší, nadřízený
sensation /senˊsejšn/ s. pocit, vjem, rozruch, senzace
sensational /senˊsejšenl/ adj. senzační, báječný
sense /sens/ s. smysl, pocit, rozum, v. vnímat, cítit, chápat, tušit
senseless /ˊsenslys/ adj. nerozumný, bez vědomí
sensible /ˊsensebl/ adj. rozumný, svědomitý

sensitive /ˊsensityv/ adj. vnímavý, citlivý, choulostivý
sentence /ˊsentens/ s. věta, rozsudek, v. odsoudit
separate /ˊseperejt/ v. oddělit /se/, rozejít /se/, /ˊsepryt/ adj. oddělený, zvláštní
separation /ˌsepeˊrejšn/ s. rozdělení, oddělení, rozloučení, rozchod
September /sepˊtember/ s. září
series /ˊsieríz/ s. pl. řada, série
serious /ˊsierjes/ adj. vážný, důležitý
seriously /ˊsierjesly/ adv. vážně
servant /ˊsérvent/ s. sluha, služka
serve /sérv/ v. sloužit, obsloužit, servírovat
service /ˊsérvis/ s. služba, obsluha, podávání jídla, servis, provoz
session /ˊsešn/ s. zasedání, schůze, údobí
set, set, set /set, set, set/ v. položit, umístit, nařídit, uspořádat, osázet, stanovit, ozdobit, označit, usadit /se/, adj. ustálený, pevný, s. souprava, řada, sbírka, skupina, uspořádání, postavení, aparát
set out /setˊaut/ v. vydat se na cestu, vyrazit /někam/

setback /ˈsetbaek/ s. nezdar, překážka
settee /seˈtý/ s. pohovka
setting /ˈsetyng/ s. zasazení, seřízení, uspořádání, prostředí,/divadelní/ výprava
settle /ˈsetl/ v. usadit /se/, osídlit, urovnat, vyřešit, vyrovnat /dluh/
settlement /ˈsetlment/ s. osada, usazení, vyrovnání, úhrada
settler /ˈsetler/ s. osadník, usedlík
set-up /ˈsetap/ s. situace, uspořádání
seven /ˈsevn/ num. sedm
seventeen /ˈsevnˈtýn/ num. sedmnáct
seventy /ˈsevnty/ num. sedmdesát
several /ˈsevrel/ adj. několik, rozdílný, různý
severe /syˈvier/ adj. přísný, krutý, drsný
sew, sewed, sewn /sou, soud, soun/ v. šít, ušít
sewer /ˈsjuer/ s. stoka, kanál
sex /seks/ s. pohlaví, rod
sexual /ˈseksjuel/ adj. pohlavní, sexuální
shabby /ˈšaeby/ adj. ošumělý, otrhaný, zanedbaný, nepoctivý
shade /šejd/ s. stín, chládek, odstín,stínidlo, v. zastínit, odstínit

shadow /ˊšaedou/ s. /vržený/ stín, přítmí, v. stínit, chránit, tajně sledovat

shady /ˊšejdy/ adj. stinný, pochybný, podezřelý

shake, shook, shaken /šejk, šuk, šejkn/ v. třást /se/, chvět /se/, s. třesení, otřes

shaky /ˊšejky/ adj. třaslavý, roztřesený, nejistý

shall /šael/ v. budu, budeme..., musím, musíme....

shallow /ˊšaelou/ adj. mělký, povrchní, slabý, s. mělčina

shame /šejm/ s. hanba, stud, ostuda, v. hanbit se, stydět se

shameful /ˊšejmful/ adj. ostudný, hanebný

shameless /ˊšejmlys/ adj. nestoudný, nestydatý

shampoo /šaemˊpú/ s. šampon, v. mýt /si/ vlasy

shape /šejp/ s. tvar, forma, podoba, v. tvořit, utvářet, formovat

shapeless /ˊšejplys/ adj. beztvárný, neforemný

shapely /ˊšejply/ adj. urostlý, pěkných tvarů

share /šeer/ s. podíl, akcie, v. rozdělit si, podílet se na

shark /šárk/ s. žralok
sharp /šárp/ adj. ostrý, břitký, chytrý, bystrý, adv. přesně
sharpen /'šárpn/ v. nabrousit, ostřit
shave /šejv/ v. holit /se/, ohoblovat, s. oholení
shawl /šól/ s. šál, šátek
she /ší/ pron. ona
sheep /šíp/ s.pl. ovce
sheer /šier/ adj. čirý, naprostý, pouhý
sheet /šít/ s. prostěradlo, arch, list /papíru/, tabule /skla/
shelf /šelf/ s. police, přihrádka
shell /šel/ s. skořápka, lusk, lastura, šrapnel, v. loupat, louskat, ostřelovat
shelter /'šelter/ s. útulek, úkryt, útočiště, kryt, v. chránit, ukrýt /se/
shepherd /'šeperd/ s. pastýř, ovčák
shield /šíld/ s. štít, v. chránit,skrývat
shift /šift/ v. posunout /se/, měnit, střídat /se/, s. posun, změna, směna
shine, shone, shone /šajn, šon, šon/ v. svítit, zářit, lesknout se, s. svit, záře, lesk
shiny /'šajny/ adj. lesklý
ship /šip/ s. loď, v. nalodit /se/, dopravit, poslat /lodí/

shipment /'šipment/ s. lodní zásilka, náklad, nalodění
shirt /šért/ s. košile
shiver /'šiver/ v. chvět se, třást se, s. chvění, mrazení
shock /šok/ s. rána, otřes, pohoršení, v. otřást, pohoršit
shoe /šú/ s. střevíc, bota
shoe-lace /'šúlejs/ s. šněrovadlo, tkanička /do bot/
shoemaker /'šú-mejker/ s. obuvník,švec
shoot, shot, shot /šút, šot, šot/ v. střílet, zastřelit, vyrazit, vypučet, točit /film/,s.střílení, výhonek
shop /šop/ s. krám, obchod, dílna, v.nakupovat
shopkeeper /'šopkíper/ s. obchodník, majitel obchodu
shore /šór/ s. břeh, pobřeží
short /šórt/ adj. krátký, malý,/be...of/ mít nedostatek, adv. náhle, zkrátka
shortage /'šórtydž/ s. nedostatek
shortly /'šórtly/ adv. brzy, zakrátko, krátce, stručně
shorts /'šórts/ s.pl. šortky, trenýrky, spodky
shot /šot/ s. výstřel, zásah, trefa
should/šud/ podmiňovací způsob /viz shall/

shoulder /ˈšouldeṟ/ s. rameno, v. vzít na ramena, razit si /cestu/
shout /šaut/ v. volat, křičet, s./vý/křik, volání
shove /šav/ v. strkat /se/, šoupat, s. strčení
shovel /ˈšavl/ s. lopata
show, showed, shown /šou, šoud, šoun/ v. ukázat, vystavovat, projevit, předvádět, s. podívaná, představení, výstava
shower /ˈšaueṟ/ s. sprcha, prška, dešťová přeháňka, v. lít, zahrnovat /koho čím/
shriek /šrík/ v. ječet, křičet, vřískat, s. výkřik, jekot
shrimp /šrymp/ s. kreveta, garnát
shrink, shrank, shrunk /šrynk, šraenk, šrank/ v. srazit /se/, scvrknout se, s. sražení, scvrknutí
shrub /šrab/ s. keř, křoví
shrug /šrag/ v. pokrčit rameny
shuffle /ˈšafl/ v. míchat /karty/, šourat se, šoupat
shut, shut, shut /šat, šat, šat/ v. zavřít, zavírat /se/, zamknout
shut down /ˌšatˈdaun/ v. uzavřít, zastavit, stáhnout
shut up /ˈšatap/ v. zmlknout, zavřít

shy /šaj/ adj. plachý, ostýchavý, nesmělý

sick /sik/ adj. nemocný

sickness /ˈsiknys/ s. nemoc, choroba

side /sajd/ s. strana, bok, adj. postranní, bočný, v. stranit /komu/

sidewalk /ˈsajdwók/ s. chodník

sieve /siv/ s. síto, řešeto

sift /sift/ v. prosévat, zkoumat

sigh /saj/ s. vzdech, v. vzdychat

sight /sajt/ s. zrak, pohled, podívaná, v. spatřit, zahlédnout

sightseeing /ˈsajt·síing/ s. prohlídka /pamětihodností/

sign /sajn/ s. znamení, znak, značka, nápis, pokyn, v. podepsat, pokynout, označit

signal /ˈsignl/ s. signál, znamení, v. dát znamení, signalizovat

signature /ˈsignyčer/ s. podpis

significance /sigˈnyfikens/ s. význam, důležitost

significant /sigˈnyfikent/ adj. významný, důležitý

silence /ˈsajlens/ s. mlčení, ticho, v. umlčet

silent /ˈsajlent/ adj. mlčící, tichý

silk /silk/ s. hedvábí, adj. hedvábný
silly /'sily/ adj. hloupý, pošetilý
silver /'silver/ s. stříbro, adj. stříbrný, v. postříbřit
similar /'similer/ adj. podobný
simple /'simpl/ adj. prostý, jednoduchý
simple-minded /'simpl'majndyd/ adj. prostoduchý
simplicity /sim'plisity/ s. prostota, jednoduchost
simplify /'simplifaj/ v. zjednodušit
simply /'simply/ adv. jednoduše, prostě
simulate /'simjulejt/ v. předstírat
sin /sin/ s. hřích, v. hřešit
since /sins/ adv. od té doby, co, conj. ježto, poněvadž, protože, prep. od
sincere /sin'sier/ adj. upřímný
sincerely /sin'sierly/ adv. upřímně
sincerity /sin'seryty/ s. upřímnost
sing, sang, sung /sing, saeng, sang/ v. zpívat, opěvovat
singer /'singer/ s. zpěvák, pěvec
singing /'singing/ s. zpěv, zpívání
single /'singl/ adj. jediný, jednotlivý, jednoduchý, svobodný, s. dvouhra,singl, v. vybrat
sink, sank, sunk /sink, saenk, sank/ v. klesat, potopit/se/, zapůsobit, s,dřez, výlevka

sir /sér/ s. pan /oslovení/, /S../ titul
sister /ˈsister/ s. sestra
sit, sat, sat /sit, saet, saet/ v. sedět, zasedat
site /sajt/ s. poloha, umístění,staveniště
sitting-room /ˈsityngrúm/ s. obývací pokoj
situation /ˌsitjuˈejšn/ s. situace, poloha, postavení
six /siks/ num. šest
sixteen /ˈsiksˈtýn/ num. šestnáct
sixty /ˈsiksty/ num. šedesát
size /sajz/ s. velikost, rozměr, v. odměřit, odhadnout /situaci/
skate /skejt/ s. brusle, v. bruslit
skeleton /ˈskelytn/ s. kostra
ski /skí/ s. lyže, v. lyžovat
skid /skyd/ v. klouzat, dostat smyk, s. smyk
skill /skyl/ s. zručnost, dovednost
skilled /skyld/ adj. zručný, kvalifikovaný
skin /skyn/ s. kůže, pleť, slupka, v. stáhnout kůži
skinny /ˈskyny/ adj. hubený, vyzáblý
skip /skyp/ s. skákat, přeskočit, s. poskok

skirt /skért/ s. sukně
sky /skaj/ s. obloha, nebe
skylark /ˈskajlárk/ s. skřivan
skyscraper /ˈskaj·skrejper/ s. mrakodrap
slacks /ˈslaeks/ s.pl. kalhoty
slam /slaem/ v. bouchnout, prásknout
slander /ˈslánder/ s. pomluva, urážka, v. pomluvit
slant /slánt/ adj. šikmý, v. naklonit, s. svah
slaughter /ˈslóter/ v. vraždit, masakrovat, porážet /dobytek/, s. masakr, porážka
Slav /sláv/ s. Slovan, adj. slovanský
slave /slejv/ s. otrok/yně/, v. otročit
slavery /ˈslejvery/ s. otroctví
Slavonic /sleˈvonyk/ adj. slovanský
sled, sledge /sled, sledž/ s. saně
sleep, slept, slept /slíp, slept, slept/ v. spát, s. spánek, spaní
sleepy /ˈslípy/ adj. ospalý
sleeve /slív/ s. rukáv
slender /ˈslender/ adj. štíhlý, útlý
slice /slajs/ s. plátek, krajíc
slide, slid, slid /slajd, slid, slid/ v. klouzat /se/, vyklouznout, s. klouznutí, klouzačka, diapozitiv

slight /slajt/ adj. drobný, slabý, nepatrný

slightly /slajtly/ adv. trochu, nepatrně

slim /slim/ adj. štíhlý

slip /slip/ v. klouzat, uklouznout, uniknout, zasunout, zmýlit se, s. uklouznutí, omyl, kombiné, kousek, proužek

slipper /ˈsliper/ s. trepka, pantofel

slippery /slipery/ adj. kluzký, nejistý

slogan /ˈslougen/ s. heslo

slope /sloup/ s. svah, stráň, sklon, v. sklánět /se/, svažovat se

Slovak /ˈslouvaek/ s. Slovák, slovenština, adj. slovenský

Slovakia /sloˈvaekie/ s. Slovensko

slow /slou/ adj. pomalý, zdlouhavý, těžko chápající, adv. pomalu, v. zpomalit

slowly /slouly/ adv. pozvolně, pomalu

slum /slam/ s. obydlí chudých

smack /smaek/ v. mlaskat, plesknout, s. příchuť, mlasknutí, plácnutí

small /smól/ adj. malý, drobný

smart /smárt/ adj. bystrý, ostrý, elegantní, v. bolet, působit bolest

smash /smaeš/ v. rozbít, zničit, narazit do, srazit, s. třesk, rozbití, krach

smear /smier/ v. ušpinit, umazat, s.šmouha, skvrna

smell, smelt, smelt /smel, smelt, smelt/ v. čichat, čenichat, voně t, páchnout, s. čich, pach, vůně

smile /smajl/ v. usmívat se, s. úsměv

smith /smiS/ s. kovář

smoke /smouk/ s. kouř, dým, v. kouřit, udit

smoker /'smouker/ s. kuřák

smoking /'smoukyng/ s. kouření

smooth /smúdz/ adj. hladký, uhlazený, rovný, jemný, v. uhladit, urovnat

smuggle /'smagl/ v. pašovat

smuggler /'smagler/ s. pašerák

snack /snaek/ s. přesnídávka, svačina, občerstvení, zákusek

snack-bar /'snaekbár/ s. automat, bufet

snag /snaeg/ s. potíž, závada

snail /snejl/ s. hlemýžď, slimák

snake /snejk/ s. had

snatch /snaeč/ v. popadnout, chňapnout, s. útržek, úštipek

sneak /snýk/ v. plížit se, plazit se, donášet, žalovat

sneeze /snýz/ v. kýchat, s. kýchnutí

sniff /snyf/ v. větřit, čichat, čenichat, krčit, ohrnovat nos

snore /snór/ v. chrápat, s. chrápání

snow /snou/ s. sníh, v. sněžit
snowman /ˊsnoumaen/ s. sněhulák
so /sou/ adv.,conj. tak, takto, tedy, pokud, také, budiž
soak /souk/ v. namočit, promočit /se/, sáknout, s. promočení, sání
soap /soup/ s. mýdlo, v. mydlit,lichotit
sob /sob/ s. vzlyk, štkaní, v. vzlykat
sober /ˊsouber/ adj. střízlivý, střídmý, rozvážný
so-called /ˊsouˊkold/ adj. takzvaný
soccer /ˊsoker/ s. kopaná
social /ˊsoušl/ adj. společenský, sociální, družný
socialism /ˊsoušelizm/ s. socialismus
society /seˊsajety/ s. společnost, spolek
sock /sok/ s. ponožka
soda /ˊsoude/ s. soda, sodovka
sofa /ˊsoufe/ s. pohovka, divan
soft /soft/ adj. měkký, jemný, tlumený, něžný,/...drink/ nealkoholický nápoj
soften /ˊsofn/ v. změkčit, zjemnit, měknout, mírnit se
soil /sojl/ s. půda, prst, země, bláto, v. ušpinit /se/, zamazat /se/
solar /ˊsouler/ adj. sluneční
soldier /ˊsouldžer/ s. voják, vojín

sole /soul/ adj.jediný, výhradní, s.chodidlo, podrážka, v. podrazit /boty/
solemn /'solem/ adj. slavnostní, velebný
solid /'solid/ adj. pevný, masivní, solidní, spolehlivý, s. hmota, těleso
solitude /'solitjúd/ s. samota, osamělost
soluble /'soljubl/ adj. rozpustný
solution /se'lúšn/ s. roztok, /roz/řešení
solve /solv/ v. rozřešit, rozluštit
some /sam/ adj.,adv.,pron. nějaký, některý, něco, několik, trochu
somebody /'sambedy/ pron. někdo, kdosi
somehow /'samhau/ adv. nějak, jaksi
someone /'samwan/ pron. někdo, kdosi
something /'samSing/ pron. něco, cosi
sometimes /'samtajmz/ adv. někdy, občas, jednou
somewhat /'samwot/ adv. poněkud, trochu, jaksi, cosi
somewhere /'samweer/ adv. někde, někam
son /san/ s. syn
song /song/ s. píseň, nápěv
son-in-law /'sanynló/ s. zeť
soon /sún/ adv. brzo, brzy, časně
soothe /súdz/ v. uklidnit, utišit, konejšit, mírnit
sore /sór/ adj. bolavý, citlivý, s. bolavé místo, bolák, vřed

sorrow /'sorou/ s. žal, smutek, zármutek, starost, v. rmoutit se, trápit se
sorry /'sory/ adj. litující, zarmoucený, /be.../ litovat
sort /sórt/ s. druh, jakost, stav, v.třídit, uspořádat, vyřešit
soul /soul/ s. duše
sound /saund/ s. zvuk, adj. zdravý, pořádný, řádný, v. znít, zvučet
soundly /'saundly/ adv. důkladně, řádně
soup /súp/ s. polévka
sour /sauer/ adj. kyselý, trpký, mrzutý, v. zatrpknout, kysat
source /sórs/ s. zdroj, pramen
south /sauS/ s. jih, adj. jižní, adv. na jih, jižně
southern /'sadzern/ adj. jižní
sovereignty /'sovrenty/ s. svrchovanost
sow, sowed, sown /sou, soud, soun/ v. sít, rozsévat
spa /spá/ s. lázně
space /spejs/ s. prostor, místo, mezera, období, vesmír
spacious /'spejšes/ adj. prostorný, rozlehlý
spade /spejd/ s. rýč, lopata
spank /spaenk/ v. naplácat, s. plácnutí

spare /speer/ v. /u/šetřit, vyšetřit, adj. nadbytečný, náhradní, rezervní
spark /spárk/ s. jiskra, v. jiskřit, zapálit
sparrow /'spaerou/ s. vrabec
spasm /'spaezm/ s. křeč
speak, spoke, spoken /spík, spouk, 'spouken/ v. mluvit, říci, hovořit
speaker /'spíker/ s. mluvčí, řečník
special /'spešl/ adj. zvláštní, speciální
specialist /'spešelist/ s. odborník, specialista
specific /spy'sifik/ adj. typický, určitý, přesný
specify /'spesifaj/ v. přesně určit, vymezit
spectacular /spek'taekjuler/ adj. okázalý, efektní
spectator /spek'tejter/ s. divák
speech /spíč/ s. řeč, proslov, projev
speed, sped, sped /spíd, sped, sped/ v. pospíchat, uhánět,urychlit, s. rychlost
spell /spel/ s. kouzlo, období, doba, v. slabikovat, hláskovat, okouzlit,očarovat
spelling /'speling/ s. pravopis

spend, spent, spent /spend, spent, spent/ v. vydat, utratit /peníze/, spotřebovat, trávit, strávit /čas/

sphere /sfier/ s. koule, oblast, sféra

spice /spajs/ s. koření, v. okořenit, opepřit

spider /ˊspajder/ s. pavouk

spill, spilt, spilt /spil, spilt, spilt/ v. rozlít /se/, rozsypat /se/,shodit

spin, spun, spun /spin, span, span/ v. příst, točit /se/, vířit, s. předení, točení, víření

spinach /ˊspinydž/ s. špenát

spine /spajn/ s. páteř, osten

spinster /ˊspinster/ s. stará panna

spirit /ˊspiryt/ s. duch, mysl, nálada, odvaha, líh, alkohol, v. oživit, povzbudit

spit, spat, spat /spit, spaet, spaet/ v. plivat, prskat, s. slina, plivnutí

spite /spajt/ s. nenávist, zloba, v. zlobit, dělat schválnosti, /in...of/ přes, navzdory

splash /splaeš/ v. stříkat, cákat, šplouchat /se/, s. šplouchání, louže, skvrna

splendid /ˊsplendyd/ adj. skvělý, nádherný, velkolepý

splinter /ˈsplintər/ s. tříska, střepina

split, split, split /split, split, split/ v. štípat, rozštípnout, rozdělit, odloučit /se/, s. rozštěpení, trhlina, rozkol

spoil, spoilt, spoilt /spojl, spojlt, spojlt/ v. kazit, zkazit /se/,rozmazlit, hýčkat, s. kořist

sponge /spandž/ s. houba /na mytí/, v. mýt houbou, vsát

sponge-cake /ˈspandžˈkejk/ s. piškotová buchta, dort

spoon /spún/ s. lžíce

sport /spórt/ s. sport, hra, zábava, dobrý společník, sportovec, v. hrát /si/, bavit se, sportovat, honosit se

sportsman /ˈspórtsmen/ s. sportovec

spot /spot/ s. skvrna, místo, v.poskvrnit, zamazat /se/, všimnout si, spatřit

spouse /spauz/ s. manžel, manželka, druh, družka

spray /sprej/ s. větvička, postřik, v. postříkat, pokropit

spread, spread, spread /spred, spred, spred/ v. rozšiřovat, rozprostírat se, namazat, potřít, prostřít, s. rozpětí, pokrývka, pomazánka spring, sprang, sprung /spryng, spraeng, sprang/ v. skákat, pramenit, povstat, s. jaro, skok, pramen, pero, pružina, adj. jarní, pružný

sprinkle /ˈsprynkl/ v. postříkat, pokropit, posypat

spruce /sprús/ s. smrk, jedle

spy /spaj/ s. špión, vyzvědač, v. vyzvídat, špehovat

square /skweer/ adj. čtverhranný, pravoúhlý, hranatý, poctivý, řádný, s. čtverec, náměstí, v. uspořádat, srovnat

squeak /skwík/ v. kvičet, pískat, vrzat, s. kvičení, vrzání

squeeze /skwíz/ v. /vy/mačkat, stisknout, sevřít, /pro/tlačit /se/, s. stisknutí, tlačenice, otisk

squint /skwint/ s. šilhání, v. šilhat

squirrel /ˈskwirel/ s. veverka

stab /staeb/ s. bodnutí, píchnutí, v.bodnout, píchnout

stability /steˈbility/ s. stálost, pevnost

stable /ˈstejbl/ adj. stálý, pevný, trvalý, s. stáj, konírna

stack /staek/ s. stoh, kupa, hranice, v. naskládat, narovnat

stadium /ˈstejdjem/ s. stadión
staff /stáf/ s. štáb, personál, sbor, hůl
stage /stejdž/ s. jeviště, stupeň, stav, období, etapa, v. uvést na scénu, režírovat
stagger /ˈstaeger/ v. potácet se, vrávorat, omráčit, ohromit
stain /stejn/ v. poskvrnit, pošpinit, zbarvit, s. skvrna, hanba
stair /steer/ s. schod,/...s/ pl. schody
staircase, stairway /ˈsteerkejs,ˈsteerwej/ s. schodiště
stake /stejk/ s. kůl, sázka, v. vsadit
stale /stejl/ adj. zvětralý, vyčichlý, starý
stall /stól/ s. stánek, krámek,/divadelní/ křeslo
stamina /ˈstaemine/ s. energie, odolnost
stammer /ˈstaemer/ s. koktání, v.koktat
stamp /staemp/ s. poštovní známka, razítko, dupnutí, v. razítkovat, značkovat, dupat
stand, stood, stood /staend, stud, stud/ v. stát, postavit, vydržet, snést, platit, s. stanoviště, pozice, stojan, stánek, zastávka
standard /ˈstaenderd/ s. prapor, standard, míra, úroveň, adj. standardní,zavedený

star /stár/ s. hvězda, v. hrát hlavní roli
starch /stárč/ s. škrob, v. škrobit
stare /steer/ s. upřený pohled, v. upřeně hledět, civět
starry /'stáry/ adj. hvězdnatý, hvězdný
start /stárt/ v. začít, zahájit, spustit, trhnout sebou, poplašit, vydat se, s. začátek, start, trhnutí, škubnutí
startle /'stártl/ v. překvapit, polekat
starvation /stár'vejšn/ s. hladovění
starve /stárv/ v. hladovět, mřít hlady
state /stejt/ s. stav, postavení, stát, v. /u/stanovit, prohlásit
statement /'stejtment/ s. prohlášení, výpověď
statesman /'stejtsmen/ s. státník
station /'stejšn/ s. stanice, stanoviště, nádraží, postavení, v. umístit, přidělit
stationary /'stejšnery / adj. nehybný, stálý
stationery /'stejšnery/ s. papírnické zboží, papírnictví
statistics /ste'tystyks/ s. statistika
statue /'staetjú/ s. socha
status /'stejtes/ s. společenské postavení

stay /stej/ v. zůstat, zdržet se, bydlit, zastavit, s. pobyt, zastavení
steady /ˈstedy/ adj. pevný, stálý, spolehlivý, v. upevnit /se/, uklidnit /se/
steak /stejk/ s. plátek hovězího masa
steal, stole, stolen /stýl, stoul, stoulen/ v. krást, přikrást se, plížit se, s. krádež
steam /stým/ s. pára, v. vařit v páře, vypařovat /se/
steamer /ˈstýmer/ s. parník
steel /stýl/ s. ocel, adj. ocelový
steep /stýp/ adj. příkrý, strmý
steer /styer/ s. kormidlo, v. kormidlovat, řídit
steering-wheel /ˈstyerynwíl/ s. volant
stem /stem/ s. kmen, lodyha, stonek, v. podepřít, zarazit
step /step/ s. krok, stupeň, schod, v. kráčet, stoupat, udělat krok
step-- /step-- / nevlastní /...father, ...mother,.../
sterile /ˈsterajl/ adj. neplodný, sterilní, neúrodný
stew /stjú/ v. dusit, s. dušené maso
stick, stuck, stuck /styk, stak, stak/ v. /pro/píchnout, nabodnout,při-,na-,lepit, lpět, držet se, s. hůl, tyčka, prut

sticky /'styky/ adj. lepkavý
stiff /styf/ adj. tuhý, neohebný, neústupný, upjatý
still /styl/ adj. nehybný, tichý, klidný, adv. pořád, stále, ještě, tiše, s. ticho, klid, v. uklidnit, utišit,uspokojit
stimulate /'stymjulejt/ v. povzbudit, podráždit, podnítit
sting, stung, stung /styng, stang, stang/ v. bodat, píchnout, uštknout, s. žihadlo, bodnutí
stingy /styndži/ adj. lakomý, skoupý
stink, stank, stunk /stynk, staenk, stank/ v. páchnout, smrdět, s. zápach, puch
stipulate /'stypjulejt/ v. vymínit si, ujednat, stanovit
stir /stér/ v. hýbat /se/, pohnout /se/, /za/míchat, pobouřit, podráždit, s. rozruch, hnutí, pohyb
stitch /styč/ s. steh,píchání, v.stehovat, sešít
stock /stok/ s. zásoba, sklad, kmen, kůl, kapitál, akcie, rod, původ, v. opatřit, zásobit
stocking /'stokyng/ s. punčocha
stomach /'stamek/ s. žaludek, v. strávit

stone /stoun/ s. kámen, pecka, adj. kamenný, v. kamenovat
stool /stúl/s.stolička,stolice
stop /stop/ v. zastavit /se/, přestat, zadržet, s. zastávka, přestávka
stopper /´stoper/ s. zátka
storage /´storydž/ s. skladování, uložení, uskladnění
store /stór/ s. zásoba, obchod, krám, sklad, v. zásobit, uskladnit
stork /stók/ s. čáp
storm /stórm/s. bouře, bouřka, v. burácet, vzít útokem
stormy /´stórmy/ adj. bouřlivý, prudký
story /´stóry/ s. povídka, příběh, vypravování, poschodí, patro
stout /staut/ adj. silný, tlustý,statný
stove /stouv/ s. kamna, sporák
straight /strejt/ adj. rovný, přímý, poctivý, adv. rovnou, přímo
straighten /´strejtn/ v. narovnat /se/
strain /strejn/ v. napnout, natáhnout, namáhat /se/, procedit, s. námaha, vypětí, napětí
strand /straend/ s. břeh, pramen /vlasů/, v. uváznout
strange /strejndž/ adj. cizí, neznámý, podivný, zvláštní

stranger /'strejndžer/ s. cizinec, neznámý člověk

strangle /'straengl/ v. /u/škrtit

strap /straep/ s. řemen, pás, popruh

straw /stró/ s. sláma, stéblo, adj. slaměný

strawberry /'stróbry/ s. jahoda

stray /strej/ v. zatoulat se, zabloudit, adj. zatoulaný

streak /strík/ s. pruh, proužek

stream /strím/ s. proud, tok, v. proudit

street /strít/ s. ulice

strength /strengS/ s. síla, moc

strengthen /'strengSen/ v. posílit, upevnit, zesílit

stress /stres/ s. tlak, tíseň, důraz, přízvuk, v. zdůraznit

stretch /streč/ v. natáhnout, roztáhnout /se/, prostírat se, s. natažení, roztažení, úsek

stretcher /'strečer/ s. nosítka

strict /strykt/ adj. přesný, přísný

strike, struck, struck /strajk, strak, strak/ v. udeřit, uhodit, razit, překvapit, stávkovat, s. úder, stávka

string /stryng/ s. provázek, šňůra, struna, v. navléci, napnout

strip /stryp/ s. pruh, proužek, v. stáhnout, svléci /se/
stripe /strajp/ s. pruh, proužek, pásmo
striped /strajpt/ adj. pruhovaný
strive, strove, striven /strajv, strouv, stryvn/ v. usilovat, snažit se,zápasit
stroke /strouk/ s. úder, rána, pohlazení, tah, mrtvice, v. pohladit
stroll /stroul/ s. procházka, v. procházet se, potulovat se
strong /strong/ adj. silný, pevný
structure /'strakčer/ s. složení, struktura, stavba
struggle /'stragl/ v. zápasit, bojovat, usilovat, s. zápas, boj
stubborn /'stabern/ adj. tvrdohlavý, neústupný
student /'stjúdnt/ s. student
study /'stady/ s. studium, studovna, pracovna, pojednání, studie, v. studovat, učit se
stuff /staf/ s. látka, materiál, věc, v. nacpat, nadít
stuffing /'stafing/ s. nádivka
stuffy /'stafy/ adj. dusný, nevětraný
stumble /'stambl/ v. klopýtnout,zakopnout
stump /stamp/ s. pařez, pahýl

stupid /ˈstjúpid/ adj. hloupý, nudný
stupidity /stjúˈpidyty/ s. hloupost, tupost
sturdy /ˈstérdy/ adj. pevný, silný, odolný
stutter /ˈstater/ v. koktat, zajíkat se
style /stajl/ s. sloh, styl, způsob
subconscious /sabˈkonšes/ adj. podvědomý
subdue /sebˈdjú/ v. podrobit, potlačit, zmírnit, ztlumit
subject /ˈsabdžikt/ adj. podrobený, poddaný, podřízený, vystavený, s. předmět, poddaný, námět, subjekt, v. podrobit, vystavit /čemu/
submarine /ˈsabmerín/ adj. podmořský, s. ponorka
submerge /sebˈmérdž/ v. ponořit, potopit /se/
submit /sebˈmit/ v. podrobit se, podvolit se, předložit
subsidize /ˈsabsidajz/ v. podporovat, přispívat
subsidy /ˈsabsidy/ s. pomoc, podpora, subvence
substance /ˈsabstens/ s. podstata, jádro, hmota, látka, prostředky
substantial /sebˈstaenšl/ adj. podstatný, hmotný, důkladný, pořádný, zámožný

substitute /ˈsabstytjút/ s. zástupce, náhradník, náhrada, náhražka, v. zastoupit, nahradit
subtle /ˈsatl/ adj. jemný, útlý, důvtipný, záludný, přesný
subtract /sebˈtraekt/ v. odčítat
suburb /ˈsabérb/ s. předměstí
subway /ˈsabwej/ s. podzemní dráha, podchod, podjezd
succeed /sekˈsíd/ v. mít úspěch, následovat, nastoupit
success /sekˈses/ s. úspěch, zdar
successful /sekˈsesful/ adj. úspěšný, zdárný
successive /sekˈsesiv/ adj. postupný, po sobě následující
successor /sekˈseser/ s. nástupce
such /sač/ pron. takový
suck /sak/ v. sát, vysát
suction /ˈsakšn/ s. sání, nasávání
sudden /ˈsadn/ adj. náhlý, nenadálý
suddenly /ˈsadnly/ adv. náhle, najednou, znenadání
sue /sjú/ v. žalovat /koho/
suffer /ˈsafer/ v. trpět, utrpět, snášet
suffering /ˈsaferyng/ s. utrpení
sufficient /seˈfišnt/ adj. dostatečný, postačující

suffocate /ˈsafekejt/ v. zadusit, udusit /se/
sugar /ˈšuger/ s. cukr
suggest /seˈdžest/ v. dát podnět, navrhovat, poukazovat
suggestion /seˈdžesčn/ s. návrh, podnět, náznak
suicide /ˈsjujsajd/ s. sebevražda
suit /sjút/ s. oblek, kostým, výstroj, žádost, prosba, proces, v. hodit se, vyhovět, slušet, přizpůsobit
suitable /ˈsjútebl/ adj. vhodný
suit-case /ˈsjútkejs/ s. kufr, kufřík
sum /sam/ s. obnos, částka, suma, součet, v. shrnout, sečíst
summer /ˈsamer/ s. léto
summit /ˈsamit/ s. vrchol, vrcholek
summon /ˈsamen/ v. vyzvat, předvolat, obeslat, s. předvolání, obsílka
sun /san/ s. slunce, v. slunit se
sunbathe /ˈsanbejdz/ v. slunit se
sundae /ˈsandej/ s. zmrzlinový pohár
Sunday /ˈsandy/ s. neděle
sunflower /ˈsan·flauer/ s. slunečnice
sunlight /ˈsanlajt/ s. sluneční světlo
sunny /ˈsany/ adj. slunný, jasný
sunrise /ˈsanrajz/ s. východ slunce

sunset /ˈsanset/ s. západ slunce
sunshine /ˈsanšajn/ s. sluneční svit,zář
sun-tan /ˈsanˈtaen/ s. opálení
superb /sjuˈpérb/ adj. nádherný, úžasný
superficial /ˌsjúperˈfišl/ adj. povrchní
superior /sjuˈpírjer/ adj. vyšší, lepší, povýšený, s. nadřízený, představený
supermarket /ˈsjúperˌmárkyt/ s. velká samoobsluha
superstition /ˌsjúperˈstyšn/ s. pověra
superstitious /ˌsjúperˈstyšes/ adj. pověrčivý
supervise /ˈsjúpervajz/ v. dozírat, dohlížet
supervision /ˌsjúperˈvižn/ s. dohled, dozor, kontrola
supper /ˈsaper/ s. večeře
supply /seˈplaj/ v. zásobovat, opatřit, dodávat, s. zásoba, dodávka
support /seˈpórt/ v. podepřít, podporovat, snést, s. podpora, podpěra
suppose /seˈpouz/ v. předpokládat, domnívat se
suppress /seˈpres/ v. potlačit, zamlčet
supreme /sjuˈprím/ adj. nejvyšší, nejlepší, svrchovaný
sure /šuer/ adj. jistý, zaručený, adv. jistě, určitě, zajisté

surely /ˈšuerly/ adv. jistě, určitě, přece, bez pochyby
surf /sérf/ s. příboj
surface /ˈsérfis/ s. povrch, v. vynořit se
surgeon /ˈsérdžn/ s. chirurg
surgery /ˈsérdžery/ s. chirurgie,ordinace
surname /ˈsérnejm/ s. příjmení
surpass /sérˈpás/ v. překonat, vyniknout
surplus /ˈsérples/ s. přebytek, nadbytek
surprise /seˈprajz/ v. překvapit, ohromit, s. překvapení, úžas
surrender /seˈrender/ v. vzdát se, oddat se, s. vzdání se, kapitulace
surround /seˈraund/ v. obklopit, obklíčit
surrounding /seˈraundyng/ adj. okolní
surroundings /seˈraundyngz/ s.pl. okolí, prostředí
survive /seˈvajv/ v. přežít, zůstat na živu
suspect /sesˈpekt/ v. podezřívat, tušit, /ˈsaspekt/ s. podezřelá osoba
suspenders /sesˈpenderz/ s.pl. podvazky, šle
suspicion /sesˈpišn/ s. podezření,tušení
suspicious /sesˈpišes/ adj. podezřelý, podezíravý

sustain /ses´tejn/ v. podpírat, vydržet, snášet, trpět
swallow /´swolou/ v. polykat, s. polknutí, sousto, jícen, vlaštovka
swamp /swomp/ s. bažina, močál, v. zaplavit, zatopit
swan /swon/ s. labuť
sway /swej/ v. kolébat se, kymácet se, kolísat, s. převaha, vliv
swear, swore, sworn /sweer, swór, swórn/ v. přísahat, klít, s. zaklení
sweat /swet/ s. pot, pocení, v. potit se, dřít
sweater /´sweter/ s. svetr
sweep, swept, swept /swíp, swept, swept/ v. zametat, mést, hnát se, smést, s. zametání, rozmach, kominík
sweet /swít/ adj. sladký, milý, roztomilý, s. sladkost, moučník, cukroví
sweeten /´swítn/ v. osladit, zpříjemnit
sweetheart /´swíthárt/ s. miláček, milenka, milenec
swell, swelled, swollen /swel, sweld, ´swoulen/ v. otéci, nabíhat, zpuchnout, nadouvat se, adj. skvělý
swelling /´sweling/ s. otok, boule
swerve /swérv/ v. uhnout, odchýlit se

swift /swift/ adj. rychlý, hbitý,prudký
swim, swam, swum /swim, swaem, swam/ v. plavat, plout, s. plavání
swimmer /ˈswimer/ s. plavec
swimming-pool /ˈswiming-půl/ s. bazén, plovárna
swim-suit /ˈswimsjůt/ s. plavky
swindle /ˈswindl/ v. podvést, ošidit, s. podvod
swine /swajn/ s. svině, prase
swing, swung, swung /swing, swang,swang/ v. houpat /se/, kývat /se/, mávat, točit, s. houpání, kývání, točení, rozmach, tempo, houpačka
switch /swič/ s. vypínač, přepnout
swollen /ˈswouln/ adj. oteklý
swop /swop/ v. vyměnit si
sword /sórd/ s. meč
symbol /ˈsymbl/ s. symbol, znak
sympathetic /ˌsympeˈSetyk/ adj. soucitný
sympathy /ˈsympeSy/ s. účast, pochopení, soustrast
system /ˈsystym/ s. systém, soustava
systematic /ˌsystyˈmaetyk/ adj. soustavný

\- . -

table /ˈtejbl/ s. stůl, deska, tabulka, adj. stolní

table -cloth /ˈtejblkloS/ s. ubrus
tablet /ˈtaeblyt/ s. tabulka, deska, tabletka
tact /taekt/ s. takt
tactful /ˈtaektful/ adj. taktní
tactless /ˈtaektlys/ adj. netaktní, beztaktní
tag /taeg/ s. štítek, cedulka, přívěsek
tail /tejl/ s. ocas, ohon, vlečka, v.sledovat, následovat
tailor /ˈtejler/ s. krejčí, v. ušít šaty
take, took, taken /tejk, tuk, ˈtejkn/ v. vzít, brát, uchopit, chytit, zabrat, chopit se, odnést, donést, pochopit, ujmout se, věnovat se
take off /ˈtejkof/ v. sundat, svléci
tale /tejl/ s. vyprávění, pohádka,povídka
talent /ˈtaelent/ s. talent, nadání
talk /tók/ v. hovořit, povídat, mluvit, s. řeč, hovor, rozmluva
tall /tól/ adj. vysoký, velký
tame /tejm/ adj. krotký, ochočený, v. ochočit, krotit
tan /taen/ s. opálení, v. obarvit na hnědo, opálit se
tangerine /ˌtaendžeˈrín/ s. mandarínka
tangle /ˈtaengl/ v. zamotat /se/, zaplést /se/, s. změť, splet

tank /taenk/ s. nádrž, cisterna, tank

tap /taep/ v. klepat, ťukat, čepovat, s. zaklepání, ťuknutí, kohoutek /vo-dovodu/

tape /tejp/ s. páska, pásek

tape-recorder /ˊtejpry·kórder/ s. magnetofon

target /ˊtárgit/ s. terč, plán

tart /tárt/ s. ovocný koláč

task /tásk/ s. úkol, úloha, práce, v. uložit úkol

taste /tejst/ s. chuť, vkus, v. ochutnat, okusit, chutnat

tavern /ˊtaevern/ s. hospoda, krčma

tax /taeks/ s. daň, poplatek, v. uložit daň, zdanit

taxi /ˊtaeksi/ s. taxi

tea /tý/ s. čaj, v. pít čaj, svačit

teach, taught, taught /týč, tót, tót/ v. učit, vyučovat

teacher /ˊtýčer/ s. učitel/ka/

team /tým/ s. mužstvo, tým, potah

teapot /ˊtýpot/ s. čajová konvice,čajník

tear, tore, torn /teer, tór, tórn/ v. trhat, roztrhat, s. trhlina, díra

tear /tyer/ s. slza

tease /týz/ v. škádlit, dráždit, pokoušet, s. trápení, šprýmař teaspoon /ˈtýspún/ s. lžička /čajová, kávová/

technical /ˈteknykl/ adj. technický

teenager /ˈtýn·ejdžer/ s. chlapec nebo děvče od 13 do 19 let

telegraph /ˈteligráf/ s. telegraf, v. telegrafovat

telephone /ˈtelifoun/ s. telefon, v. telefonovat

television /ˈteli·vižn/ s. televize, televizor

tell, told, told /tel, tould, tould/ v. říci, povědět, vyprávět, vysvětlit, rozhodnout, určit

temper /temper/ s. povaha, temperament, nálada, v. ovládat se

temperature /ˈtempryčer/ s. teplota

temple /ˈtempl/ s. chrám, spánek, skráň

temporary /ˈtemperery/ adj. dočasný, prozatimní, přechodný

tempt /tempt/ v. svádět, pokoušet

temptation /tempˈtejšn/ s. pokušení

ten /ten/ num. deset

tenant /ˈtenent/ s. nájemník, nájemce

tend /tend/ v. mít sklon, směřovat, dohlížet, pečovat o

tendency /ˈtendensy/ s. sklon, tendence

tender /ˈtender/ adj. něžný, jemný, útlý, měkký, s. nabídka, v. nabízet
tenderness /ˈtendernys/ s. jemnost,citlivost, něžnost
tennis /ˈtenys/ s. tenis
tense /tens/ adj. napjatý, strnulý
tension /ˈtenšn/ s. napětí
tent /tent/ s. stan
term /térm/ s. lhůta, období, termín, název, podmínka, poměr, v. nazvat
terminate /ˈtérminejt/ v. zakončit,končit
terrible /ˈterebl/ adj. hrozný, strašný
terrific /teˈryfik/ adj. hrozný, obrovský, velkolepý
terrify /ˈteryfaj/ v. poděsit, postrašit
territory /ˈterytery/ s. území, oblast
terror /ˈterer/ s. hrůza, zděšení, teror
test /test/ s. zkouška, v. /vy/zkoušet
testify /ˈtestyfaj/ v. svědčit, potvrdit, dosvědčit
testimony /ˈtestymeny/ s. svědectví
textbook /ˈtekstbuk/ s. učebnice,příručka
than /dzaen/ conj. než, nežli
thank /Saenk/ v. děkovat, poděkovat, s. dík, poděkování
that /dzaet/ pron. ten, ta, to, onen,ona, ono, adj. který, takový, conj. že, aby, adv. tak

thaw /Só/ v. tát, roztát, s. tání,obleva
the /dze, dzi,dzí/člen určitý,ten, ta,to, adv. čím-tím
theatre /'Sieter/ s. divadlo
theft /Seft/ s. krádež
their /dzeer/ pron. jejich,/...s/ jejich
them /dzem/ pron. jim, je /viz they/
then /dzen/ adv. pak, potom, tehdy, tedy, conj. pročež, načež
there /dzeer/ adv. tam, no tak
therefore /'dzeer'fór/ adv. proto, tedy, pročež
thermometer /Ser'momiter/ s. teploměr
they /dzej/ pron. oni, ony, ona
thick /Sik/ adj. tlustý, hustý, hloupý, tupý, adv. hustě
thickness /'Siknys/ s. tlouštka, hustota
thief /Síf/ s. zloděj
thigh /Saj/ s. stehno
thin /Sin/ adj. tenký, hubený, řídký, v. řídnout, zředit
thing /Sing/ s. věc, předmět, záležitost
think, thought, thought /Sink, Sót, Sót/ v. myslit, přemýšlet, uvažovat, domnívat se, zamýšlet
thirst /Sérst/ s. žízeň, touha, v. žíznit, prahnout po

thirsty /ˈSérsty/ adj. žíznivý
thirteen /ˈSérˈtýn/ num. třináct
thirty /ˈSérty/ num. třicet
this /dzis/ pron. tento, tato, toto, adv. takhle
thistle /ˈSisl/ s. bodlák
thorn /Sórn/ s. trn, osten
thorough /ˈSare/ adj. úplný, důkladný, naprostý, dokonalý, adv. veskrz
thoroughly /ˈSarely/ adv. důkladně, úplně, dokonale
though /dzou/ conj. ačkoli, třebaže, adv. přece jenom, přes to, ale, ovšem
thought /Sót/ s. myšlenka, myšlení, názor
thoughtful /ˈSótful/ adj. zamyšlený, zadumaný, ohleduplný, pozorný
thoughtless /ˈSótlys/ adj. bezmyšlenkovitý, nerozvážný, bezohledný, nepozorný
thousand /ˈSauznd/ num. tisíc
thrash /Sraeš/ v. bít, tlouci, mlátit
thrashing /ˈSraešing/ s. výprask, mlácení
thread /Sred/ s. nit, vlákno, v. navlékat
threat /Sret/ s. hrozba
threaten /ˈSretn/ v. hrozit, vyhrožovat
three /Srí/ num. tři
threshold /ˈSrešould/ s. práh
thrill /Sryl/ s. vzrušení, napětí, v. vzrušit, napnout

thriller /ˈSryler/ s. detektivka
throat /Srout/ s. hrdlo, jícen
throb /Srob/ v. bít, tlouci, tepat
throne /Sroun/ s. trůn
through /Srú/ prep. skrze, pro, ze, docela, adv. skrze, adj, přímý, skončený
throw, threw, thrown /Srou, Srú, Sroun/ v. házet, hodit, shodit, svrhnout, s. vrh, hod
thrust, thrust, thrust /Srast, Srast, Srast/ v. vrazit, strčit, s. bodnutí, rýpnutí, výpad
thumb /Sam/ s. palec na ruce, v. ohmatat
thunder /ˈSander/ s. hrom, hřmění, v. hřmět, dunět
thunderstorm /ˈSanderstórm/ s. bouřka
Thursday /ˈSérzdy/ s. čtvrtek
thus /dzas/ adv. tak, takto, tedy
ticket /ˈtykyt/ s. lístek, vstupenka, jízdenka
tide /tajd/ s. příliv a odliv, proud
tidy /ˈtajdy/ adj. úpravný, uklizený, čistotný, pěkný, v. uklidit, upravit
tie /taj/ v. svázat, za-, při-, vázat, s. vázanka, kravata, svazek, pouto
tiger /ˈtajger/ s. tygr
tight /tajt/ adj. těsný, přiléhavý, napnutý, adv. těsně

tighten /ˈtajtn/ v. utěsnit, utáhnout si
tights /ˈtajts/ s.pl. punčochové kalhoty
tile /tajl/ s. dlaždice, taška na střeše
till /tyl/ prep., conj. do, až do, až, dokud ne, s. zásuvka na peníze, v. obdělávat /půdu/
tilt /tylt/ v. naklonit /se/,nachýlit se
time /tajm/ s. čas, doba, lhůta, v. načasovat, odměřit /čas/, nařídit
time-table /ˈtajmˌtejbl/ s. jízdní řád, rozvrh hodin
tin /tyn/ s. cín, plech, plechovka, konzerva, v. pocínovat
tint /tynt/ s. odstín, přeliv, v. zbarvit
tiny /ˈtajny/ adj. malinký, drobounký, nepatrný
tip /typ/ s. konec, špička, cíp, spropitné, rada, návod, v. dát spropitné, sklopit
tire /ˈtajer/ v. unavit /se/, nabažit se, s. pneumatika
tired /ˈtajerd/ adj. unavený
tissue /ˈtyšjú/ s. tkanina, tkáň, papírový kapesník
title /ˈtajtl/ s. titul, název, nárok
to /tú, tu/ prep. k, ke, do, na, až k, až na, pro, vedle, podle, proti, s, se

toast /toust/ s. topinka, přípitek, v. opékat /chléb/, připít na zdraví
tobacco /te'baekou/ s. tabák
tobacconist's /te'baekenysts/ s. trafika
today /te'dej/ adv. dnes, s. dnešek
toe /tou/ s. prst na noze, špička /chodidla, boty/, v. kopnout
together /te'gedzer/ adv. spolu, dohromady, společně
toilet /'tojlyt/ s. toaleta, adj. toaletní /papír, stolek/
tolerance /'tolerens/ s. snášenlivost
tolerant /'tolerent/ adj. snášenlivý, trpělivý
tolerate /'tolerejt/ v. snášet, trpět /koho, co/
tomato /te'mátou,te'mejtou/ s. rajské jablíčko
tomorrow /te'morou/ adv. zítra, s. zítřek
ton /tan/ s. tuna
tone /toun/ s. tón, zvuk, v. naladit, odstínit
tongue /tan/ s. jazyk, mluva
tonight /te'najt/ adv. dnes večer
too /tú/ adv. také, příliš, též, ještě k tomu
tool /túl/ s. nástroj, náčiní, v. obrábět, obdělávat

tooth /túS/s. zub, teeth /týS/pl. zuby
toothbrush /'túSbraš/ s. kartáček na zuby
tooth-paste /'túSpejst/ s. zubní pasta
toothpick /'túSpik/ s. párátko
top /top/ s. vrch, vršek, hořejšek, povrch, adj. vrchní, hořejší, nejvyšší, prvotřídní, v. dovršit, překonat
topic /'topik/ s. námět, téma, předmět
torch /tórč/ s. pochodeň, baterka
torment /'tórment/ s. muka, trápení, v. mučit, trápit
tortoise /'tórtes/ s. želva
torture /'tórčer/ s. mučení, v. mučit
total /'toutl/ adj. celkový, úplný, s. součet, úhrn, v. činit celkem
touch /tač/ v. dotknout se, dotýkat se, dojmout, s. dotyk, hmat, styk
touching /'tačing/ adj. dojemný
touchy /'tači/ adj. nedůtklivý, citlivý
tough /taf/ adj. tuhý, pevný, houževnatý, odolný, obtížný, tvrdý, neurvalý
tour /tuer/ s. cesta, výlet, túra, v. cestovat, procestovat
tourist /'tueryst/ s. turista
tow /tou/ v. vléci, táhnout, s. vlečení, táhnutí
toward/s/ /tórdz, 'towerdz/ prep. k, ke, na, ve, asi

towel /ˈtauel/ s. ručník
tower /ˈtauer/ s. věž, v. tyčit se, čnít
town /taun/ s. město
town-hall /ˈtaunˈhól/ s. radnice
toy /toj/ s. hračka, v. pohrávat si
trace /trejs/ s. stopa, nárys, v. sledovat, stopovat, obkreslit
track /traek/ s. stopa, dráha, trať, kolej, v. sledovat, stopovat, vléci
tractor /ˈtraekter/ s. traktor
trade /trejd/ s. obchod, živnost, řemeslo, v. obchodovat
trader /ˈtrejder/ s. obchodník, kupec
tradition /treˈdyšn/ s. tradice
traffic /ˈtraefik/ s. provoz, dopravní ruch, obchodování
tragedy /ˈtraedžidy/ s. tragédie
tragic /ˈtraedžik/ adj. tragický
trail /trejl/ v. vléci /se/, táhnout se, stopovat, s. stezka, pěšina, stopa
train /trejn/ s. vlak, průvod, vlečka, v. cvičit, školit, trénovat
training /ˈtrejnyng/ s. výcvik, školení
traitor /ˈtrejter/ s. zrádce
tram /traem/ s. tramvaj
tramp /traemp/ v. cestovat pěšky, toulat se, dupat, s. tulák, toulka, dupot

transfer /traens´fér/ v. přenést, přemístit, převést, s. převod, přenos
transform /traens´fórm/ v. přeměnit /se/, přetvořit
transit /´traensit/ s. průchod, přeprava, tranzit
translate /traens´lejt/ v. přeložit, překládat
translation /traens´lejšn/ s. překlad
transmit /traenz´mit/ v. předat, přenést, vysílat rozhlasem
transparent /traens´peerent/ adj. průhledný, průsvitný
transport /traens´pórt/ v. dopravit, přepravit, /´traenspórt/ s. doprava
trap /traep/ s. past, léčka, v. chytit do pasti, nalákat
trash /traeš/ s. smetí, odpadky, brak
travel /´traevl/ v. cestovat, jet, s. cestování, cesta
travel-agency /´traevl´ejdžensy/ s. cestovní kancelář
traveler /´traevler/ s. cestovatel, cestující
tray /trej/ s. podnos, tác
treason /´trízn/ s. zrada, velezrada
treasure /´trežer/ s. poklad, v. vážit si, chovat jako poklad

treasury /ˈtreže̱ry/ s. pokladna,pokladnice, státní pokladna

treat /trít/ v. zacházet, jednat, nakládat, ošetřovat, léčit, považovat, hostit, s. pohoštění, požitek

treatment /ˈtrítme̱nt/ s. zacházení, léčení, ošetření

treaty /ˈtríty/ s. smlouva, dohoda

tree /trí/ s. strom

tremble /ˈtrembl/ v. třást se, chvět se, bát se, s. chvění

tremendous /tryˈmende̱s/ adj. strašlivý, ohromný

trend /trend/ sklon, tendence, v. směřovat, mít tendenci

trespass /ˈtrespe̱s/ v. přestoupit, překročit, vstoupit na cizí pozemek

trial /ˈtraje̱l/ s. pokus, zkouška, proces, přelíčení

triangle /ˈtrajaengl/ s. trojúhelník

tribe /trajb/ s. kmen, rod

trick /tryk/ s. úskok, podvod, v. podvést, oklamat

tricky /ˈtryky/ adj. záludný, nevypočitatelný, složitý

trifle /ˈtrajfl/ s. maličkost, drobnost, v.zahrát si, žertovat

trigger /ˈtryger/ s. spoušť, kohoutek
trim /trym/ adj. upravený, úhledný, v. upravit, zastřihnout, přistřihnout, s. úprava, ozdoba
trip /tryp/ s. výlet, vyjížďka, zakopnutí, v. klopýtnout, zakopnout
trolley /ˈtroly/ s. příruční vozík
troops /trúps/ s.pl. vojsko, vojenské jednotky
tropical /ˈtropikl/ adj. tropický
trouble /ˈtrabl/ s. starost, nesnáz, potíž, neklid, porucha, v. obtěžovat, zlobit, namáhat se
trousers /ˈtrauzez/ s.pl. kalhoty
truce /trús/ s. příměří, klid
truck /trak/ s. nákladní auto, vůz, v. dopravovat
true /trú/ adj. pravdivý, upřímný, věrný, skutečný, správný
truly /ˈtrúly/ adv. pravdivě, věrně, skutečně, upřímně
trumpet /ˈtrampit/ s. trubka, trumpeta
trunk /trank/ s. kmen, trup, kufr, chobot
trust /trast / s. důvěra, víra, spolehnutí, v. důvěřovat, svěřit /se/, doufat
truth /trúS/ s. pravda
truthful /ˈtrúSful/ adj. pravdivý, pravdomluvný

try /traj/ v. zkusit, pokusit se, snažit se, vyzkoušet, soudit, s. pokus
tub /tab/ s. vana, necky, káď
tube /tjúb/ s. trubka, roura, hadice, podzemní dráha
Tuesday /ˈtjúzdy/ s. úterý
tuition /tjuˈišn/ s. vyučování, školení
tulip /ˈtjúlip/ s. tulipán
tummy /ˈtamy/ s. žaludek, břicho
tune /tjún/ s. melodie, nápěv, v. naladit, vyladit, prozpěvovat si
tunnel /ˈtanl/ s. tunel
turkey /ˈtérky/ s. krocan
turn /térn/ v. otočit /se/, obrátit /se/, zahnout, změnit /se/, stát se, přeložit, s. otočení, obrat, změna, pořadí
turn off /ˈtérn·of/ v. vypnout, zavřít, zhasnout, odbočit
turn on /ˈtérn·on/ v. zapnout, otevřít, rozsvítit
turtle /ˈtértl/ s. želva
TV set /ˈtývíˈset/ s. televizor
twelve /twelv/ num. dvanáct
twenty /ˈtwenty/ num. dvacet
twice /twajs/ adv. dvakrát
twin /twin/ s. dvojče
twist /twist/ v. kroutit /se/, zamotat, s. zkroucení, obrat

two /tú/ num. dvě, dva
type /tajp/ s. typ, písmo, v. psát na stroji
typewriter /ˈtajprajter/ s. psací stroj
typical /ˈtypikl/ adj. typický
typist /ˈtajpist/ s. písař/ka/ na stroji

- . -

ugly /ˈagly/ adj. ošklivý, nepříjemný
ulcer /ˈalser/ s. vřed, nežit
ultimate /ˈaltymit/ adj. poslední, konečný
umbrella /amˈbrela/ s. deštník
unable /ˈanˈejbl/ adj. neschopný
unacceptable /ˈanekˈseptebl/ adj. nepřijatelný
unanimous /juˈnaenymes/ adj. jednomyslný
unarmed /ˈanˈármd/ adj. neozbrojený
unaware /ˈaneˈweer/ adj. nevědomý, ne jsoucí si vědom
unbearable /anˈbeerebl/ adj. nesnesitelný
unbelievable /ˌanbyˈlívebl/ adj. neuvěřitelný
unbutton /ˈanˈbatn/ v. rozepnout
uncertain /anˈsértn/ adj. nejistý
uncle /ˈankl/ s. strýc
uncomfortable /anˈkamfertebl/ adj. nepohodlný

uncommon /an'komen/ adj. neobyčejný, nezvyklý
unconscious /an'konšes/ adj. bez vědomí, neúmyslný
under /'ander/ prep. pod, za, při, méně než
underestimate /'ander'estymejt/ v. podceňovat
undergraduate /·ander'graedjuit/ s. vysokoškolák, student
underground /'andergraund/ adj. podzemní, s. podzemní dráha, metro
underneath /·ander'nýS/ adv. dole, vespod, pod
understand /viz stand/ /·ander'staend/ v. rozumět, chápat, pochopit, dovědět se
understanding /·ander'staendyng/ s. porozumění, pochopení, dorozumění
underwear /'anderweer/ s. spodní prádlo
undesirable /'andy'zajerebl/ adj. nežádoucí
undress /'an'dress/ v. svléci /se/
uneasy /an'ízy/ adj. neklidný, nepokojný
unemployed /'anym'plojd/ adj. nezaměstnaný
unemployment /'anym'plojment/ s. nezaměstnanost

uneven /ˌan´ívn/ adj. nerovný

unexpected /´anyks´pektyd/ adj. neočekávaný, nečekaný

unfair /´an´feer/ adj. nespravedlivý, nepoctivý

unfaithful /´an´fejSful/ adj. nevěrný

unfasten /´an´fásn/ v. uvolnit, odvázat

unfit /´an´fit/ adj. nevhodný

unfold /´an´fould/ v. rozvinout, odhalit

unfortunate /an´fórčenyt/ adj. neštastný

unfortunately /an´fórčenytly/ adv. bohužel, na neštěstí

unfriendly /´an´frendly/ adj. nepřátelský, nevlídný

unfurnished /´an´férnyšt/ adj. nezařízený

unhappy /an´haepy/ adj. neštastný

unhealthy /an´helSy/ adj. nezdravý

uniform /´júnyfórm/ s. uniforma. adj.jednotný, stejný

unify /´júnyfaj/ v. sjednotit

union /´júnjen/ s. spojení , svaz, unie

unique /jú´nýk/ adj. jedinečný

unit /´júnyt/ s. jednotka

unite /jú´najt/ v. spojit, sjednotit

unity /´júnyty/ s. jednota

universal /ˌjúny´vérsl/ adj. všeobecný, univerzální

universe /ˈjúnyvérs/ s. vesmír

university /·júnyˈvérsity/ s. universita, vysoká škola

unjust /ˈanˈdžast/ adj. nespravedlivý

unknown /ˈanˈnoun/ adj. neznámý

unless /anˈles/ conj. jestliže ne, ledaže by, leč, kromě že, kdyby ne

unlikely /anˈlajkly/ adj. nepravděpodobný

unlimited /anˈlimityd/ adj. neomezený

unload /ˈanˈloud/ v. vyložit /náklad/

unlock /ˈanˈlok/ v. odemknout

unlucky /anˈlaky/ adj. nešťastný

unnecessary /anˈnesesery/ adj. nepotřebný, zbytečný

unpack /ˈanˈpaek/ v. vybalit, rozbalit

unpaid /ˈanˈpejd/ adj. nezaplacený

unpleasant /anˈpleznt/ adj. nepříjemný

unreal /ˈanˈryel/ adj. neskutečný

unreasonable /anˈrízenebl/ adj. nerozumný, bezdůvodný

unreliable /ˈanryˈlajebl/ adj. nespolehlivý

unrest /ˈanˈrest/ s. neklid

unsatisfactory /ˈan·saetysˈfaektery/ adj. neuspokojivý

unstable /ˈanˈstejbl/ adj. nestálý, kolísavý, nestabilní

untidy /an´tajdy/ adj. nepořádný, neupravený, špinavý
until /en´tyl/ prep. až do, až, conj. až když, dokud ne, než
unusual /an´júžuel/ adj. neobyčejný, neobvyklý
unwilling /´an´wiling/ adj. neochotný
up /ap/ adv.,prep. nahoru, vzhůru, nahoře, až /do/, po, do
upbringing /´ap·brynyng/ s. vychování
upon /e´pon/ prep. na, v, při, po, o
upper /´aper/ adj. vrchní, horní
upright /´aprajt/ adj. vzpřímený, vztyčený, poctivý
uprising /ap´rajzing/ s. povstání
upset /viz set/ /ap´set/ v. převrhnout, rozrušit, rozčílit /se/, s. převržení, vzrušení, zmatek, adj. rozčilený
upside-down /´apsajd´daun/ adv. vzhůru nohama, naruby
upstairs /´ap´steerz/ adv. nahoře, nahoru, v patře
up-to-date /´apte´dejt/ adj. současný, moderní, nejnovější
upward/s/ /´apwerdz/ adv. nahoru, vzhůru, nahoře, výše
urban /´érben/ adj. městský

urge /érdž/ v. pobízet, nutit, naléhat, s. pud
urgent /'érdžent/ adj. naléhavý, nutný
urine /'jueryn/ s. moč
us /as/ pron. nás, nám
use /júz/ v. užívat, použít, spotřebovat, /jús/ s. užívání, použití, užitek
used /júzd/ adj. užívaný, použitý
used to /júste/ adj. zvyklý na
useful /'júsful/ adj. užitečný
useless /'júslys/ adj. neužitečný, zbytečný, marný
usher /'ašer/ s. uváděč
usual /'júžuel/ adj. obyčejný, obvyklý
usually /'júžuely/ adv. obyčejně, obvykle
utmost /'atmoust/ adj. nejzazší, nejvyšší, krajní, s. nejvyšší míra, vrchol
utter /'ater/ adj. naprostý, úplný, v. vydat /zvuk/, vyslovit, vyjádřit
utterly /'aterly/ adv. naprosto, úplně

- . -

vacancy /'vejkensy/ s. prázdnota, prázdno, volné místo
vacant /'vejkent/ adj. prázdný, volný, neobsazený, bezduchý, bezmyšlenkovitý
vacation /ve'kejšn/ s. prázdniny, dovolená, uprázdnění

vaccinate /'vaeksinejt/ v. očkovat
vaccination /'vaeksinejšn/ s. očkování
vacuum /'vaekjuem/ s. vzduchoprázdno, /...cleaner/ s. vysavač, v. luxovat
vague /vejg/ adj. matný, neurčitý,nejasný
vain /vejn/ adj. marný, marnivý
valid /'vaelid/ adj. platný
valley /'vaely/ s. údolí
valuable /'vaeljuebl/ adj. cenný, hodnotný, drahocenný
value /'vaeljú/ s. hodnota, cena, v. ocenit, odhadnout, cenit si, vážit si
van /vaen/ s. nákladní vůz
vanish /'vaenyš/ v. zmizet
vanity /'vaenyty/ s. marnivost, domýšlivost
variety /ve'rajety/ s. rozmanitost, druh, odrůda, varieté
various /'veerjes/ adj. různý, rozmanitý, rozličný
varnish /'várnyš/ s. lak, nátěr, v. nalakovat
vary /'veery/ v. měnit /se/, pozměnit
vase /váz/ s. váza
vault /vólt/ s. klenba, skok, v. překlenout, přeskočit
veal /víl/ s. telecí maso

vegetable /ˈvedžetebl/ adj. rostlinný, zeleninový,/...s/s.pl. zelenina
vehicle /ˈvíikl/ s. vozidlo, prostředek
veil /vejl/ s. závoj, v. zahalit
vein /vejn/ s. žíla, nálada, vloha
velvet /ˈvelvyt/ s. samet
vengeance /ˈvendžens/ s. pomsta
venison /ˈvenzn/ s. zvěřina, srnčí /maso/
vent /vent/ s. otvor, průduch, průchod
ventilation /ˌventyˈlejšn/ s. větrání, ventilace
verb /vérb/ s. sloveso
verbal /ˈvérbl/ adj. ústní, slovní
verdict /ˈvérdykt/ s. rozsudek,rozhodnutí
verge /vérdž/ s. pokraj, okraj, v. hraničit, směřovat, klonit se k
verify /ˈveryfaj/ v. ověřit /si/,potvrdit
verse /vérs/ s. verš, v. veršovat
vertical /ˈvértykl/ adj. kolmý, svislý
very /ˈvery/ adv. velmi, velice, adj.pravdivý, právě takový
vessel /ˈvesl/ s. nádoba, plavidlo, céva
vest /vest/ s. nátělník, tričko, vesta
via /ˈvaje/ prep. /směrem/ přes
vibrate /vajˈbrejt/ v. chvět se
vicinity /viˈsinyty/ s. sousedství, okolí
vicious /ˈvišes/ adj. neřestný, zvrhlý, zlomyslný

victim /ˈviktym/ s. oběť
victor /ˈvikter/ s. vítěz
victorious /vikˈtóries/ adj. vítězný
victory /ˈviktery/ s. vítězství
view /vjú/ s. pohled, rozhled, názor, hledisko, v. pohlížet na, dívat se na, mít názor na
vigor /ˈviger/ s. síla, energie,ráznost
village /ˈvilidž/ s. vesnice
villain /ˈvilen/ s. ničema, darebák
vinegar /ˈvinyger/ s. ocet
violate /ˈvajelejt/ v. porušit, znesvětit, přestoupit /zákon/
violence /ˈvajelens/ s. násilí, síla, prudkost
violent /ˈvajelent/ adj. prudký, násilný
violet /ˈvajelyt/ s. fialka,adj. fialový
violin /ˌvajeˈlin/ s. housle
virgin /ˈvérdžin/ s. panna, adj. panenský, neposkvrněný
virtue /ˈvértjú/ s. ctnost, dobrá vlastnost, přednost
virus /ˈvajres/ s. virus
visa /ˈvíze/ s. vízum
visibility /ˌviziˈbility/ s. viditelnost
visible /ˈvizebl/ adj. viditelný,zřejmý
vision /ˈvižn/ s. zrak, vidění, představivost

visit /ˈvizit/ v. navštívit, prohlídnout s. návštěva, prohlídka
visitor /ˈviziter/ s. návštěvník
vital /ˈvajtl/ adj. životní, podstatný, zásadní, osudný
vitamin /ˈvitemin, vajtemin/ s. vitamín
vivid /ˈvivid/ adj. živý, čilý, jasný
vocal /ˈvoukl/ adj. hlasový
voice /vojs/ s. hlas, v. vyslovit, vyjádřit
void /vojd/ adj. prázdny, pustý, s. prázdnota, prázdný prostor
volcano /volˈkejnou/ s. sopka
volume /ˈvoljum/ s. svazek, objem, rozsah, množství
voluntary /ˈvolentery/ adj. dobrovolný
vomit /ˈvomit/ v. zvracet, s. dávení, zvracení
vote /vout/ s. hlasování, hlas, hlasovací právo, v. hlasovat, volit, navrhovat
voucher /ˈvaučer/ s. poukaz
voyage /vojidž/ s. plavba
vulgar /ˈvalger/ adj. sprostý, hrubý, vulgární
vulnerable /ˈvalnerebl/ adj. zranitelný
vulture /ˈvalčer/ s. sup

wafer /'wejfer/ s. oplatka
wage/wejdž/ s. mzda, plat
wag/g/on /'waegen/ s. nákladní vůz, vagón
waist /wejst/ s. pás
wait /wejt/ v. čekat, očekávat, obsluhovat
waiter /'wejter/ s. číšník
waitress /'wejtrys/ s. číšnice, servírka
wake, woke, woken /wejk, wouk, 'woukn/ v. vzbudit, probudit /se/, s. bdění, probuzení
walk /wók/ v. chodit, procházet se, jít, s. chůze, procházka
walker /'wóker/ s. chodec
wall /wól/ s. zeď, stěna
wallet /'wolyt/ s. náprsní taška
walnut /'wólnet/ s. vlašský ořech
waltz /wóls/ s. valčík
wander /'wonder/ v. putovat, bloudit, odbočovat od
want /wont/ s. potřeba, nedostatek, v. potřebovat, chtít, žádat
war /wór/ s. válka, v. válčit
ward /wórd/ s. stráž, ochrana, vazba, nemocniční pokoj, oddělení
warden /'wórdn/ s. dozorce, hlídač
wardrobe /'wódroub/ s. skříň na šaty, šatník, garderoba

warehouse /'weerhaus/ s. skladiště
warm /wórm/ adj. teplý, vřelý, srdečný, v. hřát, ohřát /se/
warmth /wórmS/ s. teplo, vřelost
warn /wórn/ v. upozornit, varovat
warning /'wórnyng/ s. výstraha, varování, upozornění, adj. výstražný
wash /woš/ v. mýt /se/,umýt /se/, prát, opláchnout, s. umytí, praní, prádlo
washable /'wošebl/ adj. prací
wash-basin /'woš·bejsn/ s. umyvadlo
washing /'wošing/ s. praní, prádlo na praní
washing-machine /'wošing·me'šín/ s.pračka
wasp /wosp/ s. vosa
waste /wejst/ adj. pustý, odpadový, v. zpustošit, promarnit, plýtvat, s. pustina, mrhání, plýtvání, odpad,odpadky
watch /woč/ s. hlídka, stráž, hodinky, v. bdít, hlídat, pozorovat
water /'wóter/ s. voda, v. zalévat,slzet
waterproof /'wóter·prúf/ adj. nepromokavý
water-supply /'wóterse·plaj/s.vodovod
wave /wejv/ s. vlna, vlnění, mávnutí, v. vlnit /se/, mávat, pokynout
wax /waeks/ s. vosk, adj. voskový, v.voskovat

way /wej/ s. cesta, způsob
we /wí/ pron. my
weak /wík/ adj. slabý
weaken /ˈwíkn/ v. oslabit, slábnout
weakness /ˈwíknys/ s. slabost
wealth /welS/ s. bohatství
wealthy /ˈwelSy/ adj. bohatý, zámožný
weapon /ˈwepn/ s. zbraň
wear, wore, worn /weer, wór, wórn/ v. nosit, mít na sobě, obnosit, unavit, vyčerpat /se/, s. nošení, opotřebování
weary /ˈwiery/ adj. unavený, únavný, v. unavit /se/, omrzet /se/
weather /ˈwedzer/ s. počasí, v. vystavit vlivu počasí
weave, wove, woven /wív, wouv, ˈwouvn/ v. tkát, plést
web /web/ s. tkanivo, pavučina
wedding /ˈwedyng/ s. svatba
Wednesday /ˈwenzdy/ s. středa
weed /wíd/ s. plevel, v. plít
week /wík/ s. týden
weekday /ˈwíkdej/ s. všední den
week-end /ˈwíkˈend/ s. konec týdne, sobota a neděle, víkend
weekly /ˈwíkly/ adj. týdenní, adv. týdně, s. týdeník

weep, wept, wept /wíp, wept, wept/ v. plakat, naříkat

weigh /wej/ v. vážit, vážit si, mít váhu

weight /wejt/ s. váha, závaží, břemeno, tíže, závažnost, v. zatížit

weird /wierd/ adj. tajuplný, nadpřirozený, podivný, zvláštní

welcome /ˈwelkem/ s. uvítání, přivítání, adj. vítaný, v. /u/vítat, vítej/te/ !

well /wel/ adv. dobře, správně, zcela, nuže, dobrá, adj. zdráv, zdravý

well /wel/ s. studna

well-known /ˈwelˈnoun/ adj. známý

well-off /ˈwelˈof/ adj. zámožný

west /west/ s. západ, adj. západní, adv. na západ/ě/

western /ˈwestern/ adj. západní

wet /wet / adj. mokrý, vlhký, deštivý, s. mokro, vlhko, v. namočit, navlhčit

whale /wejl/ s. velryba

what /wot/ adj. jaký, který, pron. co, to,co

whatever /wotˈever/ adj.,pron. jakýkoli, cokoli, všechno,co

wheat /wít/ s. pšenice, obilí

wheel /wíl/ s. kolo, v. kutálet, kroužit, vézt

when /wen/ adv., conj. kdy, když, až
whenever /wen´ever/ adv. kdykoli, vždycky, když
where /weer/ adv.,conj. kde, kam
wherever /weer´ever/ adv. kdekoli, kamkoli, všude, kde
whether /´wedzer/ conj. zda, zdali
which /wič/ adj.,pron. který, jaký, kdo, co
whichever /wič´ever/ pron. kterýkoli, jakýkoli, kdokoli, cokoli
while /wajl/ s. chvíle, conj. zatímco, kdežto
whip /wip/ s. bič, v. bičovat, šlehat
whipped cream /´wipt´krím/ s. šlehačka
whisper /´wisper/ v. šeptat, šumět, s. šepot, šumění
whistle /´wisl/ s. pískání, píšťala, v. pískat, hvízdat
white /wajt/ adj. bílý, s. bělost, běloch
who /hú/ pron. kdo, který
whoever /hú´ever/ pron. kdokoli, každý
whole /houl/ adj. celý, úplný, s. celek
wholly /´houly/ adv. zcela, úplně
whom /húm/ pron. koho, komu
whose /húz/ pron. čí, jehož
why /waj/ adv. proč, jakže, s. příčina

wicked /ˈwikyd/ adj. zlý, zlomyslný, prostopášný

wide /wajd/ adj. široký, adv. široko, daleko široko

widow /ˈwidou/ s. vdova

widower /ˈwidouer/ s. vdovec

width /widS/ s. šířka, šíře

wife /wajf/ s. manželka, žena

wig /wig/ s. paruka

wild /wajld/ adj. divoký, bouřlivý, adv. divoce, s. pustina, divočina

will /wil/ s. vůle, přání, závěť, v.chtít, přát si, svolit

willing /ˈwiling/ adj. ochotný

willow /ˈwilou/ s. vrba

win, won, won /win, won, won/ v. vyhrát, zvítězit, získat

wind /wind/ s. vítr, v. točit /se/, natočit, navíjet, natáhnout

winding /ˈwajndyng/ adj. točivý, točitý, s. vinutí, závit

window /ˈwindou/ s. okno

windy /ˈwindy/ adj. větrný

wine /wajn/ s. víno /nápoj/

wing /wing/ s. křídlo, peruť

wink /wink/ v. mrkat, mžikat, s. mrknutí

winner /ˈwiner/ s. vítěz, výherce

winter /'winter/ s. zima, v.přezimovat
wipe /wajp/ v. utírat, otřít, smazat, očistit
wipe out /,wajp'aut/ v. vytřít, vymazat, zničit, rozdrtit
wire /'wajer/ s. drát, telegram, v. sdrátovat, instalovat vedení, telegrafovat
wisdom /'wizdem/ s. moudrost, rozum
wise /wajz/ adj. moudrý, rozumný
wish /wiš/ v. přát /si/, chtít, s. přání
wit /wit/ s. důvtip, vtip, vtipnost, inteligence
witch /wič/ s. čarodějnice
with /widz/ prep. s, se, při, u, ke, na
withdraw /viz draw/ /widz'dró/ v. odtáhnout, odejít, vzít zpět, odvolat, vyzvednout /peníze/
wither /'widzer/ v. vadnout, schnout
within /wi'dzin/ adv. v dosahu, uvnitř, prep. v, na, o, kromě, za
without /wi'dzaut/ prep. bez, vně, mimo
witness /'witnys/ s. svědek, svědectví, v. svědčit
witty /'wity/ adj. vtipný, duchaplný
wizard /'wized/ s. čaroděj, kouzelník
woe /wou/ s. běda, žal, hoře
wolf /wulf/ s. vlk

woman /ˈwumen/ s. žena
woder /ˈwander/ v. divit se, být zvědav, rád vědět, s. podivení, div, zázrak, údiv
wonderful /ˈwanderful/ adj. skvělý, úžasný, podivuhodný, báječný
wood /wud/ s. dřevo, dříví, les, háj
wooden /ˈwudn/ adj. dřevěný, prkenný
wool /wul/ s. vlna, vlněná látka
woolen /ˈwuln/ adj. vlněný
word /wérd/ s. slovo, v. vyjádřit slovy
work /wérk/ s. práce, čin, dílo, v. pracovat, dělat, zacházet /s čím/
worker /ˈwérker/ s. pracovník, dělník
working /ˈwérkyng/ adj. pracující, pracovní
workshop /ˈwérkšop/ s. dílna
world /wérld/ s. svět, země, adj. světový
worm /wérm/ s. červ
worn-out /ˈwórnˈaut/ adj. obnošený, opotřebovaný, unavený, vyčerpaný
worry /ˈwary/ v. sužovat, trápit /se/, s. starost, trápení
worse /wérs/ adj. horší, adv. hůře
worsen /ˈwérsn/ v. zhoršit /se/
worship /ˈwéršip/ s. bohoslužba, uctívání, v. uctívat, zbožňovat

worst /wérst/ adj. nejhorší, adv. nejhůře
worth /wérS/ s. cena, hodnota, adj. cenný, stojící za
worthless /'wérSlys/ adj. bezcenný
worthwhile /'wérS-wajl/ adj. užitečný, stojící za to
would /wud/ podmiňovací způsob /viz will/
wound /wúnd/ s. rána, zranění, v./z/ranit
wrap /raep/ v. balit, ovinout, zabalit, zahalit /se/, s. obal, šála, pléd
wrapping /'raeping/ s. obal, adj. balicí
wreath /ríS/ s. věnec
wreck /rek/ s. vrak, troska, ztroskotání, v. rozbít /se/, ztroskotat
wrestle /'resl/ v. zápasit
wretched /'rečid/ adj. nešťastný, ubohý, mizerný
wring, wrung, wrung /ryng, rang, rang/ v. kroutit, ždímat, tisknout /ruku/, s. stisk/nutí/, ždímání
wrinkle /'rynkl/ s. vráska, v. svraštit, nakrčit
wrist /ryst/ s. zápěstí
write, wrote, written /rajt, rout, 'rytn/ v. psát, napsat
writer /'rajter/ s. spisovatel, pisatel

writing /'rajtyng/ s. psaní, písmo, spis
writing-paper /'rajtyng·pejper/ s. dopisní papír
wrong /rong/ adj. nesprávný, špatný, nepravý, adv. špatně, nesprávně, s. zlo, křivda, v. ukřivdit, ublížit
wry /raj/ adj. zkřivený, zkroucený

- . -

Xmas = Christmas /'krysmes/ s. vánoce
X-ray /'eks'rej/ s. rentgen,v.rentgenovat

- . -

yacht /jot/ s. jachta
yard /járd/ s. yard /0,91 m /, dvůr, dvorek
yarn /járn/ s. vlákno, příze
yawn /jón/ v. zívat, s. zívnutí, zívání
year /jér/ s. rok
yearly /'jérly/ adj. roční, každoroční, adv. každoročně
yeast /jíst/ s. kvasnice, droždí,v.kvasit
yell /jel/ s. jekot, ječení, pokřik, v. ječet, křičet
yellow /'jelou/ adj. žlutý
yes /jes/ adv. ano
yesterday /'jesterdy/ adv. včera, s. včerejšek, adj. včerejší

yet /jet/ adv. ještě, posud, již, conj. avšak, přece
yield /jíld/ v. poskytovat, plodit, ustoupit, vzdát /se/, s. výnos, výtěžek
yoghurt /ˈjougert/ s. jogurt
yolk /jouk/ s. žloutek
you /jú/ pron. ty, vy
young /jang/ adj. mladý
youngster /ˈjangster/ s. mladík, výrostek
your /jór/ pron. tvůj, váš
yourself /jórˈself/ pron. ty sám, vy sám, se, sebe
youth /júS/ s. mládí, mládež, mladík
youthful /ˈjúSful/ adj. mladistvý

- . -

zebra /ˈzíbre/ s. zebra
zero /ˈzierou/ s. nula, bod mrazu
zinc /zink/ s. zinek
zip /zip/ v. zapnout na zip
zipper /ˈziper/ s. zip
zone /zoun/ s. pásmo, zóna
zoo /zú/ s. zoologická zahrada
zoom /zúm/ v. prudce vzlétnout, stoupnout

PRONUNCIATION

Czech Spelling	Transcription	Remarks
a	/a/	"tra-la-la"
á	/á/	class
e	/e/	get
é	/é/	verb
i, y	/i/	sit
í, ý	/ee/	see, green
o	/o/	dog
ó	/ó/	short
u	/u/	put, bull
ú, ů	/oo/	school
au	/aw/	/occurs rarely/
ou	/ow/	slow
c	/ts/	tse-tse
č	/ch/	church
ch	/kh/	loch
f	/f/	for
g	/g/	game
h	/h/	hand
j	/y/	yes
k	/k/	keep
r	/r/ a rolled sound, rock	
ř	/rzh/ a rolled sound, r and ž simultaneously	
s	/s/	sun

š	/sh/		shade
ž	/zh/		measure

A very soft sound

ď	/d^{y}/	dě	/dye/
ť	/t^{y}/	tě	/tye/
ň	/n^{y}/	ně	/nye/
di	/dyi/	dí	/dyee/
ti	/tyi/	tí	/tyee/
ni	/nyi/	ní	/nyee/

Sometimes the last letter sounds as follows: b like p
d like t
z like s
v like f

The first syllable usually bears the strongest stress in Czech words.

Přepis výslovnosti	Poznámka
/a/	but
/á/	class
/ae/ otevřené e	plan
/e/	get
/e̲/ neurčitý zvuk mezi a - e	about, sister
/é̲/	first
/i/	it
/í/	see
/o/	dog
/ó/	all
/u/	book
/ú/	school
/aj/	time
/ej/	name
/oj/	boy
/au/	house
/ou/	go
/d̲z̲/ pro znělé th	they
/S/ pro neznělé th	thank
/j/	yes, use
/k/	clean, keep
/s/	city, side

/č/ .... church
/š/ .... ship
/ž/ .... measure
/dž/ .... bridge, June
/w/ .... we
/g/ slabé, neznělé g .. long
/r/ slabé, neznělé r .. or
/ˈ/ hlavní přízvuk na následující slabice
/ˌ/vedlejší přízvuk na následující slabice

ABBREVIATIONS - ZKRATKY

adj.	-	adjective	-	přídavné jméno
adv.	-	adverb	-	příslovce
conj.	-	conjunction	-	spojka
f.	-	substantive feminine	-	podstatné jméno rodu ženského
int.	-	interjection	-	citoslovce
m.	-	substantive masculine	-	podstatné jméno rodu mužského
n.	-	substantive neuter	-	podstatné jméno rodu středního
part.	-	particle	-	částice
pl.	-	substantive plural	-	podstatné jméno množného čísla
prep.	-	preposition	-	předložka
pron.	-	pronoun	-	zájmeno
s.	-	substantive	-	podstatné jméno
v.	-	verb	-	sloveso

GLOSSARY OF MENU TERMS

In Czechoslovak hotels or large restaurants you mainly get international dishes. For country food you have to go to such places as pubs /hospody/, small restaurants or even large butcher shops /řeznictví/.

A menu /jídelní lístek/ lists meals at set prices. Tip, which is called spropitné, is usually 10%.

Breakfast /snídaně/ is not very elaborate, usually consisting of only coffee or tea and a roll or piece of bread. Lunch /oběd/ is as large as dinner /večeře/, sometimes including up to three or four courses. Good snacks are available in milk-bars /mléčné bary/ or in delicatessens /lahůdkářství/. Open sandwiches /obložené chlebíčky/ are the favorite snack. Good coffee is served with various cakes in coffeehouses or in cafés /kavárny/.

Meals are usually divided into two groups; prepared,ready to serve meals /hotová jídla/ and meals to order, which are made in 20-30 minutes /minutky, jídla na objednávku/.

Předkrmy .... Appetizers, Hors d'Oeuvre

Humrová vejce .... hard boiled eggs on crab meat with mayonnaise

Kaviár s citrónem .... black caviar usually served on toast with lemon and butter

Losos .... smoked salmon

Matjes s cibulkou .... marinated herring with onion

Omeleta se šunkou neb žampiony .... egg omelet with ham or mushrooms, sometimes served with fried potatoes as a main course

Pražská šunka s okurkou .... Prague ham served with pickles

Ruská vejce .... hard boiled eggs on potato salad with mayonnaise

Sardinky s cibulkou .... sardines in oil served with finely chopped onion

Tatarské toasty .... toasts with raw chopped steak; toasts are sometimes also served with other ingredients such as mushrooms, cheese, spiced meat

Tresčí játra .... cod liver in oil

Uherský salám .... Hungarian salami

Žampiony s vejci .... mushrooms with scrambled eggs

Vejce .... Eggs

Míchané .... scrambled

Sázené, smažené /volské oko/.... fried

Vařené na měkko .... soft boiled

Vařené na tvrdo .... hard boiled

Polévky .... Soups /favorite starters/

Bouillon s vejcem .... clear beef stock with poached egg

Bramborová ... potato soup sometimes with mushrooms and other vegetables

Cibulová .... creamy onion soup

Drůbková-bílá .... creamy chicken soup

Dršťková .... tripe soup

Gulášová .... hearty soup with meat and potatoes

Hovězí vývar s játrovými knedlíčky nebo s masem a nudlemi .... beef stock with small liver dumplings or with meat and noodles. Any clear soup stock even from vegetables is called vývar

Hrachová .... thick pea soup

Pórková .... leek and potato soup

Rajská .... creamy tomato soup

Slepičí s masem a nudlemi .... clear chicken soup with meat and noodles

Zeleninová .... vegetable soup

Zelňačka .... hearty soup with sauerkraut, potatoes and sometimes ham

Drůbež .... Poultry

Drůbky zadělávané .... meat and intestines from any kind of poultry in creamy sauce

Husa pečená, knedlík, zelí .... roasted young goose served with dumplings and cabbage

Kachna pečená .... roasted duckling served the same way as goose

Krůta pečená, brambor .... roasted turkey with potatoes and sometimes stuffing

Kuře .... chicken is prepared in many ways; pečené .... roasted, nadívané .... stuffed, na smetaně ....in cream sauce, smažené .... fried

Slepice na paprice .... young hen in sweet and sour red pepper souce usually with rice or potatoes or dumplings

Ryby .... Fish /seafood is very expensive and rare in Czechoslovakia/

Filé .... any file of fish /usually previously frozen/

Kapr .... carp, fried with potato salad is a national Christmas dish

Losos .... salmon, poached with butter

Makrela .... mackerel

Pstruh pečený .... broiled trout

Štika .... cod

Maso .... Meat

Biftek s vejcem .... steak /file Mignon/ is usually cooked medium with fried egg. Czechoslovak restaurants have difficulties in cooking steaks to precise orders. Krvavý is rare, středně udělaný is medium, dobře udělaný is well done

Biftek tatarský .... raw chopped steak

Čevabčiči obložené .... fried small rolls of ground meat, garnished with pickles

Dršťky zadělávané .... tripes in white sauce

Flíčky s uzeným /šunkofleky/.... pasta with smoked ham /lasagna/

Hovězí guláš, knedlík .... beef stew with dumplings /goulash/

Hovězí maso vařené .... boiled beef is served with various sauces, dumplings, potatoes or rice, but very often is just garnished with pickles and mustard

Karbanátek .... hamburger, usually from beef and pork mixture

Králík pečený .... roasted rabbit

Ledvinky s rýží .... sliced, braised kidneys in gravy with rice

Mozeček s vejci .... veal brain chopped and prepared with scrambled eggs

Ovar s křenem .... boiled pork with horse-redish

Přírodní telecí řízek .... veal steak au naturel

Ražniči, opékaný brambor .... beef or pork cubes broiled on a skewer, sometimes with onion and pepper, served with fried potatoes

Roštěná na rožni, bramborové hranolky .... broiled or barbecued steak with French fries. Very often roštěná is served with gravy and dumplings

Sekaná pečeně .... meat loaf

Skopové na česneku nebo na majoránce .... braised lamb or lamb roast with garlic or marjoram

Smažený telecí nebo vepřový řízek s bramborovým salátem .... Wiener schnitzel, breaded and fried veal or pork meat with potato salad. Sometimes meat is fried in batter /pařížský řízek/

Srnčí nebo zajíc na smetaně s knedlíkem .. .. marinated venison or hare in cream sauce with dumplings

Svíčková na smetaně, brusinky .... marinated beef in cream sauce with cranberries

Španělský ptáček .... beef roullade which is filled with bacon and vegetables

Telecí játra obložená .... broiled veal liver, garnished with pickles and tartar sauce

Telecí pečeně .... veal roast

Vepřová pečeně, knedlík, zelí .... pork roast with dumplings and white cabbage. This is a national Czech dish

Vepřové žebírko po srbsku .... pork spare ribs with peppers and onion

Uzené maso, bramborový knedlík, zelí .... smoked pork with potato dumplings and sauerkraut or cabbage

Uzeniny .... Smoked meat and cold cuts; sometimes served with potatoes, mashed potatoes, lentil or peas as main courses

Játrová paštika .... liver sausage

Jelítko a jitrnice .... unsmoked pork sausage

Klobása .... sausage

Párek .... hot dog, wiener

Salám .... salami

Šunka .... ham

Tlačenka .... head cheese

Vuřt .... hot dog, vurst

Omáčky .... Sauces; usually thick and creamy, served with meat, dumplings or potatoes

Cibulová .... onion sauce

Houbová .... mushroom sauce

Koprová .... dill sauce

Okurková .... sweet and sour sauce with pickles

Rajská .... tomato sauce

Smetanová .... cream sauce

Přílohy .... Side orders

Bramborová kaše .... mashed potatoes

Bramborové hranolky .... French fries, pommes frites

Bramborové knedlíky .... dumplings made from potatoes and flour, served usually with meat and cabbage

Brambory vařené nebo opékané .... boiled potatoes or fried potatoes

Houskové knedlíky .... dumplings made from flour and diced white bread, favorite side order for meat and sauce or meat and cabbage

Rýže .... rice, usually steamed or boiled

Nudle .... noodles

Saláty .... Salads

Hlávkový .... green tossed salad

Mrkvový .... carrot salad with lemon

Okurkový .... cucumber salad

Rajčatový .... tomato salad

Zelný .... salad from cabbage /usually red cabbage/

Zelenina .... Vegetables

Brambory .... potatoes

Čočka .... lentil

Fazole bílé nebo červené .... kidney beans, white or red

Fazolky zelené .... green, string beans

Houby .... mushrooms

Hrách zelený, žlutý .... peas, green or yelow

Hrášek zelený .... tiny green peas

Chřest .... asparagus

Kapusta .... green, curly cabbage

Kedlubna .... kohl-rabi, turnip-cabbage

Květák .... cauliflower is very often fried or made with scrambled eggs and served with potatoes as a main course

Mrkev .... carrot

Okurka salátová .... cucumber

Papriky plněné .... stuffed peppers

Pórek .... leek

Rajské jablíčko .... tomatoe

Špenát .... spinach

Zelí hlávkové, bílé nebo červené .... cabbage, white or red

Zelí kyselé .... sauerkraut

Moučníky .... Desserts /some of them served after soup as a main course/

Bábovka .... sponge cake

Čokoládový puding se šlehačkou .... chocolate custard with whipped cream

Dorty .... all sorts of cakes

Jablkový závin .... apple roll, strudel

Koblihy .... doughnuts

Koláče .... cakes or pies with fruit or other fillings

Kompoty /ananasový, meruňkový, švestkový, hruškový/ .... fruit /pinaple, apricot, prune, pear/ in syrup, sometimes served instead of salad with meat dish

Krém karamel .... caramel custard

Lívance .... small sweet pancakes

Omeleta se zavařeninou .... sweet omelet with jam

Ovoce se šlehačkou /ananas, broskve, jahody/ .... fruit /pinaple, peaches, strawberries/ with whipped cream

Ovocné knedlíky /švestkové, meruňkové/ . ... dumplingd filled with fruit /plums, apricots/ and topped with cottage cheese, sugar and butter. The favorite Czechoslovak sweet dish

Palačinky s jahodami a šlehačkou .... pancakes /crêpes/ with strawberries and whipped cream

Piškot s třešněmi /bublanina/ .... sponge cake with cherries

Rýžový nákyp .... rice pudding

Škubánky s tvarohem nebo mákem .... potatoes and flour mashed together, topped with cottage cheese or poppy seed, sugar and butter

Zmrzlina .... ice cream

Žemlovka .... bread pudding with apples

Nápoje .... Drinks, beverages

Čaj s citrónem nebo mlékem .... tea with lemon or milk

Káva bílá nebo černá /turecká/ .... coffee with cream or black coffee /Turkish - not very strong/

Minerální voda nebo sodovka .... mineral or soda water

Ovocná šťáva /citrónová nebo pomerančová/.... fruit juice /lemon or orange/

Pivo /světlé nebo černé/ .... beer /light or dark/ is a favorite drink in Czechoslovakia. Plzeňský Prazdroj 12°-Pilsner Urquell is world wide known

Víno /bílé nebo červené/ .... wine /white or red/. Good local brands of white wine are Ludmila and pražský výběr

Note; if you would like to taste something special, try aperitifs Becherovka and slivovice Jelínek

NAMES

Adam /a-dam/	Adam
Alena /a-le-na/	Eileen
Ažběta /alzh-bye-ta/	Elizabeth
Alice /a-li-tse/	Alice
Anděla /an-dye-la/	Angel
Anežka /a-nesh-ka/	Agnes
Anna,/Anička, Andula/ /a-na, a-nyich-ka, an-du-la/	Ann
Antonie,/Tonička/ /an-to-ni-ye, to-nyich-ka/	Antonia
Antonín,/Tonda/ /an-to-nyeen, ton-da/	Anthony
Barbora,/Barunka/ /bar-bo-ra, ba-run-ka/	Barbara
Cecilie,/Cíla/ /tse-tsee-li-ye, tsee-la/	Cecily
Eduard,/Éda/ /e-du-art, é-da/	Edward
Eliška /e-lish-ka/	Eliss
Emilie /e-mi-li-ye/	Emily
Eva /e-va/	Eve
Evžen /ev-zhen/	Eugen
Filip /fi-lip/	Phillip
František,/Franta/ /fran-tyi-shek, fran-ta/	Frank

Hana /ha-na/	Hanah
Helena /he-le-na/	Helen
Irena /i-re-na/	Irene
Ivan /i-van/	Ivan
Jakub,/Kuba/ /ya-kup, ku-ba/	James, Jacob
Jan,/Honza/ /yan, hon-za/	John, Jack
Jana /ya-na/	Jane
Jindřich,/Jindra/ /yin-drzhikh, yin-dra/	Henry
Jiří,/Jirka/ /yi-rzhee, yir-ka/	George
Jiřina /yi-rzhi-na/	Georgina
Jitka /yit-ka/	Judith
Josef,/Pepík/ /yo-sef, pe-peek/	Joseph
Josefina,/Pepička/ /yo-se-fee-na, pe-pich-ka/	Josephine
Julie /yu-li-ye/	Julie
Julius /yu-li-yus/	Julius
Karel,/Kája/ /ka-rel, ká-ya/	Charles
Karolína /ka-ro-lee-na/	Caroline
Kateřina,/Káťa/ /ka-te-rzhi-na, ká-tya/	Catherine
Klára /klá-ra/	Claire

Krystýna /kris-tee-na/	Christine
Lucie /lu-tsi-ye/	Lucy
Lukáš /lu-kásh/	Lucas
Marie,/Mařenka/ /ma-ri-ye, ma-rzhen-ka/	Mary
Marek /ma-rek/	Mark
Markéta /mar-ké-ta/	Margaret
Marta /mar-ta/	Martha
Matěj /ma-tyey/	Mathew
Michal,/Míša/ /mi-khal, mee-sha/	Michael
Mikuláš /mi-ku-lásh/	Nicholas
Milena /mi-le-na/	Mileen
Ondřej,/Ondra/ /on-drzhey, on-dra/	Andrew
Pavel /pa-vel/	Paul
Pavlína /pav-lee-na/	Pauline
Petr,/Péťa/ /pe-tr, pé-tya/	Peter
Richard,/Ríša/ /ri-khart, ree-sha/	Richard
Robert /ro-bert/	Robert
Rudolf,/Rudla/	Rudolph, Ralph
Růžena /roo-zhe-na/	Rose
Štěpán /shtye-pán/	Stephan
Štěpánka /shtye-pán-ka/	Stephanie

Tereza /te-re-za/	Theresa
Tomáš /to-másh/	Thomas
Václav,/Vašek/ /váts-laf, va-shek/	Wenceslas
Veronika,/Verunka/ /ve-ro-ni-ka, ve-run-ka/	Veronique
Viktor,/Víťa/ /vik-tor, vee-tya/	Victor
Vilém /vi-lém/	William
Vít /veet/	Guy
Zuzana /zu-za-na/	Susanna, Susan
Žofie /zho-fi-ye/	Sophia

HUNGARIAN-ENGLISH/ENGLISH-HUNGARIAN
Concise Dictionary
7,000 entries, 300 pages, 0-7818-0317-9

LITHUANIAN-ENGLISH/ENGLISH-LITHUANIAN
Concise Dictionary
10,000 entries, 383 pages, $14.95pb, 0-7818-0151-6

POLISH-ENGLISH/ENGLISH-POLISH
Concise Dictionary
8,000 entries, 408 pages, 0-7818-0133-8, $9.95pb

RUSSIAN-ENGLISH/ENGLISH-RUSSIAN
Concise Dictionary
10,000 entries, 400 pages, $11.95pb, 0-7818-0132-X

UKRAINIAN-ENGLISH/ENGLISH-UKRAINIAN
Practical Dictionary
16,000 entries, 406 pages, $14.95pb, 0-7818-0306-3

SERBO-CROATIAN-ENGLISH/
ENGLISH-SERBO-CROATIAN
Practical Dictionary
24,000 entries, 400 pages, $16.95pb, 0-7818-0445-0

SLOVAK-ENGLISH/ENGLISH-SLOVAK
Concise Dictionary
7,500 entries, 360 pages, $11.95pb, 0-87052-115-2